구약 외경의 이해

구약 외경의 이해 | 개정증보판 |

2011년 10월 15일 초판 1쇄 발행
2019년 8월 16일 초판 2쇄 발행

지은이 | 천사무엘
펴낸이 | 김영호
펴낸곳 | 도서출판 동연
등 록 | 제1-1383호(1992. 6. 12)
주 소 | 서울시 마포구 월드컵로 1623-3, 2층
전 화 | (02)335-2630 전송 | (02)335-2640
이메일 | ymedia@paran.com
블로그 | https://blog.naver.com/dong-yeon-press

ISBN 978-89-6447-154-8 93230

Understanding the Old Testament Apocrypha

구약 외경의 이해

| 개정증보판 |

천사무엘 지음

동연

약 어 표

1. 구약 외경

토	토비트
딧	유딧
에첨	에스더 첨가서
솔	솔로몬의 지혜서
집	집회서
바	바룩
예편	예레미야의 편지
청	세 청년의 노래
산	수산나
벨	벨과 뱀
마일	마카비 일서
마이	마카비 이서
므	므낫세의 기도
에일	에스드라스 일서
에이	에스드라스 이서

2. 영문문헌

ABD	David Noel Freedman, *Anchor Bible Dictionary*, 6 vols. New York: Doubleday, 1992.
AEP	Siegfried Meurer, ed., *The Apocrypha in Ecumenical Perspective*. New York: United Bible Society, 1992.
APOT	R. H. Charles, ed., *Apocrypha and Pseudepigrapha of the Old Testament*. 2 vols. Oxford: Clarendon, 1912.
BI	*Biblical Interpretation*
BR	*Bible Review*
BT	*The Bible Today*
BTB	*Biblical Theological Bulletin*
CBQ	*Catholic Biblical Quarterly*

CL	*Christianity and Literature*
HJP	Emil Scheurer, *The History of the Jewish People in the Age of Jesus Christ (175 B.C. –A.D. 135)*. Revised and edited by Geza Vermes, et al., 3 vols. in 4 parts. Edinburgh: Clark, 1973-87.
HTR	*Harvard Theological Review*
HR	*History of Religions*
HUCA	*Hebrew Union College Annual*
IDB	G. A. Guttrick, ed., *Interpreter's Dictionary of the Bible*. 4 vols. Nashville: Abingdon, 1962.
IDBS	Keith Crim, ed., *Supplementary Volume to IDB*.
JB	*Jerusalem Bible*
JBL	*Journal of Biblical Literature*
JJS	*Journal of Jewish Studies*
JL	George W. E. Nickelsburg, *Jewish Literature Between the Bible and the Mishna*. Philadelphia: Fortress, 1984.
JSJ	*Journal for the Study of Judaism*
JSOT	*Journal for the Study of the Old Testament*
JSP	*Journal for the Study of the Pseudepigrapha*
JTS	*Journal of Theological Studies*
JW	Michael E. Stone, ed., *Jewish Writings of the Second Temple Period*. Philadelphia: Fortress, 1984.
NEB	*New English Bible*
NIB	L. E. Keck, ed., *The New Interpreter's Bible*, 12 vols., Nashville: Abingdon, 1994-2004.
NovT	*Novum Testamentum*
NRSV	*New Revised Standard Version*
NT	*Novum Testamentum*
OTP	James H. Charlesworth, ed., *The Old Testament Pseudepigrapha*. 2 vols. Garden City: Doubleday, 1983-85.
PEQ	*Palestine Exploration Quarterly*
RB	*Revue biblique*
REB	*Revised English Bible*
RSV	*Revised Standard Version*
SBL	*SBL Seminar Papers*
SR	*Studies in Religion/Sciences Religieuses*
VT	*Vetus Testamentum*
WLT	Amy-Jill Levine, ed., *Women Like This: New Perspectives on Jewish Women in the Greco-Roman World*. Atlanta: Scholars, 1991.

머리말

이 책은 두 가지 목적을 위하여 썼다. 첫째는, 구약 외경을 처음 접하는 사람들이 그 내용을 알기 쉽게 이해하기 위하여 썼다. 둘째는, 구약 외경을 더욱 전문적으로 연구하고 싶은 사람들을 위한 길잡이로 썼다. 이 두 가지 목적을 달성하기 위하여, 이 책의 본문은 구약 외경의 내용 자체를 가능한 쉽게 소개하려 했고, 학문적인 토론이나 참고문헌 등은 각주에 덧붙여 놓았다. 따라서 구약 외경의 내용 자체를 이해하기 위해서는 우선 이 책의 본문을 읽는 것이 필요하다. 그리고 더 연구하고 싶은 주제나 내용이 있을 때는 각주나 거기에서 제시된 참고 문헌 혹은 책의 맨 뒤에 나열된 참고문헌을 읽으면 도움이 될 것이다.

이 책은 구약 외경의 각 책들을 장르별로 구분하여 설명하였다. 먼저, 각 책을 설명하는 서론에서는 책의 명칭, 쓰인 시기, 저자, 책의 특징 등을 간략하게 밝혔다. 둘째로, 책의 구조 부분에서는 각 책의 문학적인 구조를 정리하였다. 책의 내용의 전체적인 줄거리를 일목요연하게 정리하는 데 필요할 것이다. 셋째로, 책의 내용 부분에서는 문학적인 내용을 비교적 자세하게 요약, 풀이해 놓았으며, 설명이 필요한 내용은 각주에 주석을 붙여놓았다. 넷째로, 책의 목적 부분에서는 저자의 저작의도를 쓰인 시기의 사회-정치적인 상황 및 독자audience 등과 연관하여 밝혔다. 다섯째로, 주요 신학사상 부분에서는 각 책에 나타나 있는 신학사상 중 주요한 몇 가지만 골라 풀이해 놓았다. 여섯째로, 몇 권의 책들에 대해서는 성서와 외경, 위경 등의 내용과 이 책들과 어떤 관계가 있는지에 대한 설명을 덧붙여 놓았는데, 특히 신약성서와의 영향 관계가 밀접한 책들에 한해서이다. 일곱째로, 책의 맨 마지막에 있는 참고문헌은 가능한 최근 것을 중심으로 정리하였으며, 완벽한 것은 아니다. 필요한 참고문헌 중 비교적 오래된 것들은 앵커 바이블Anchor Bible 주석 시리즈의 각 책들의 참고문헌 부분을 보면 잘 정리되어 있다.

이 책은 1995년 봄 학기 장로회 신학대학교 신학대학원에서 "외경개론"이라는 과목을 강의하면서 준비된 것이다. 학기가 시작되기 전, 겨울 방학동안 어떻게 강의할까, 어떤 교재들을 사용할까 등을 고민하던 중 우리말로 직접 쓴 구약 외경 입문서가 없음을 알고, 강의 준비를 겸해서 쓰게 되었다. 앞으로 연구결과가 더욱 축적됨에 따라서, 이 책의 내용을 보충, 개정하고 싶은 마음 간절하다. 따라서 이 책은 신학교에서 교재로 사용할 수 있도록 그 내용을 쓰려고 애썼다. 뿐만 아니라, 구약 외경에 관심을 갖고 있는 목회자들이 바쁜 교역생활 속에서 쉽게 읽어 내려갈 수 있도록 쓰려고 했다.

학위를 마치고 처음 쓴 이 책이 나오기까지 가르침을 주신 여러 스승님들께 감사의 마음을 표시하지 않을 수 없다. 이 책이 구약 외경에 관한 것이라서 특별히 구약학을 지도해 주신 교수님들께 감사를 드린다. 구약학이라는 학문의 길로 들어설 수 있도록 이끌어 주신 연세대학교 신과대학의 김찬국, 박준서 교수님, 그리고 장로회신학대학교에서 지도해 주신 강사문, 김중은 교수님, 예일대학교에서 구약 외경 과목을 처음 접하게 해주신 차일즈B. S. Childs 교수님과 버클리 연합신학대학원GTU에서 신구약 중간시대의 역사와 문학에 대해서 가르침을 주시고 솔로몬의 지혜서로 학위논문을 쓰도록 지도해 주신 윈스턴David Winston, 앤드레스John C. Endres 교수님께 진심으로 감사를 드린다. 또한 이 책의 출판을 위해서 수고해 주신 한국신학연구소의 이정희 부장님과 최형묵, 서재경 목사님께도 감사의 마음을 전한다. 아무쪼록 이 책이 구약 외경 연구에 기여하기를 가족과 함께 기원한다.

1996년 2월

개정판을 내며

1996년『구약 외경의 이해』라는 제목으로 이 책이 나온 지 15년이 지났다. 그동안 외경과 위경 그리고 신구약 중간시대의 역사에 관한 책과 논문들이 다수 출판되었다. 특히 우리말로 쓰이거나 번역된 출판물들은 한국어 사용권역에서 이 분야에 대한 학문적인 공백을 메우는 데 크게 공헌하고 있다. 또한 이 분야를 연구하는 한국 학자들이 늘어가고 있는 것은 한국 신학 교육과 성서학의 발전을 위해서 매우 기쁜 일이다. 이 모든 일들이 성경을 연구하는 데 크게 공헌하고 있음은 두말할 나위가 없다.

그동안 이 책은 구약 외경 개론서로 사용되고 읽혔다. 이제 최근 연구 결과들을 반영하여 개정판을 낸다. 우리말 출판물들 중 필자가 접하지 못하여 소개하지 못한 것들이 있음을 아쉽게 생각한다. 이 개정작업을 위해 수고해 주신 동연출판사의 김영호 사장님과 직원 분들에게 감사의 마음을 전한다.

2011년 오정골 연구실에서

차 례

구약 외경의 이해

01

Understanding the Old Testament Apocrypha

서론

1. 정경, 외경, 위경

정경正經, 외경外徑, 위경僞經, 이 셋은 각기 다른 종류의 책들을 가리키는 용어들이다. 이 세 용어에는 공통적으로 "경經"이라는 글자가 들어 있다. 여기에서 사용되는 "경"이란 글자는 원래 동양에서, 사서삼경四書三經의 경우처럼 중국의 성인이나 현인들의 가르침을 기록한 책을 지칭할 때 사용되기도 하고, 불경佛經의 경우처럼 종교적으로 중요한 책을 지칭할 때 사용되기도 하였다. 따라서 동양권에 살고 있는 기독교인들이 정경, 외경, 위경이라는 말을 접할 때, "경"에 대한 선입관 때문에, 이 세 종류의 책 모두를 기독교 신앙에 있어서 매우 중요한 책으로 생각할 수도 있고, 경전經典의 종류를 세분한 것으로 오해할 수도 있다. 실제로 많은 한국의 기독교인들은 외경이나 위경이라는 말을 들을 때, 이 책들에 대하여 매우 신비한 느낌을 갖기도 하고, 경전과 연관이 있을 것이라고 생각하기도 한다. 그러나 이 용어들이 지칭하는 책들은 기독교회에서 그 중요성을 인정하는 정도가 현격하게 차이가 난다. 기독교회는 정경만을 계시된 하나님의 말씀으로 인정했지만, 외경이나 위경으로 분류한 책들에 대하여는 동양적인 경전의 의미를 결코 부여하지 않았다.

| 정경 |

정경正經이란 말은 영어로 "캐논canon"을 번역한 것이다. 캐논이란 표준, 기준, 재고 측량하는 자 등을 의미하는데, 이것은 기독교회가 하나님의 말씀이라 고백하면서 최고의 권위를 부여하는 성경聖經 혹은 성서聖書를 지칭하는 용어이다. 성경이나 성서는 영어의 "바이블Bible"을 번역한 것으로 중국에서는 성경으로 표기했고 일본에서는 성서로 표기했으며, 한국에서는 이 둘 모두를 사용하고 있다. 기독교의 경전經典인 성경 혹은 성서는 크게 둘로 나뉘는데, 구약성서와 신약성서이다. 신약성서가 27권으로 되어 있다는 것은 모든 기독교회가 인정하고 있다. 즉, 개신교회나 천주교회, 성공회, 동방정교회, 이집트의 콥트교회 등에서 같은 신약성서를 사용하고 있다. 그러나 구약성서의 범위는 각 교회 전통에 따라 조금씩 다르다.

먼저, 개신교회의 구약정경은 39권이다. 이것은 마르틴 루터Martin Luther(1483-1546)가 종교개혁 당시 확정한 것을 받아들이는 것으로, 유대인들이 인정하는 정경의 범위와 같다. 루터는 주후 90년경 팔레스타인의 얌니아 Jamnia에서 열린 유대인 랍비들의 회의에서 정경으로 인정한 히브리어 성경을 구약성경으로 받아들였다. 중세 로마 가톨릭교회와 교리적으로 첨예하게 대립했던 루터는 유대교 랍비들에게서 구약성서에 관해서 배웠고, 가톨릭교회와 차별화하기 위해서 유대교 랍비전통의 구약성서를 받아들였던 것이다. 이것은 역사적으로 볼 때 아이러니irony가 아닐 수 없다. 왜냐하면 초대교회는 희랍어 구약성경인 칠십인역Septuagint을 사용하여 구약 본문을 기독론적으로 해석했고, 유대교 랍비들은 이러한 해석을 거부하면서 히브리어 성경을 정경화했는데, 이제 루터는 초대교회가 아니라 유대교의 것을 개신교회의 구약성서로 받아들였기 때문이다. 엄밀한 의미에서 이것은 기독교 전통이 아니라 유대교 전통이었다.

유대인들은 신약성경을 정경으로 인정하지 않고, 히브리어로 된 39권만을 성경으로 여겼다. 그리고 이 책들의 묶음을 구약성경이라 부르지 않고, "타낙Tanak"이라 불렀다. 타낙이란 용어는 유대인들의 구약성경 구분법과 연관되어 있다. 유대교 랍비들은 구약성경을 만들어진 순서에 따라서 크게 셋으로 구분했다. 오경, 예언서, 성문서이다. 그들은 이 세 개의 묶음에 각기 다른 히브리어 명칭을 붙였다. 오경은 토라Torah, 예언서는 느비임Neviim, 그리고 성문서는 케투빔Kethuvim이다. 그리고 이 셋의 첫 자음(T, N, K)을 따고 거기에 모음(a)을 붙여서 타낙TaNaK이라는 명칭을 만들었다.

개신교회는 유대교 전통을 받아들여 39권으로 구성된 타낙만을 구약성경으로 인정했지만, 로마 가톨릭교회는, 1546년 트렌트 공의회에서 개신교회가 외경으로 분류하는 15권 중 12권을 첨가하여 총 51권을 구약정경으로 인정하였다. 그러나 실제에 있어서 로마 가톨릭교회의 구약성서는 타낙 39권에 7권을 첨가하여 총 46권으로 구성되어 있다. 추가된 7권은 토비트, 유딧, 솔로몬의 지혜서(=지혜서), 집회서, 바룩, 마카비 일서, 마카비 이서이다. 그리고 나머지 5권 중 에스더 첨가서는 에스더서에, 다니엘 첨가서인 세 청년의 노래, 수산나, 벨과 뱀은 다니엘서에 그리고 예레미야의 편지는 바룩에 각각 편집되어 있다.

동방정교회가 제시하는 구약의 범위는 로마 가톨릭교회의 그것보다 더 넓다. 칠십인역을 영감받은 구약성서로 인정했던 동방정교회는 1672년 예루살렘 회의에서 정경의 범위를 논의했다. 이때의 결정은 로마 가톨릭교회가 트렌트 회의에서 정한 정경의 범위에 5권을 추가하는 것이었다. 그 5권은 시편 151편, 에스드라스 일서, 마카비 삼서, 마카비 사서, 므낫세의 기도이다. 그러나 모든 동방정교회가 이 결정을 받아들인 것은 아니다. 따라서 교회에 따라서 약간의 차이가 있다. 예를 들면, 추가된 5권의 일부를 정경의 범위에 넣을 것인가 하는 논란이다. 이것은 동방정교회의 경우, 구약정경의 범위가 완전히 고정되지 않았다는 것을 의미한다.

개신교회와 로마 가톨릭교회, 동방정교회의 정경의 범위가 다르지만, 정경은 교회 안의 모든 책들 중에서 최고의 권위를 가지며 하나님의 기록된 말씀이라고 인정된다. 그리고 이 정경만이 예배에서 설교의 본문으로 읽혀질 수 있고, 교리를 만들 때 증거 본문으로 사용될 수 있다.

| 외경 |

외경外經, Apocrypha이란 여러 가지 이유로 인하여 정경에 포함되지 못한 책들을 지칭할 때 사용하는 용어이다. 개신교회에서 일반적으로 외경이라 할 때 15권의 구약 외경을 말한다. 이 외경의 책들은 정경처럼 계시된 하나님의 말씀으로 인정되지 아니하고, 그 권위도 정경보다 열등하다고 여겨진다. 심지어 그 가치에 있어서 다른 일반적인 책들과 별다른 차이가 없다고 생각되기도 한다. 그러나 외경은 그 내용과 문학양식에 있어서 정경과 매우 유사하다. 또한 이 책에는 신앙적 · 종교적 교훈들이 매우 강하게 내포되어 있어서, 기독교 역사를 통해서 많은 신앙인들이 읽고 그 영향을 받아왔다. 그리하여 개신교회와는 달리, 로마 가톨릭교회와 동방정교회는 외경의 일부를 정경으로 받아들여 "하나님의 말씀"으로서의 권위를 부여하기도 하며, 공중예배와 교리 등에서 사용하기도 한다. 종교개혁자들도 이 책을 정경으로 인정하지는 않았지만, 읽으면 신앙에 매우 유익하다고 하여 구약과 신약 사이에 넣어 출판하기도 했다.

| 위경 |

위경僞經이란 말은 "위조한 경전"이라는 뜻으로, 구약성서와 관련이 있지만, 정경과 외경에 속하지 않는 책들을 지칭하는 용어다. 이 말은 영어로 "수데피그라파pseudepigrapha"인데, 원래의 저자가 자신의 이름을 밝히지 않고, 이미 오래전에 사라진 구약성서의 위인爲人들의 이름을 저자로 붙여놓은 책들을 가리키는 데 사용하였다. 즉, 진짜 저자가 의도적으로 유명有名한 고대 인물들을 저자로 내세운 책들을 지칭하는 데 사용되었다. 이런 특징을 지닌 위경의 예를 들면, 에녹서Enoch, 열두 족장의 유언서Testament of the Twelve Patriarchs, 엘리야의 묵시록Apocalypse of Elijah, 모세의 유언서Testament of Moses, 아담의 묵시록Apocalypse of Adam 등을 들 수 있다.

위경의 저자들은 왜 자신의 이름을 붙이지 않고, 다른 사람들의 이름을 내세웠는가? 그들은 독자들을 속이기 위해서 그렇게 하지 않았다. 오히려 성서에 등장하는 위인들 혹은 영향력이 있는 사람들을 저자로 내세우면서 자신들이 쓴 책의 권위를 높이려 했기 때문이다. 이러한 경향은 제2성전 시대에 유대교에서 유행했던 방식으로, 솔로몬의 지혜서, 므낫세의 기도, 예레미야의 편지, 바룩 등과 같은 외경들이 이러한 방법을 따르고 있다. 오늘날 저자의 이름을 거짓으로 붙이면, 도덕적인 문제가 되지만, 당시 유대교에서는 책을 쓰는 하나의 관습이었다.

위경의 대부분은 저자의 이름을 사실과 다르게 붙이는 특징이 있지만, 모두 다 그러한 것은 아니다. 예를 들자면, 아담과 이브의 생애Life of Adam and Eve, 요셉과 아세넷Joseph and Aseneth, 요셉의 역사서History of Joseph 등은 구약성서의 내용을 확대하기 위해서 쓰인 책들이다. 그리하여 오늘날 위경이란 말은 주전 2세기부터 주후 2세기 사이에 쓰인 책들 중 구약성서와 관련 있는 책들을 지칭하는 데 사용되고 있다. 따라서 "위조한 경전"을 나타내는 "위경"이라는 말은 이들 책들을 지칭하는 용어로 적합하지 않다. 그러나 이 용어가 이 책들을 지칭하는 데 사용되어 온 그동안의 관습 때문에, 적절한 새 용어가 나올 때까지 불가피하게 사용할 수밖에 없다.

위경에 속하는 책들은 대부분 유대인들이 썼지만, 초기 기독교인들이 쓰거나 개작한 책들도 있다. 이 책들은 개신교회와 로마 가톨릭교회에서 그 권위가 철저하게 배격되었지만, 동방정교회 등에서는 위경 중 몇 권, 예를 들면 마카비 삼서와 마카비 사서 등을 정경의 범위에 포함시키기도 한다. 이제 위경에 속하는 책들을 문학적인 특징에 따라 나열해 본다.[1)]

(1) 묵시문서 및 이와 관련된 문서들

에녹 일서(1 Enoch)

에녹 이서(2 Enoch)

에녹 삼서(3 Enoch)

---

1) 찰스워스(J. H. Charlesworth)의 위경 목록에는 65권의 책이 포함되어 있다. 여기에서는 찰스 워스가 정한 위경의 범위를 따르지만, 구약 외경에 속하는 책들은 제외했다. J. H. Charlesworth, "OT Pseudepigrapha," *ABD*, Vol. 5, 538.

에스라의 질문서(Questions of Ezra)

에스라의 계시록(Revelation of Ezra)

세드락의 묵시록(Apocalypse of Sedrach)

시빌의 신탁(Sibyllne Oracles)

셈의 보고서(Treatise of Shem)

바룩 이서(2 Baruch)

바룩 삼서(3 Baruch)

에스겔 외경(Apocryphon of Ezekiel)

아브라함의 묵시록(Apocalypse of Abraham)

스바냐의 묵시록(Apocalypse of Zephaniah)

아담의 묵시록(Apocalypse of Adam)

에스라의 희랍어 묵시록(Greek Apocalypse of Ezra)

엘리야의 묵시록(Apocalypse of Elijah)

에스라의 환상(Vision of Ezra)

다니엘의 묵시록(Apocalypse of Daniel)

(2) 유언문서

열두 족장의 유언서(Testaments of the Twelve Patriarchs)[2)]

모세의 유언서(Testament of Moses)

욥의 유언서(Testament of Job)

솔로몬의 유언서(Testament of Solomon)

세 족장의 유언서(Testaments of the Three Patriarchs)[3)]

---

2) 여기에는 야곱의 열두 아들들의 이름을 딴 유언들이 각각 포함되어 있다.

아담의 유언서(Testament of Adam)

(3) 구약성서의 확대(expansion)와 전설

아리스테아스의 편지(Letter of Aristeas)

야곱의 사닥다리(Ladder of Jacob)

희년서(Jubilees)

바룩 사서(4 Baruch)

이사야의 순교와 승천(Martyrdom and Ascension of Isaiah)

얀네스와 얌브레스(Jannes and Jambres)

요셉과 아세넷(Joseph and Aseneth)

레갑족의 역사서(History of the Rechabites)

아담과 이브의 생애(Life of Adam and Eve)

엘닷과 모닷(Eldad and Modad)

성서 고대사(Biblical Antiquities)[4]

요셉의 역사서(Hstory of Joseph)

예언자들의 생애(Lives of the Prophets)

(4) 지혜 및 철학 문서

아히카(Ahiqar)

포실리드의 위서(Pseudo-Phocylides)

마카비 삼서(3 Maccabees)

---

3) 여기에는 세 명의 족장, 아브라함, 이삭, 야곱의 이름을 딴 유언이 포함된다.
4) 필로의 위서(Pseudo-Philo)라 불리기도 한다.

마카비 사서(4 Maccabees)

시리아어 메난더(Syriac-Menander)

(5) 기도서, 시편, 송시(頌詩, Odes)

다윗의 시편(More Psalms of David)[5]

요셉의 기도서(Prayer of Joseph)

솔로몬의 시편(Psalms of Solomon)

야곱의 시편(Prayer of Jacob)

솔로몬의 송시(Odes of Solomon)

헬라주의적 회당 기도서(Hellenistic Synagogal Prayers)

(6) 유대적 헬라주의의 작품 단편들(Fragments of Judeo-Hellenistic Works)

서사시인 필로(Philo the Epic Poet)

데오도투스(Theodotus)

오르피카(Orphica)

비극작가 에스겔(Ezekiel the Tragedian)

희랍시인들의 위서 단편들(Fragments of Pseudo-Greek Poets)[6]

아리스토불루스(Aristobulus)

시간기록가 데메트리우스(Demetrius the Chronographer)

주석가 아리스테아스(Aristeas the Exegete)

---

5) 여기에는 시편 151, 152, 153, 154, 155편이 포함된다.

6) 여기에는 헤시오드의 위서(Pseudo-Hesiod), 피타고라스의 위서(Pseudo-Pythagoras), 에쉴루스의 위서(Pseudo-Aeschylus), 소포클레스의 위서(Pseudo-Sophocles), 유리피데스의 위서(Pseudo-Euripides), 필레몬의 위서(Pseudo-Philemon), 디필루스의 위서(Pseudo-Diphilus), 메난더의 위서(Pseudo-Menander) 등이 포함된다.

유폴레무스(Eupolemus)

유폴레무스의 위서(Pseudo-Eupolemus)

클레오데무스 말쿠스(Cleodemus Malchus)

아르타파누스(Artapanus)

헤카테우스의 위서(Pseudo-Hecataeus)

이상과 같이 60여 권의 책이 위경에 속하는데, 새로운 책들이 더 발견될 경우 그 범위는 더 늘어날 수 있다. 위경에 속하는 이 책들의 특징을 몇 가지 지적하면 다음과 같다.[7]

첫째, 대부분 유대교나 기독교의 공동체에서 쓰였고 사용되었다.

둘째, 이스라엘의 과거 역사에서 이상적인 인물들을 저자로 종종 내세운다. 그 인물들은 대부분 성서의 등장인물들이지만, 그렇지 않는 경우도 있다.

셋째, 하나님의 말씀이나 메시지를 포함하고 있다고 습관적으로 주장한다. 자신들의 책에는 하나님의 특별한 계시의 말씀이 포함되어 있다고 강조하는 것이다.

넷째, 구약성서에 나타나 있는 사상이나 이야기들에 종종 의존한다. 구약성서에 나오는 계약, 약속, 구원 등의 개념이나 위대한 인물들의 이야기 등을 활용하면서 내용을 전개한다는 것이다.

7) *OTP*, xxv.

| 외경과 위경의 가치 |

외경과 위경은 정경과 관련되어 있는 책들이다. 이 두 종류의 책들은 기독교 신앙의 기준이나 표준은 아니지만, 기독교 역사와 정경을 이해하는 데 필요한 책들이다. 우리는 정경을 좀 더 잘 이해하기 위하여 고대 근동古代近東 문서나 고고학의 발굴 결과들을 연구한다. 또한 그리스-로마 문학과 역사, 가나안의 문화와 종교, 고대 이집트의 지혜문서 등을 연구하기도 한다. 이러한 연구들이, 정경에 나오는 단어 하나나 구절 하나만을 이해하는 데 도움이 된다 할지라도 엄청난 시간과 노력을 투자하고 있다. 이것은 하나님의 말씀인 정경을 더욱 정확히 이해하고자 하는 신앙적인 행위라고 할 수 있다. 우리가 외경과 위경에 관심을 갖고 연구하는 이유는 바로 여기에 있다. 정경을 이해하는 데 도움이 되기 때문에 외경과 위경을 연구하는 것이다.

실제로 외경과 위경에 대한 활발한 연구는 정경을 이해하는 데 많은 공헌을 하였다. 예를 들면, 외경과 위경에 대한 연구는 구약성서에 나타나 있는 신학적인 주제와 사상이 어떻게 전개·발전되어 신약성서와 초기 기독교회의 신학사상으로 이어졌는지를 보여주기도 하고, 신약성서의 배경이 되는 역사적·사상적·신학적 내용을 밝혀주기도 한다. 또한 이스라엘 민족으로부터 나온 히브리 사상이 희랍사상과 어떻게 결합하여 기독교 신앙의 형성과 발전에 영향을 주었는지를 보여주기도 한다. 뿐만 아니라, 초기 기독교회의 여러 신앙 형태들이나, 신구약 중간시대에 있었던 유대교의 여러 종파들에 대해서도 많은 정보를 제공해 주기도 한다. 따라서 외경이나 위경에 제시되어 있는 신앙이나 신학의 일부가 오늘날 기독교회에서 이질적인 것으로 간주된다 할지라도, 정경의 좀 더 폭넓은 이해를 위하여 그리고 기독교 사상의 발전 과정에 대한 이해를 위하여 이 책들을 연구하는 것이 필요하다. 외경과 위경에 대한 연구는 오늘날 성서를 연구하는 사람들의 주요 연구과제 중의 하나이다.

2. 구약 외경이란 무엇인가?

외경外經, Apocrypha이란 정경正經에 속하지 않는 일련의 책들을 지칭하는 용어로, 희랍어 "아포크루파ἀπόκρυφα"를 번역한 것이다. 이 희랍어는 문자적으로 "감추어진 것들"로 번역될 수 있지만, 여러 가지 의미로 사용되었다.

첫째, 일반인들이 읽기에는 이해하기가 어려워서, 전문가들만이 읽을 수 있는 책을 지칭하는 데 사용되었다. 즉, 매우 중요하고 소중해서 일반인들이나 신앙의 초보자들에게는 감추어져야 하는 책들을 부르는 데 사용되었다.

둘째, 읽기에 적합하지 않은 이단異端적인 책들이기 때문에 감추어져야 하는 책들을 의미했다. 즉, 읽으면 신앙에 해害가 되기 때문에 숨겨두어야 하는 책들을 지칭하는 데 사용되었다.

셋째, 성서학자 제롬Jerome(약 342-420)에 의해서 사용된 의미이다. 제롬은 희랍어로 쓰인 칠십인역 구약성서(LXX)와 라틴어 성서인 불가타Vulgate에 포함되어 있지만, 히브리어 구약성서(Tanak)에서는 찾아볼 수 없는 책들을 지칭하기 위하여 "아포크루파"란 말을 사용했다. 즉, 오늘날 구약 외경이라고 불리는 일련의 책들을 지칭하는 데 사용되었다는 것이다. 제롬이 왜 이 용어를 여기에 사용했는지는 알려져 있지 않다. 그러나 그는 이 책들이 "이단적heretical"이라는 의미로 이 용어를 사용하지 않다. 오히려 "비정경적noncanonical"이라는 의미로 사용했다. 즉, 제롬은 구약 외경을 공적으로 사용하는 것은 반대했지만, 개인적으로는 사용할 수 있다고 보았다. 이것은 구약 외경이 교회의 예배에서 읽혀지거나 교리의 확증을 위해 사용될 수 없지만, 개인의 교육과 교화를 위해서는 사용될 수 있다는 것을 의미했다. 제롬의 이러한 견해는 오리겐Origen, 에피파니우스Epiphanius 등 초대교회 교부들의 입장을 따르는 것으로, 이후에 루터와 깔뱅 등 종교개혁자들에 의해서 받아들여졌다.

오늘날 어떤 수식어 없이 단순하게 "외경"이라 말할 때, 일반적으로 구약 외경을 의미한다. 그러나 "외경"이란 용어는 더 넓은 의미로 사용될 수 있다. 즉, 구약 외경뿐만 아니라 신약 외경까지도 포함하는 데 이 용어를 사용할 수 있다. 이것은 외경의 종류가 크게 두 가지로 나누어진다는 것을 의미한다. 즉, 넓은 의미에서 외경은 구약 외경舊約外經과 신약 외경新約外經으로 구성된다는 것이다.

먼저, 신약 외경을 살펴본다. 신약 외경은 내용과 양식樣式에 있어서 신약성서와 유사한 기독교 문서들로, 이들 대부분은 주후 2세기에서 9세기 사이에 쓰였다. 이 문서들은 신약성서의 문서들처럼 초기 기독교회의 다양한 공동체들로부터 산출된 것으로 오랜 기간에 걸쳐서 형성되었다. 그러나 신약성서의 문서들과는 달리, 신약 외경은 초기 기독교회에서 폭넓게 읽혀지지 않았고 또한 그 권위에 있어서도 교회의 광범위한 지지를 받지 못했다. 그리하여 신약성서에 있는 27권의 책처럼 정경으로서의 지위를 얻지 못하고, 일부 기독교 공동체에서만 중요시되었다. 기독교 경전으로서의 지위를 폭넓게 인정받지 못하고, 단지 소수의 공동체들에서만 중요하게 읽혀졌다는 것이다. 신약 외경의 범위는 명확하게 정해져 있지 않지만, 사용된 주요 양식에 따라 네 가지로 분류해 볼 수 있다.[1]

첫째로, 복음서福音書이다. 도마 복음서, 베드로 복음서, 니고데모 복음서, 나사렛인들의 복음서, 히브리인들의 복음서 등이 이에 속한다. 이러한 신약 외경의 복음서들에는 신약성서의 사복음서四福音書에 쓰여 있지 않은 예수의 탄생 이전, 유아시절, 부활 이후 등에 관한 전설이나 상상적인 이야기들이 내포되어 있다. 예수에 관한 이야기를 신약성서의 사四복음서처럼 썼던 것이다.

둘째로, 행전行傳이다. 요한 행전, 안드레 행전, 바나바 행전, 바울 행전, 빌립 행전, 도마 행전 등이 이에 속하는데, 신약성서의 사도행전처럼 쓰인 책들이다. 그러나 이 책들에는 사도행전에는 없는 사도들에 관한 전설이나 상상적인 이야기들이 담겨 있다.

셋째로, 서신書信이다. 고린도 삼서, 바울과 세네카의 서신, 라오디게아서 등이 이에 속하는데, 문학적인 형태에 있어서 신약성서에 나오는 바울의 편지들과 유사하다.

넷째로, 묵시록黙示錄이다. 바울 묵시록, 베드로 묵시록, 도마 묵시록 등이 이에 속하는데, 신약성서의 요한계시록처럼, 묵시문학적인 내용을 담고 있다.

이러한 신약 외경의 일반적인 특징을 한마디로 말하자면, 신약 외경의 저자들은 정경의 내용이나 기독교 교리를 보충, 확대, 과장, 축소, 혹은 윤색하면서 자신들이나 자신들이 속한 공동체의 신앙을 표현하고자 했

1) 패터슨은 신약 외경을 더 구체적으로 여섯 가지로 나누고 있다. (1) 복음서 및 관련된 양식; (2) 보고서; (3) 묵시문서; (4) 행전; (5) 서신; (6) 예배문서. Stephen J. Patterson, "New Testament Apocrypha," *ABD*, Vol. 1, 294-7.

다는 것이다. 그리고 대부분 자신의 이름을 책의 저자로 내세우지 않고 사도들이나 중요한 인물들을 저자로 내세웠다는 것이다. 이것은 신약 외경에 쓰여 있는 예수의 생애나 사도들의 행적에 관한 기록들이 대부분 역사적 가치가 없다는 것을 의미한다. 즉, 쓰인 내용들이 정경의 내용을 보충하거나 설명할 자료로 사용하기에는 부적절하다는 것이다. 그럼에도 불구하고 우리가 이러한 기록들에 관심을 가지는 것은 이 책들에 초기 기독교의 다양한 신앙들이 표현되어 있어서 그것들을 이해하는 데 중요하기 때문이다. 즉, 이 문서들은 초기 기독교에 존재했던 다양한 신앙공동체들의 모습과 신학을 이해하는 데 매우 도움이 된다는 것이다.[2)]

신약 외경과는 달리, 구약 외경은 그 범위가 훨씬 더 분명하다. 일반적으로 구약 외경은 주후 90년경 얌니아Jamnia 회의에서 유대인 랍비들에 의해 확정된 히브리어 구약성서(Tanak)에는 들어 있지 않지만, 라틴어 성서인 불가타Vulgate에는 포함되어 있는 15권을 말한다. 이들 중 므낫세의 기도와 에스드라 이서를 제외한 나머지 13권은 희랍어로 쓰인 칠십인역 구약성서(Septuagint or LXX)에도 포함되어 있다. 그리고 거의 대부분의 구약 외경은 주전 2세기에서 주후 1세기 사이에 유대인 공동체에서 산출되었다. 이제 구약 외경에 속한 책들의 이름을 나열하면 다음과 같다.

(1) 토비트(Tobit)

(2) 유딧(Judith)

(3) 에스더 첨가서(The Additions to the Book of Esther)

---

2) 신약 외경에 대해서는 Wilhelm Schneemelcher, ed., *New Testament Apocrypha*, 2 vols. (Louisville: Westminster/John Knox Press, 1991-2) 참조.

(4) 솔로몬의 지혜서(The Wisdom of Solomon)[3]

(5) 집회서(Ecclesiasticus)[4]

(6) 바룩(Baruch)

(7) 예레미야의 편지(The Letter of Jeremiah)[5]

(6) 세 청년의 노래(The Song of the Three Youths)[6]

(9) 수산나(Susanna)

(10) 벨과 뱀(Bel and the Dragon)[7]

(11) 마카비 일서(1 Maccabees)[8]

(12) 마카비 이서(2 Maccabees)

(13) 에스드라스 일서(1 Esdras)

(14) 에스드라스 이서(2 Esdras)

(15) 므낫세의 기도(The Prayer of Manasseh)

구약 외경은 문학 양식에 따라 다음과 같이 분류해 볼 수 있다. 몇몇 책들은 다양한 문학 양식들이 포함되어 있어서 어느 하나로 분류하기 어렵지만, 여기에서는 여섯 가지로 분류한다.

---

3) 지혜서(The Book of Wisdom)라고도 불린다.

4) 벤 시라의 지혜서(The Wisdom of Ben Sira) 혹은 시락서(Sirach)라고도 일컫는다.

5) 예레미야의 편지는 바룩서 마지막에 붙여져, 두 권이 한 권으로 취급되기도 한다.

6) 아자리아의 기도와 세 젊은이의 노래(The Prayer of Azariah and the Song of the Three Young Men)라고도 불린다.

7) 세 청년의 노래, 수산나, 벨과 뱀, 이상 세 권을 합하여 다니엘 첨가서(The Additions to the Book of Daniel)이라 부르기도 한다.

8) 위경 가운데 마카비 삼서(3 Maccabees)와 마카비 사서(4 Maccabees)가 있다. 그러나 마카비 일서, 이서와는 달리, 이 책들의 내용은 마카비 혁명과 관련이 없다.

(1) 단편소설: 토비트, 유딧, 에스더 첨가서, 벨과 뱀, 수산나

(2) 지혜문서: 솔로몬의 지혜서, 집회서

(3) 역사서: 마카비 일서, 마카비 이서, 에스드라스 일서

(4) 기도서: 므낫세의 기도, 세 청년의 노래

(5) 묵시문서: 에스드라스 이서

(6) 훈계서: 바룩, 예레미야의 편지

종교개혁자 마르틴 루터 이후 개신교회는 팔레스타인 정경의 전통을 따라서 39권만 구약성서의 정경으로 인정해 왔다. 그러나 이들 15권의 책들은 정경으로 인정하지 않고 구약 외경으로 분류해 왔다. 루터가 어떤 기준으로 15권만을 구약 외경으로 인정했는지 그 이유가 분명하지 않지만, 그는 칠십인역 구약성서에 포함되어 있는 마카비 삼서3 Maccabees와 마카비 사서4 Maccabees 그리고 시편 151편Psalm 151 — 이 세 권 중 시편 151편은 불가타 성서에도 포함되어 있다 — 은 구약 외경에 포함시키지 않았다.

1534년에 출판된 그의 독일어 성경에서, 루터는 당시까지 구약성서 여러 곳에 흩어져 있던 구약 외경의 책들을 한데 모아 구약과 신약 사이에 놓았다. 여기에는 15권의 외경이 모두 포함된 것이 아니었다. 에스드라스 일서와 에스드라스 이서는 포함되어 있지 않았다. 그가 왜 이 두 권의 책을 번역하지 않고 제외했는지에 대해서는 바룩서 서문에서 찾아볼 수 있다.

> 우리는 에스드라스 일, 이서를 번역하길 원치 않는다. 왜냐하면 이 책들에는 이솝 우화나 더 보잘것없는 책들에서 발견되는 것보다 더 나

은 것이 없기 때문이다. … 이 책들을 번역하기 원하는 사람은 누구든 그렇게 할 것이다. 그러나 나는 참견하지 않을 것이다.

루터는 에스드라스 일서와 이서를 가치 없는 책들로 여겼던 것이다. 그렇지만 그는 번역한 나머지 구약 외경에 대해서 다음과 같이 언급했다.

> 외경. 즉, 성서와 동등시 될 수 없지만, 읽으면 유익하고 좋은 책들.

구약 외경 서문에서 언급한 이 내용은 루터가 구약 외경을 정경과 똑같은 권위와 가치를 지닌 하나님의 말씀으로 여기지 않았다는 것을 의미한다. 정경과는 분명히 구분되는, 더 열등한 책들이라는 것이다. 그러나 루터는 구약 외경을 다른 일반 책들과 구분했다. 즉, 이 외경을 읽으면 신앙에 도움이 된다고 생각했다. 즉, 예배나 교리 등 공적인 용도로 사용되어서는 안 되지만, 개인들이 경건의 생활을 위해 사사로이 읽는 것은 유익하고 좋다는 것이다.[9] 이와 같은 루터의 구약 외경에 대한 견해는 불가타를 번역한 제롬에게서 영향을 받은 것이다. 그리고 그의 견해는 프랑스 출신 종교 개혁자 깔뱅John Calvin(1509-1564)에게 영향을 주었다.

1546년판 제네바 성서Geneva Bible의 구약 외경 서문은 깔뱅이 썼을 것으로 여겨지는데, 여기에는 다음과 같은 구절이 있다.

> … 외경이라 불리는 이 책들은 성서라 불리는 문서들과 어려움 없이

9) 구약 외경에 대한 더 자세한 루터의 견해는 Klaus Dietrich Fricke, "The Apocarypha in the Luther Bible," in *AEP*, 46-87를 참조하라.

> 항상 구별되어져 왔다. … 외경이 좋고 유익한 가르침을 포함하고 있는 한, 무시되지 말아야 한다는 것은 옳다. … 모든 기독교인들은 외경을 읽고 교훈이 되는 가르침을 얻는다. …

이것은 깔뱅 역시 루터처럼, 구약 외경을 기독교의 경전으로 인정하지는 않았지만, 기독교인들이 읽고 신앙적인 교훈을 얻을 수 있는 책들로 여겼다는 것을 보여준다. 또한 이것은 구약 외경에 대한 깔뱅의 견해가 루터와 일치했음을 말해 준다.

종교개혁자들의 구약 외경에 대한 견해는 이들의 신앙과 정신을 계승하고자 하는 후대 교회에 영향을 주었다. 즉, 스위스에서 발전된 개혁교회,[10] 스코틀랜드 교회, 영국의 성공회,[11] 그리고 침례교회[12] 등 더 후대에 생겨난 모든 개신교회는 종교개혁자들의 구약 외경에 대한 태도를 따랐던 것이다.

개신교회와는 달리, 로마 가톨릭교회는 구약 외경의 일부를 하나님의 말씀으로 인정하고 있다. 즉, 구약 외경의 일부인 에스드라스 일서와 이서 그리고 므낫세의 기도를 제외한 나머지 12권을 정경으로 받아들이고 있다. 이것은 로마 가톨릭교회의 고위 성직자들이 모인 트렌트 종교회의 the Council of Trent(1545-1563)에서 처음으로 공식 확인되었다. 그들은 이 회의 중인 1546년에 이 12권의 책이 정경의 일부이라고 간주하고

---

10) Wilhelm H. Neuser, "The Reformed Churches and the Old Testament Apocrypha," in *AEP*, 88-115.

11) Owen Chadwick, "The Significance of the Deuterocanonical Writings in the Anglican Tradition," in *AEP*, 116-28.

12) Hans-Harald Mallau, "The Attitude of the Baptists to the Deuterocanonical Writings," in *AEP*, 129-133.

정경의 권위를 공식 인정했다. 그리하여 로마 가톨릭교회는 이 12권을 후에 첨가된 정경이라는 의미에서 제이 정경第二正經, the deuterocanonical books이라 부르고, 먼저 정경으로 확정된 39권을 제일 정경第一正經, the protocanonical books이라 불렀다. 그렇기 때문에 로마 가톨릭교회에서의 구약 외경이란 개신교회에서 위경僞經, Pseudepigrapha이라 불리는 책들을 의미한다.[13)]

동방정교회the Eastern Orthodox Churches는 구약 외경에 대하여 아직까지 일치된 공식적인 입장을 표명하지 않았지만, 일반적으로 정경의 일부로 받아들이고 있다.[14)] 희랍 정교회the Greek Orthodox Church는 에스드라스 이서를 제외한 14권의 구약 외경과 마카비 삼서와 시편 151편을 정경에 포함시키고, 마카비 사서를 부록에 넣어 성경을 출판하고 있다. 또한 러시아 정교회the Russian Orthodox Church는 므낫세의 기도를 제외한 14권의 구약 외경과 마카비 삼서 그리고 시편 151편도 정경으로 받아들이고 있다. 이것은 동방정교회가 구약 외경의 대부분과 위경으로 분류되는 몇 권의 책까지도 교회의 공식문서인 정경으로 받아들이고 있다는 것을 의미한다.

기독교 내에는 크게 세 부류의 신앙공동체가 있다. 개신교회와 로마 가톨릭교회 그리고 동방정교회이다. 이상에서 보는 바와 같이, 이들 세 그룹의 신앙공동체는 신약성서의 범위에 대해서는 견해가 일치하지만, 구약성서의 범위에 대해서는 각기 다른 입장을 취한다. 이것은 기독교회 안에서 구약성서가 정경화되는 데 매우 복잡한 과정을 거쳤다는 것을

13) 위경에 대해서는 *OTP*를 보라.

14) Elias Oikonomos, "The Significance of the Deuterocanonical Writings in the Orthodox Church" in *AEP*, 16-32.

의미한다. 즉, 기독교의 각 그룹들 간에 일어난 갈등의 역사가 반영되어 있다는 것이다. 이와 같은 정경에 대한 각 그룹의 입장 차이는 교회일치를 추구하는 에큐메니칼 운동의 걸림돌이 되기도 한다.

3. 한국 교회와 구약 외경

로마 가톨릭교회는 18세기 말 한국에 전해졌지만, 개신교회는 그보다 1세기 후인 19세기 말 한국에 전래되었다. 그동안 한국 개신교회는 신학과 교육, 교세 등 여러 분야에서 발전을 거듭해 왔지만, 구약 외경 분야 연구에 대해서는 관심이 거의 없었다. 이것은 비단 한국 개신교회뿐만 아니다. 개신교회에서 외경으로 인정하는 일부를 제2경전으로 받아들이고 있는 한국 가톨릭교회 역시 마찬가지로 제2경전의 연구에 별다른 관심을 기울이지 않아 왔다.

한국 개신교회가 구약 외경에 대해 별다른 관심을 기울이지 않은 이유는 보는 각도에 따라 여러 가지로 표현될 수 있겠지만, 다음 두 가지를 그 주요 이유로 들 수 있을 것이다.

첫째로, 선교사들의 영향이다. 한국 선교에 참여한 대부분의 개신교 선교사들은 청교도적 신앙의 소유자들이었다고 할 수 있다. 전통적으로 청교도들과 그 후예들은 구약 외경을 싫어하였고, 성서와 함께 제본하는 것을 꺼려했다.[1] 그리하여 19세기 초 미국 성서공회가 뉴욕에서 성경을

---

1) Bruce M. Metzger, *An Introduction to the Apocrypha*, 민영진 역, 『외경이란 무엇인가』(서울:

발행할 때부터 구약과 신약 사이에 놓여 있었던 구약 외경을 제외하였다. 절대 영감으로 쓰인 성서와 그렇지 못한 외경을 함께 묶어 하나의 책으로 만드는 것을 용납하지 못했던 것이다. 이러한 청교도적 신앙인들의 구약 외경에 대한 입장은 선교사들에게 영향을 주었고, 그들의 가르침은 한국 교회에 그대로 전달되었다.

한국 개신교 선교사들의 구약 외경에 대한 부정적인 태도는 미국 남장로교 선교사로 평양신학교 교수를 역임했던 레이놀즈William Davis Reynolds(1867-1951, 한국명: 이눌서)의 글에서 찾아볼 수 있다.[2] 레이놀즈는 구약성경을 한국어로 번역하는 데 공헌을 했고 평양신학교의 기관지인「신학지남」의 편집자로 일하면서 한국 장로교회의 신학 형성에 절대적인 영향력을 끼쳤다. 레이놀즈는 "구약의 외전"이란 번역문을 통해, 구약 외경이 무엇인지 소개했다.[3] 이 글에는 원저자의 이름을 밝히지 않고 있으며, 단지 번역자가 레이놀즈라는 것만 언급하고 있다. 이 번역문은 구약 외경이 헬라어 성경이나 라틴어 성경에 들어 있지만 성경과 동등한 권위를 가지고 있지 않다고 주장했다. 이 글에 의하면, 성경에 있어서 개신교와 천주교의 차이점은 외경이 포함되어 있느냐 없느냐의 문제인데, 구약 외경은 알렉산드리아 학자들이 칠십인역을 번역할 때 포함시킨 것에 불과하다고 주장했다. 또한, 외경 중 에스라스 이서처럼 가치 있고 그 내용이 계시의 일종인 것도 있지만, 수산나나 벨과 뱀처럼 성경의 진리와 부합하지 않은 내용도 있다고 했다.

컨콜디아사, 1992), 184.

2) 천사무엘, "레이놀즈의 신학: 칼뱅주의와 성서관을 중심으로,"「한국기독교와 역사」33 (2010), 57-80.

3) 이눌서 역, "구약의 외전,"「신학지남」66 (1931), 13-15.

레이놀즈가 번역한 이 글은 구약 외경을 성경으로 인정할 수 없는 이유를 몇 가지 들었다. 예를 들면, 구약 외경이 히브리어 원문 성경에는 없으며, 예수와 사도들이 인용하지 않았고, 교부들이 성경의 목록을 만들 때에도 이 책들을 포함하지 않았으며, 제롬이 성경을 번역할 때에도 성경으로 존중하지 않았다는 것 등이다. 이러한 구약 외경에 대한 부정적인 견해는 "구舊프린스턴 학파The Old Princeton School"가 주도했던 당시 미국 개신교 정통주의의 가르침을 반영한다고 볼 수 있다.[4] 칼빈주의자들이었던 그들은 구약 외경을 세속적인 책들 정도로 여겼으며, 그들의 후예였던 한국 선교사들 역시 그러한 가르침을 한국 교회에 심어주었던 것이다.

둘째로, 한국 장로교회에서 표준적 교리로 여기는 웨스트민스터 신앙고백의 영향을 들 수 있다. 이 신앙고백은 영국 교회를 개혁하기 위하여 1647년에 모인 웨스트민스터 신학자 총회에서 결정되었는데, 영국의 깔뱅주의British Calvinism 신학을 반영하고 있고, 이후 장로교회와 개혁교회의 표준교리가 되었다. 장로교적 깔뱅주의의 대표적 신앙고백이라 일컬어지는 이 문서의 제1장 제3절에는 구약 외경에 대해서 다음과 같이 규정하고 있다.

> 보통 외경이라고 부르는 책은 영감에 의해서 된 것은 아니며 경전의 일부도 아니다. 따라서 하나님의 교회 안에서는 권위가 없다. 또한 다른 인간적 저서보다 더 사용가치가 있는 것도 아니다.

---

4) 구프린스턴 학파에 대해서는 천사무엘, "깔뱅의 성서해석과 한국교회," 한남대학교 기독교문화연구원 편, 『우리 시대의 깔뱅』(서울: 한들출판사, 2011), 9-34.

웨스트민스터 신앙고백의 구약 외경에 대한 견해는 깔뱅의 가르침과는 달리 매우 부정적이다.[5] 이러한 부정적인 태도는 한국 개신교회가 구약 외경에 대하여 별다른 관심을 기울이지 않는 요인이 되었고, 심지어 왜곡된 사고를 갖게 하였다.

한국 개신교회가 구약 외경에 대하여 긍정적인 관심을 처음 내보인 것은 1960년이라고 할 수 있다. 이 해(年), 대한성서공회는 구약 외경을 출판할 수 있도록 허락해 달라고 요청하는 서신을 미국성서공회에 보냈다.[6] 이 편지는 한국 개신교회가 구약 외경을 출판할 의도를 공식적으로 처음 밝힌 것이었다. 이에 대하여 미국성서공회는 총무General Secretary였던 홈그렌Laton E. Holmgren이 보낸 답신을 통해, 대한성서공회는 스스로 결정할 모든 권한을 가지고 있는 자주적 독립기관이므로 구약 외경의 출판 여부를 미국성서공회가 관여할 수 없다고 밝혔다. 그리고 덧붙여 말하기를, 대한성서공회가 한국에서 그 임무를 좀 더 잘 수행하기 위해서는 앞으로 구약 외경을 출판해야 할 것이라고 조언했다. 이것은 구약 외경의 출판 여부를 결정할 수 있는 전적인 권한은 대한성서공회가 가지고 있으며, 미국성서공회의 허락이 필요 없다는 것을 의미했다. 대한성서공회는 구약 외경을 번역·출판하기에 앞서, 저작권 문제 때문에 이러한 요청을 미국성서공회에 했던 것 같다. 그리고 이 요청은 새번역 성경의 번역을 시작하면서 이루어졌다. 그러나 새번역 성경에는 구약 외경이 포함되어 있지 않으며, 새번역 성경번역위원회는 구약 외경을 번역하지

---

5) 메츠거에 의하면, 이와 같은 웨스트민스터 신앙고백의 입장은 구약 외경을 읽는 것을 반대한 것이 아니라, 구약 외경의 적절한 사용과 부적절한 사용을 구별하고자 한 것이었다. *Ibid.*, 181.

6) Jack P. Lewis, "Some Aspects of the Problem of Inclusion of the Apocrypha," in *AEP*, 165.

도 않았다.

한국 개신교회에서 구약 외경이 공식적으로 처음 출판된 것은 1977년이다. 대한성서공회가 구약 외경을 번역할 의사를 공식적으로 표명한 지 17년 만의 일이었다. 1977년 부활주일 한국 개신교회는 한국 가톨릭교회와 함께 한글로 번역한 "공동번역 성서(외경 포함)"을 발행했는데, 여기에 구약 외경을 포함시켰다. 공동번역 성서에 포함된 구약 외경의 특징을 들면 다음과 같다.

첫째로, 번역의 기초 본문을 칠십인역 구약성서(LXX)로 하지 않고, 라틴어 성서인 불가타Vulgate로 했다. 따라서 책의 명칭, 장절의 구분 등에 있어서 불가타 성서를 따르고 있다. 공동번역 외경의 명칭과 순서는 다음과 같다.

1. 토비트
2. 유딧
3. 에스델(=에스더 첨가서)
4. 지혜서(=솔로몬의 지혜서)
5. 집회서
6. 바룩(바룩과 예레미야의 편지를 하나로 묶어 바룩이라 칭함: 바룩=1-5장; 예레미야의 편지=6장)
7. 다니엘(세 청년의 노래[=세 아이의 노래], 수산나, 벨과 뱀을 순서대로 한 권으로 묶어 다니엘이라 칭함)
8. 마카베오상(=마카비 일서)
9. 마카베오하(=마카비 이서)

둘째로, 공동번역 성서의 일반적인 번역 원칙을 따라 번역되었다. 즉, 축자적 번역이나 형식적 일치를 피하고 내용의 동등성 원칙에 따라 번역되었던 것이다.[7] 이것은 본문을 직역하지 아니하고 본문의 내용을 전달하는 데 역점을 두고 의역하였다는 것을 의미한다.

셋째로, 종교개혁자들의 전통에 따라 구약성서와 신약성서 중간에 놓여졌다. 구약성서가 1597쪽, 신약성서가 505쪽인 반면, 구약 외경은 총 328쪽으로 되어 있다.

넷째로, 15권의 구약 외경 중 12권만을 9권으로 엮어 출판했다. 여기에 포함시킨 구약 외경은 가톨릭교회에서 제2정경으로 인정하는 12권뿐이며, 에스드라스 일서와 이서 그리고 므낫세의 기도는 제외되었다. 왜 이 세 권을 포함하지 않고 개신교회의 "외경"이라 칭하여 출판했는지 이해하기 어렵지만, 12권만이라도 처음 공식적으로 번역하여 구약성서와 신약성서 사이에 첨가했다는 것은 뜻 깊은 일이다. 왜냐하면, 구약 외경은 비록 정경이 아니지만, 초대교회 때부터 기독교도들 사이에서 읽혀져 왔고 보존되어 왔으며, 종교개혁자들도 개인의 신앙을 위해 사사로이 읽을 것을 권유한 기독교 신앙 유산의 일부이기 때문이다. 그리고 이러한 유산을 한국 교회 신도들에게 접할 수 있는 기회를 부여했기 때문이다.

공동번역은 "명백히 틀린 곳만 고친다. 현재의 공동번역 성서와 통용할 수 있게 한다. 가톨릭용은 편집 순서를 조정한다"는 원칙하에 1999년 12월 개정본인 "공동번역 성서 개정판"을 발행하였다.[8] 가톨릭용 편집 순서는 역사서 마지막 부분에 토비트, 유딧, 에스델(=에스더), 마카베오상

---

7) 민영진, 『국역성서연구』(서울: 성광문화사, 1984), 172.

8) 이 개정판은 1986년에 발행된 불가타 신판(Nova Vulgate)을 기초로 하고 있다.

(=마카비 일서), 마카베오하(=마카비 이서)가 그리고, 시서와 지혜서 마지막 부분에 지혜서(=솔로몬의 지혜서), 집회서가 배열되었다. 또한, 애가 다음에 바룩이 위치해 있고, 세 아이의 노래(=세 청년의 노래), 수산나, 벨과 뱀은 다니엘에 삽입하여 편집되었다.

한국의 개신교회와 가톨릭교회는 공동번역 성서를 함께 번역하여 발행했지만, 대부분의 개신교회는 용어와 문체 등을 이유로 이를 외면했다. 함께 번역하여 함께 사용하고자 했지만 개신교회의 외면으로 그 목적을 상실한 것이다. 그러나 한국 가톨릭교회는 공동번역 성서를 공용성경으로 2005년도까지 사용했다. 한국 가톨릭 주교회의는 2005년 한국 가톨릭 학자들이 새로 번역한 성경을 공용성경으로 사용하기로 결정했던 것이다. 여기에는 가톨릭교회가 제2경전으로 여기는 구약 외경 일부가 포함되어 있다.

오늘날 구약 외경을 정경과 함께 번역 · 발행하는 것은 교회일치를 원하여 에큐메니칼 운동에 참여하는 교회들의 일반적인 경향이다. 또한, 동방 정교회에서 전통적으로 읽혀 내려오고 있는 마카비 삼서, 마카비 사서 그리고 시편 151편도 구약 외경과 함께 묶어서 번역하여 펴내기도 한다. 예를 들면, 1989년 미국에서 영어로 번역, 출판된 "표준 새 개정판 성서"(NRSV)는 외경을 포함하여 제본製本된 경우, 함께 번역된 15권의 구약 외경과 마카비 삼 · 사서, 시편 151편을 하나로 묶어 구약성서와 신약성서 사이에 놓아두고 있다. 이 성경은 미국의 주류 신학대학원 대부분과 주류 교단 대부분에서 사용하고 있다. 영국에서 역시 영어로 번역, 출판된 "새 영어 성서(외경 포함)"(REB with Apocrypha)도 15권의 구약 외경을 함께 번역하여 구약성서와 신약성서 사이에 넣어 제본하고 있다.

성경을 제본하는 방법은 다양하다. 신약성서만 제본하기도 하고, 신약성서와 시편만 묶기도 한다. 또한 신약성서와 찬송가를 함께 제본하기도 하고, 신약성서와 시편 그리고 찬송가를 함께 묶어 펴내기도 한다. 또한 구약성서와 신약성서 그리고 찬송가를 함께 제본하기도 한다. 여기에 종교개혁자들의 전통을 따라 구약성서와 신약성서 사이에 구약 외경을 넣어 제본하는 일도 필요하다. 모든 성경에 구약 외경을 포함하여 출판한다는 것은 불필요하지만, 구약 외경이 포함된 성경도 출판할 필요가 있다는 것이다.

구약 외경을 성서와 함께 번역, 출판하는 작업은 몇 가지 점에서 있어서 매우 의미 있고 필요한 일이다. 첫째, 이것은 루터와 깔뱅 등 종교개혁자들의 전통을 따르는 것이다. 이들 종교개혁자들은 구약 외경을 성서와 함께 번역하여, 구약성서와 신약성서 사이에 두었는데 이것은 구약 외경이 비록 정경은 아니지만 읽으면 신앙에 유익하다는 그들의 생각 때문이었다.

둘째, 이것은 미래지향적인 에큐메니칼 운동에 있어서 꼭 필요하다. 즉, 개신교회와 가톨릭교회 그리고 동방정교회 등이 한 하나님을 섬기면서 서로의 신앙을 이해하기 위해서 그리고 함께 예배를 드리기 위해서 하나의 성경이 필요하다는 것이다. 뿐만 아니라, 남미나 러시아 등 가톨릭교회나 동방정교회의 역사적 뿌리가 깊은 선교지역에서 그들의 신앙과 삶을 이해하는 데에도 도움이 된다.

셋째, 이것은 신구약 중간시대의 문학과 역사에 대한 이해를 증진시키는 데 매우 중요한 역할을 할 수 있다. 즉, 교회에 의하여 공식적으로 번역된 구약 외경을 출판함으로 이에 대한 연구를 도울 뿐만 아니라 더 나아가서 신구약 중간시대를 연구하고 이해하는 데 중요한 역할을 할 수 있다는 것이다. 이러한 연구가 하나님의 말씀인 구약성서와 신약성서를 더욱 폭넓게, 그리고 좀 더 정확히 이해하는 데 공헌한다는 것은 자명하다.

구약 외경의 이해 02

Understanding the Old Testament Apocrypha

신앙단편소설

구약 외경에는 다섯 권의 신앙단편소설이 있다. 토비트, 유딧, 에스더 첨가서, 수산나, 벨과 뱀이다. 이들 중 에스더 첨가서만 정경의 에스더서를 보충하기 위하여 쓰였고 나머지는 독립된 책으로 쓰였다. 그러나 시간이 지남에 따라 수산나와 벨과 뱀은 다니엘서에 첨가되기도 했다. 신앙단편소설들로 쓰인 이 이야기들은 비록 역사적인 시대상황을 배경으로 하고 있지만, 역사적 사실이 아니라 허구적인 이야기이다. 이 이야기들은 주로 신앙적인 교훈을 주기 위하여 쓰였다.

1. 토비트

토비트는 우리가 다루려고 하는 책의 제목일 뿐만 아니라, 이 책의 주인공의 이름이기도 하다. 토비트Tobit는 토비아Tobiah의 줄인 말로, "야웨는 선하시다" 혹은 "야웨는 나의 선이시다(Yahweh is my good)"는 의미가 있다. 토비트와 토비아는 같은 말이지만, 이 책에서는 전자를 아버지의 이름으로, 후자를 아들의 이름으로 사용하고 있다. 토비트서는 앗시리아 시대에 니느웨와 엑바타나에 살고 있던 두 유대인 디아스포라 가정을 중심으로 전개되는 신앙단편소설로, 책의 제목이 말하여 주는 것처럼 하나님께서 어떻게 선을 행하셨는지 하나의 이야기를 통하여 나타내고 있다. 토비트서에 나오는 이야기는 대부분 앗시리아 시대를 역사적인 배경으로 삼고 있고, 살마네셀, 산헤립, 에살하똔 등과 같은 왕들의 이름을 거명하면서 사건이 전개되는 구체적인 시기를 나타내고 있지만, 역사적인 사실성이나 정확성은 없다. 저자는 단지 이러한 시대적 상황을 자기가 쓰고 있는 소설의 배경으로 삼고 있을 뿐이다.

토비트서가 언제 쓰였는지 정확히 알 수 없지만 희랍시대, 특히 주전 225-175년 사이에 쓰였다고 추정된다. 이러한 저작연대를 추정할 수 있는 증거 요소로는 이 책에서 언급되고 있는, 희랍의 주화인 드라크마

(5:15), 희랍식 달(月) 이름인 디스트로스(2:12), 정경화된 하나님의 말씀으로서의 "예언서"(14:4), 그리고 주전 515년에 재건된 제이성전第二聖殿(14:5) 등을 들 수 있다. 토비트서 저작의 최신연대最新年代, terminus ad quem는 주전 175년 이후가 될 수는 없다. 왜냐하면 토비트서에는 안티오쿠스 4세(주전 175-163) 때에 있었던 박해 상황이나 묵시문학적인 요소 등이 반영되어 있지 않을 뿐만 아니라, 이방인을 포용하는 사상(13:11; 14:6-7) 등이 나타나기 때문이다.

토비트서는 메소포타미아 지역에 살고 있던 신앙심 깊은 디아스포라 유대인에 의해서 쓰였다. 저자가 메소포타미아 지역에 살았던 디아스포라 유대인이라는 사실은 등장인물이 디아스포라이며 이야기의 배경이 메소포타미아 지역이라는 것, 토비아가 이방인들에 의해 조롱과 박해를 당한다는 것, 근친결혼의 강조, 포로들의 귀환에 대한 강조 등에 의하여 뒷받침 된다. 저자는 당시 통용되고 있던 아람어로 이 책을 썼다.

토비트서는 당시에 전해져 내려오고 있던 구전口傳이나 민담民譚 등을 이용하면서 쓰인 신앙단편소설이다. 저자가 이용했을 것으로 여겨지는 민담들의 실례들을 몇 가지 들면, 첫째로 "죽은 자의 감사(The Grateful Dead)"이다. 이것은 버려진 시체를 많은 경비를 스스로 부담하면서 묻어주는 사람이 나중에 어떻게 죽은 자로부터 보상을 받는지에 대한 이야기이다. 둘째로, "악마의 신부(The Bride of the Monster)"인데, 결혼 첫날밤에 남편이 죽음을 당해야 하는 불행한 신부에 대한 이야기이다. 셋째로, 모함 때문에 죽을 뻔한 의인 아히칼에 대해서 말하고 있는 "아히칼 이야기(The Story of Ahiqar)"를 들 수 있다(14:10 참조).[1] 또한 저자는 세속적인

1) 아히칼 이야기에 대해서는 J. M. Lindenberger, "Ahiqar," in *OTP* 2, 479-507을 보라.

이야기뿐만 아니라 구약성서도 참조했을 것이라고 추정할 수 있다. 이삭(창 24장), 야곱(창 28장), 요셉(37-50장), 신명기, 욥기, 제이 이사야 등이다. 이것은 토비트서가 다양한 이야기들을 활용하여 하나의 아름다운 이야기로 만들어진 "소설(romance)"이라는 것을 의미한다.[2)]

토비트서는 원래 아람어로 쓰였고 이후 히브리어와 희랍어로 번역되었다. 20세기 중반 사해 근처의 쿰란 동굴에서는 다섯 개의 토비트서 사본이 발견되었는데, 이 중 하나는 히브리어로 쓰였고 넷은 아람어로 기록되어 있다. 이들에 대한 비교 연구와, 제롬이 불가타를 번역할 때 히브리어 사본을 알지 못했으며 아람어 사본을 선호했다는 사실은 아람어 원본에 대한 주장을 지지해 준다. 주요 희랍어 사본으로는 세 개가 있는데, 바티칸 사본Codex Vaticanus, 알렉산드리아 사본Codex Alexandrinus, 시나이 사본Codex Sinaiticus이다. 앞의 두 개는 시나이 사본보다 더 짧아 후자를 원문에 더 가깝다 보고 번역할 때 기본 본문으로 선호한다. 그리하여 영어 번역본들인 NRSV, JB, NEB, NAB 등은 후자를 기본 본문으로 사용하여 번역했다.

| 토비트의 구조 |

토비트서는 그 내용 전개에 따라 크게 세 부분으로 나눈다. 첫째 부분(1:1-3:17)은 두 의인, 즉 토비트와 사라의 경건한 신앙생활과 시련을 다루고 있고, 둘째 부분(4:1-11:18)은 이들이 당한 고통이 어떻게 해결되는

---

2) C. A. Moore, *Tobit*, 19.

지를 이야기하고 있으며, 마지막 부분(12:1-14:15)은 결론으로 두 의인의 고통이 해결된 뒤의 상황을 묘사하고 있다.

첫째 부분: 토비트와 사라의 고난(1-3장)

(1) 토비트의 고난(1:1-3:6)

(A) 토비트의 경건한 생활(1장)

(B) 장님이 된 토비트(2:1-2:10)

(C) 토비트에 대한 비난(2:11-14)

(D) 토비트의 기도(3:1-6)

(2) 사라의 고난(3:7-15)

(A) 사라의 문제와 그녀에 대한 비난(3:7-9)

(B) 사라의 기도(3:10-15)

(3) 토비트와 사라의 기도에 대한 응답: 천사 라파엘이 보내짐 (3:16-17)

둘째 부분: 토비트와 사라의 고난 해결(4-11장)

(1) 토비트의 아들 토비아의 여행(4-6장)

(A) 토비트의 여행지시: 아들 토비아에게 돈을 찾아오라고 함(4장)

(B) 토비아의 여행준비: 토비아가 길동무 할 라파엘을 만남 (5:1-6:1)

(C) 토비아의 여행(6:2-18)

(2) 사라의 고난해결: 토비아와의 성공적 결혼(7-8장)

(3) 토비트의 고난해결(9-10장)

(A) 돈을 되찾은 토비아(9장)

(B) 토비아의 귀환과 토비트의 시력 회복(10-11장)

셋째 부분: 맺는 말(12-14장)

(1) 라파엘의 정체(12장)

(2) 토비트의 노래(13:1-14:1)

(3) 토비트의 죽음(14:2-15)

| 토비트의 내용 |

신앙단편소설인 토비트서에 등장하는 주요 인물 두 사람이 있다. 토비트와 사라이다. 토비트서는 먼저 토비트에 대한 이야기로 시작한다. 토비트는 납달리 지파에 속한 사람으로 북이스라엘이 앗시리아에게 멸망하기 전, 갈릴리 지역에 살았다(1:1-2). 그는 어려서 아버지를 여의었지만(1:8), 좋은 집안에서 신앙심이 돈독하게 양육되어 모세의 율법을 철저하게 지켰다. 그리하여 납달리 지파에 속한 다른 사람들처럼 단Dan에 세워진 금송아지[3] 앞에서 제사를 드리지 않고, 절기 때마다 남유다 왕국에 있는 예루살렘 성전의 예배에 참예하였다(1:4-7). 그리고 헌금과 구제 활동에도 열심이어서, 성전에 드리는 십일조 생활을 철저하게 했고(1:7),

---

3) 다윗이 세운 왕국은 솔로몬이 죽은 후 남북으로 분열되었다(주전 922년). 북쪽에 있던 열 지파는 여로보암 왕을 중심으로 북이스라엘 왕국을 세웠는데, 여로보암은 백성들이 예루살렘 성전 예배에 참여하는 것을 막기 위하여 단과 베델에 금송아지를 각각 세우고 그 앞에서 제사를 지내게 하였다(왕상 12:25-31).

가난한 자들을 구제하는 데 재산을 아끼지 않았다(1:8).

토비트는 그러나 앗시리아 제국의 왕 살마네셀이 북이스라엘을 침공했을 때 포로가 되었다. 그리하여 아내 안나, 아들 토비아와 함께 니느웨로 강제 이주하게 되었다(1:2, 10).[4] 그는 포로생활 중에도 하나님의 말씀을 지키는 데 힘썼고, 특히 동족同族의 다른 포로들과는 달리 이방인의 음식을 먹지 않았으며 정결 음식법을 철저하게 지켰다(1:10-12).[5] 자선사업도 계속하고 동족의 버려진 시신屍身을 묻어 주는 착한 일도 하였다(1:16-17). 이러한 토비트에게 하나님은 은혜를 베푸셔서 앗시리아의 왕인 살마네셀의 총애를 받게 하시고 왕궁의 일을 맡아 보게 하셨다. 그가 맡은 일은 왕에게 필요한 물건을 사들이는 것이었고, 이 일을 위하여 메대지역에도 자주 가게 되었다(1:13). 토비트가 메대에 갔을 때 거기에 살고 있던 친척 가바엘에게 은 십 달란트가 든 자루를 맡겨 둔 일이 있었다(1:14). 그러나 살마네셀이 죽고 그의 아들 산헤립이 새로운 왕으로 즉위하자[6] 메대로 가는 길이 차단되어 그것을 찾을 수 없었다(1:15).

산헤립왕 때에 토비트는 그가 행한 선한 일 때문에 큰 어려움을 당했다. 그것은 전에 하던 것처럼, 동족의 버려진 시신을 남의 눈을 피해 묻어

---

4) 북이스라엘의 수도 사마리아는 호세아 왕 때 앗시리아 제국의 왕 살마네셀(Shalmaneser V, 주전 726-722년)에 의해 멸망하였다(주전 722년). 이때 많은 이스라엘 사람들이 앗시리아의 포로로 잡혀갔다(왕하 17:5-6; 18:9-11). 그러나 갈릴리와 납달리 지역 등은 이보다 더 이른 주전 734년 앗시리아 왕 디글랏빌레셀(Tiglathpileser III, 주전 744-727년)에 의하여 점령되고 앗시리아의 영토에 편입되었으며, 이 지역의 많은 주민들은 포로로 잡혀갔다(왕하 15:29). 이것은 토비트의 역사기록이 정확하지 않다는 것을 말해 준다.

5) 정결음식법에 대해서는 레 11장; 신 14:3-21을 보라.

6) 살마네셀이 정변으로 살해되고 사르곤(Sargon II, 주전 721-705년)이 왕위를 계승했다. 사르곤이 해외 원정 중에 죽자 그의 아들 산헤립(Sennachrib, 주전 704-681년)이 왕위를 계승했다. 사르곤은 성서에 언급되지 않는데, 토비트서 저자는 산헤립이 살마네셀을 계승한 것으로 잘못 알고 있다.

주었는데, 이 일이 왕에게 알려져 도망가야 했고 그의 재산은 모두 몰수되었다(1:18-20). 그러나 산헤립이 두 아들에 의해 살해되고 에살하똔이 왕위에 오르자,[7] 신하였던 그의 조카 아히칼이 왕에게 특청을 올렸고, 이것이 받아들여져 토비트는 니느웨로 돌아올 수 있었다(1:21-22).

토비트는 에살하똔 왕 때에도 착한 일을 계속했다. 그러나 이번에는 그가 베푼 자선 때문에 더 큰 어려움을 당해야 했다. 어느 날 그는 동포의 시신을 묻어 주고 담 옆에 누워서 잠을 잤다. 그러나 너무나 더워 얼굴을 덮지 않고 자는 바람에 참새 똥이 눈에 직접 떨어져 시력이 점점 약해졌고, 결국에는 장님이 되었다(2:1-10).[8] 그는 이제 일도 할 수 없었고, 생계를 위하여 아내 안나는 품을 팔아야 했다(2:11). 경건한 생활과 자선을 행한 뒤에 얻은 결과가 육체적 · 경제적인 고통이었다. 그러던 어느 날 안나는 일을 해주고 대가를 받았는데, 품삯뿐만 아니라 새끼 염소 한 마리도 덤으로 받게 되었다(2:12). 아내가 새끼 염소를 가져오자 토비트는 혹시 훔쳐 오지나 않았는지 의심했다. 그리고 그 새끼 염소를 되돌려 주라고 재촉했다(2:13). 이때 아내는 얼굴을 붉히면서 토비트에게 대들었다.

> 당신이 베푼 자선으로 얻은 것이 무엇입니까?
> 당신이 쌓은 덕행으로 얻은 것은 무엇입니까?(2:14)

아내의 비난으로 토비트는 마음이 몹시 아파 통곡하며 하나님께 부르짖었다.

---

7) 에살하똔(Esarhaddon, 주전 680-669년)은 산헤립의 아들로 왕위를 계승했다.

8) 토비트는 시신을 만져 부정하기 때문에 몸을 깨끗이 씻고 밖에서 잔 것 같다(민 19:11-22 참조). 이것은 저작 당시의 유대인들의 관습을 반영한 것이리라.

나에게는 당치 않는 조롱이 들려오고

많은 슬픔이 나를 짓누르고 있으니

사는 것보다 죽는 것이 오히려 낫습니다.

오 주님, 이 고뇌에서 나를 벗어나게 해주시고

영원한 집으로 나를 보내 주소서(3:6).

의인이 선을 행했지만 도리어 고통의 결과를 받은 것에 대한 하소연이었다.

토비트처럼, 착하게 살았지만 고통을 당하고 있는 또 한 사람이 있었다. 메대의 엑바타나에 살고 있었던 사라였다. 토비트서의 저자는 이제 토비트의 이야기를 잠시 중단하고 사라를 소개한다.[9)]

사라는 납달리 지파에 속해 있던 라구엘의 외동딸로 토비트의 친척이었다(3:7; 6:11). 그녀는 일곱 번이나 결혼하였지만 남편이 없었다. 왜냐하면 결혼 첫날밤 부부관계도 맺기 전에 악한 귀신 아스모 데오가 신랑을 번번이 죽여 버렸기 때문이다(3:8). 토비트가 아내 때문에 괴로워하던 날, 사라도 아버지의 여종이 자신을 조롱하는 소리를 들었다.

당신 남편을 죽인 사람은 바로 당신 자신이오. … 당신도 그들을 따라

9) 토비트의 이야기와 사라의 이야기는 내용과 주제에 있어서 매우 유사하다. George W. E. Nickelsburg, *JL*, 30; "Stories of Biblical and Early Post-Biblical Times," in *JW*, 42.

토비트	사라
토비트의 경건(2:1-7) 토비트가 장님이 됨(2:9-10) 토비트가 비난 받음(2:14 하) 토비트의 기도(3:1-6)	사라의 순결(3:14) 사라의 결혼실패(3:8 상) 사라가 비난 받음(3:7, 8 하-9) 사라의 기도(3:10-15)

죽어 버리시오…(3:8-9).

여종에게 들은 모욕적인 말은 사라에게 커다란 상처가 되었다. 그리하여 사라는 마음이 괴로워 매우 슬퍼했고, 심지어 스스로 죽으려는 생각까지 했다. 그러나 외동딸인 자신이 스스로 목숨을 끊을 경우 그녀의 아버지가 조롱을 받을 것은 뻔한 사실이었다. 그리하여 그녀는 스스로 죽을 수도 없었다. 고통에 처했던 사라가 이러지도 저리지도 못하는 진퇴양난의 상황에서 유일하게 할 수 있는 일은 하나님께 부르짖는 것이었다(3:10).

> 주님, 명령을 내리시어
> 나를 이 땅에서 떠나게 하시고
> 다시는 이런 조롱을 듣지 않게 하소서.
> ……
> 나는 이미 남편을 일곱이나 잃었습니다.
> 더 살아 무엇 하겠습니까?
> 내 목숨을 거두어 가시는 것이
> 주님의 뜻이 아니라면
> 이 하소연을 들어 주소서(3:13-15).

토비트의 이야기가 기도로 끝난 것처럼, 사라의 이야기도 여기서 기도로 일단 중지한다. 토비트서의 저자는 사라의 기도가 끝난 뒤 이어서 말하기를, "바로 그 때 토비트와 사라의 기도가 영광스러운 하나님 앞에 도달하였다"(3:16)고 토를 단다. 하나님은 이 두 사람의 애통하는 기도를 들으시고 어떻게 응답하셨는가? 독자들은 이제 하나님께서 고통받는 두 의인을 어떻게 구원하시는지를 전개되는 이야기에서 기대하게 된다. 하나님의 구원 계획은 분명하다. 하나님은 천사 라파엘을 보내 두 사람의 문제를 해결하려 하시는데, 토비트에게는 시력 회복을 주시고, 사라에게는 토비트의 아들 토비아의 아내가 되게 하시려는 것이다(3:17).

기도의 응답에 대한 하나님의 계획을 언급한 뒤, 저자는 다시 토비트의 이야기를 계속한다. 토비트는 하나님께 자신의 목숨을 거두어 가달라고 기도한 후, 자신의 삶을 정리해야겠다는 생각하면서(4:2) 아들 토비아에게 몇 가지를 당부한다. 유언을 한 것이다. 즉, 어머니를 잘 보살펴 드릴 것(4:3-4), 하나님의 계명을 잘 지키고 그를 예배하는 삶을 살 것(4:5-6, 19), 구제와 자선을 베풀 것(4:7-11, 16-17), 친족의 여자와 결혼할 것(4:12-13),[10] 일꾼들에게 품삯을 잘 지불할 것(4:14), 가바엘에게 맡겨 둔 은 십 달란트를 기억할 것(4:20) 등이다.

토비트의 당부가 끝나고, 이야기는 바로 토비아의 여행 준비로 이어진다. 아버지가 맡겨 놓은 돈을 찾아오기 위한 여행 준비였다(5:2). 니느웨에서 메대까지는 매우 멀기 때문에 토비아는 길동무가 필요했다(5:3). 이때 하나님이 보낸 천사 라파엘은 자신의 정체를 숨기고 토비아의 길동무로 고용된다(5:4-8). 토비아가 아버지에게 길동무를 소개할 때, 라파엘은 자신의 이름이 아자리아라고 하고(5:13), 메대로 가는 길을 잘 알기

10) 친족끼리 결혼하는 것, 즉 근친결혼은 이스라엘 민족의 일반적인 풍습이었다. 이러한 풍습은 주전 1세기경까지 계속되었다. 토비트 6:13과 7:11이하에는 이러한 결혼 형태가 모세의 율법에 근거한 것이라고 하지만, 직접적인 규정은 없다. 아마도 족장들의 결혼이나 딸들의 상속 문제(민 27:5-11; 36:2-12)에 관한 규정 등을 그 근거로 삼고 있는 것 같다. Roland de Vaux, *Ancient Israel: Its Life and Institutions*, 이양구 역, 『구약시대의 생활풍속』(서울: 대한기독교출판사, 1983), 66-7.

때문에 염려하지 말라고 안심시킨다(5:16). 토비트는 길을 떠나는 아들에게 복을 빌어준다.

> … 하늘에 계신 하나님께서 너희를 안전하게 그곳으로 가게하시고 나에게 다시 건강하게 돌아오게 해 주실 것을 빈다…(5:17).

경건한 아버지가 아들의 여행을 하나님께 맡기는 심정을 나타낸 것이다. 토비트와는 달리 어머니 안나는 외아들이 먼 길을 떠나는 것이 불안하고 두려워 울부짖는다.

> 돈은 더 해서 무엇해요? 그 돈 때문에 우리 아이를 희생시킬 수야 없지 않아요? 주님께서 주신 생명으로 우리는 충분해요(5:19-20).

토비트가 위로하자 안나는 울음 멈추었다(6:1). 그리고 토비아와 라파엘은 메대로 향했다. 이때 토비아가 기르던 개도 동행했다(6:2). 길을 가는 도중, 하루는 티그리스 강가에서 노숙을 하게 되었는데, 이때 토비아는 자신의 발을 삼키려 하는 큰 물고기 한 마리를 잡았다(6:3). 라파엘은 토비아가 잡은 이 물고기의 쓸개와 염통과 간은 귀한 약으로 쓰이므로 잘 보관하라고 알려주었다(6:5). 염통과 간은 악마를 퇴치하는 데 쓰이고, 쓸개는 시력을 회복하는 데 쓰인다는 것이다(6:7-9). 여기에서 독자들은 왜 갑자기 물고기 이야기가 등장했는지를 암시받게 된다. 즉, 토비트와 사라의 문제를 해결하기 위하여 앞으로 이것들이 사용된다는 것이다.

메대의 엑바타나에 이르자 라파엘은 토비아에게 라구엘의 집안을 소개하면서 그 집에 들어가 묵어가자고 했다. 그러면서 그의 딸 사라와 결혼할 것을 권고했다(6:12). 토비아는 사라의 결혼 내력 때문에 망설이지만(6:14- 15), 라파엘의 설득으로 결국 사라를 보지도 않고 사랑을 하게 되고 결혼할 것을 결심했다(6:18). 토비아의 마음을 움직인 것은 사라가 납달리 지파의 여자로 가장 가까운 친척이라는 것이었고, 그러한 여자와의 결혼은 아버지의 부탁이었기 때문이었다.

토비아가 라구엘의 집에 도착하고 서로가 친척이라는 것이 밝혀지자 온 가족들은 기쁨의 눈물을 금치 못했다.[11] 라구엘은 자기 친척 토비아의 목을 끌어안고 울었다. 그의 아내 에드나도 울었고 그의 딸 사라도 따라 울었다(7:7-8). 저녁 식탁에 둘러앉은 그들은 토비아와 사라가 결혼할 것을 결정했다. 그리고 두 젊은이는 결혼을 했다(7:9-14).

---

11) 토비트서 7-10장은 토비아가 라구엘의 집에 도착할 때부터 떠날 때까지의 일들을 이야기하고 있는데, 교차대구법(chiasmus)이 느슨하게 사용되고 있다. Carmel McCarthy & William Riley, *The Old Testament Short Story* (Wilmington: Michael Glazier, 1986), 158 참조.

A 라구엘의 집에 도착(7:1-8)
B a 환영 만찬의 시작/준비(7:9 상)
b 결혼 문제 상의(7:9 하-13)
c 만찬에 대한 두 번째 언급(7:14)
b' 가족 간의 관심 표명(7:15-17)
a' 환영 만찬을 마침(8:1)
C a 위험의 끝: 악귀의 추방(8:2-3)
b 토비아와 사라의 기도(8:4-8)
c 첫날밤(8:9-14)
b' 라구엘 부부의 기도(8:15-17)
a' 위험의 끝: 무덤을 메움(8:18)
B' a 혼인 잔치의 시작/준비(8:19-21)
b 돈 문제 상의 및 해결(9:1-5)
c 잔치에 대한 두 번째 언급(9:6)
b' 가족 간의 관심 표명(10:1-7 상)
a' 혼인 잔치를 마침(10:7 하)
A' 라구엘의 집을 떠남(10:8-14)

이제 문제의 첫날밤이 되었다. 신랑의 목숨이 위태로운 결혼 첫날밤인 것이다. 토비아는 라파엘이 말한 대로 물고기 간과 염통을 향불에 태워 냄새를 피웠다(8:2). 이 고약한 냄새에 질린 악귀는 이집트로 도망갔는데, 이때 천사 라파엘은 그의 뒤를 따라가 온 몸을 꽁꽁 묶고 꼼짝 못하게 하였다(8:2-3).

냄새를 피워 악귀를 물리친 토비아는 사라와 첫 잠자리를 같이 하기 전, 하나님께 기도했다.

> ……
>
> '사람이 혼자 있는 것이 좋지 않으니,
>
> 그를 닮은 돕는 자를 만들자'고 주님은 말씀하셨습니다.[12]
>
> 내가 지금 이 사랑하는 여자를 아내로 맞는 것은
>
> 음욕을 위함이 아니라, 참된 결혼을 위함입니다.
>
> 이 여인과 저에게 자비를 베푸시어, 늙도록 함께 살게 해주소서
>
> ……
>
> 아멘, 아멘(8:6-7).

첫날밤에 신부와 함께 드린 신랑의 아름다운 기도다. 두 사람은 주위 사람들의 염려에도 불구하고 첫날밤을 무사히 잘 넘겼다.[13] 불안해하던 라구엘 부부는 딸 부부가 무사함을 알고 하나님께 감사와 간구의 기도를 드렸다.

---

12) 창 2:18의 인용이다.

13) 불가타 성서에 의하면, 그들은 결혼 후 삼일 밤을 지난 뒤 비로소 잠자리를 같이 하고 부부관계를 맺었다.

……

주님께서 외아들과 외딸에게 자비를 베풀어 주셔서 감사합니다.

오 주님, 그들에게 자비를 베푸시고, 안전하게 지켜주소서.

저들의 삶에 행복과 자비가 충만케 하소서(8:15-17).

자녀의 결혼이 무사함을 알고 부모가 간절히 드린 축복의 기도이다. 첫날밤을 지낸 다음날부터 혼인 잔치가 시작되었다. 이 잔치는 열나흘 동안 계속되었다(8:20). 그러나 혼인 잔치는 기뻤지만, 토비아에게는 한 가지 근심이 있었다. 그것은 결혼 사실을 모르고 있는 니느웨의 부모들이 근심하며 기다리고 있다는 것이다. 시간을 절약하기 위하여 토비아는 라파엘을 가바엘 집에 보내어 아버지가 맡겨 둔 돈을 찾아오게 했다(9:2-6). 그리고 더 머물고 가라는 장인의 부탁에도 불구하고 잔치가 끝나자 서둘러 니느웨로 돌아갔다. 라구엘은 사위에게 남 · 여종을 포함한 재산의 절반을 주며 딸을 부탁하고, 사라에게도 시부모님을 잘 모시라고 당부했다(10:10- 14). 이제 토비아는 아내와 라파엘 그리고 데리고 떠났던 개와 함께 집을 향해 발길을 돌렸다.

토비아는 일행보다 조금 더 일찍 집에 도착했다. 그리고 부모님과 반갑게 재회한 다음, 물고기의 쓸개를 아버지의 눈에 발라, 흰 막을 벗겨내고 시력을 회복하게 했다. 다시 빛을 보게 된 토비트는 매우 기뻤다. 그러나 기쁨은 여기에서 끝나지 않았다. 그것은 자기가 원하던 대로 친척의 딸을 며느리로 얻은 것이다. 토비트서의 저자는 그 기쁨을 이렇게 표현하고 있다.

그 날 니느웨에 사는 모든 유대인들이 다 같이 기뻐하였다(11:17).

이제 두 가정의 어려운 문제가 해결되자, 임무를 마친 라파엘은 떠나려고 했다. 토비트와 토비아는 가져온 재산의 절반을 라파엘에게 주면서 사례하려고 했다(12:1-5). 그러나 라파엘은 자신이 하나님의 천사라고 정체를 밝혔다. 그리고 하나님은 토비트와 사라의 기도에 대한 응답으로 자기를 보냈다고 말하며, 앞으로도 경건과 자선의 삶을 계속 할 것을 당부했다(12:6-15). 또한 이 모든 일들을 하나님께 감사하고, 낱낱이 기록하라고 부탁한 후 하늘로 사라졌다(12:20). 라파엘이 떠난 뒤 토비트는 하나님을 찬양하며, 감사의 노래를 불렀다(13장).[14]

……

주님의 선하심을 찬양하여라.

만세의 왕을 기리어라(13:10).

……

하나님의 복을 받은 사람들은 하나님의 거룩하신 이름을 영원토록 찬양할 것이다(13:18).

다음에 전개되는 이야기는 토비트서의 마무리로 토비트의 유언과 죽음에 관한 것이다. 유언의 주요 내용은 예언 형식으로 되어 있다. 즉, 얼마 후 니느웨가 멸망할 것이므로 어머니가 죽은 후 안전한 메대의 엑바타나

14) 토비트의 노래(13장)는 두 부분으로 나뉜다. 첫째 부분(13:1-7)은 포로로 잡혀간 디아스포라 유대인들에게 말한 형식으로 되어 있는데, 하나님은 죄인을 심판하시지만, 회개하면 용서해 주신다는 신명기 신학의 주제가 반영되어 있다(신 30:1-10 참조). 둘째 부분(13:8-18)은 거룩한 하나님의 도성 예루살렘을 찬양한 것으로 예루살렘에게 말한 형식으로 되어 있는데, 예루살렘 성전이 재건될 것과 예루살렘이 영원히 이방 가운데서 빛날 것을 말하고 있다(사 54:11-12 참조).

로 이사 가라는 것, 예루살렘 성전이 불타고 사람들이 포로로 잡혀가지만 얼마 후 돌아와 성전을 재건한다는 것, 그리고 미래에는 모든 민족이 하나님을 섬긴다는 것이다(14:4-5). 또한 그는 하나님을 잘 섬기고 자녀들에게 경건과 자선을 잘 가르치라는 당부도 한다(14:8). 아버지가 죽고, 얼마 후 어머니도 죽자 토비아는 아버지의 당부대로 엑바타나로 가서 장인과 장모와 함께 살았다(14:12). 그리고 아버지의 말대로 니느웨의 멸망 소식을 들었으며 장수하다가 엑바타나에서 숨을 거두었다(14:15). 아버지의 말씀에 순종하며 살았던 효자 토비아가 죽은 것이다. 토비트서의 이야기는 여기서 끝나지만, 독자들은 신앙심이 깊고 자선을 즐겨했던 토비트의 후손들이 그들의 선조들처럼 주님의 은총을 느끼며 행복하게 살아갔다는 것을 상상할 수 있다.

| 토비트의 목적 |

토비트서의 저작 의도는 교육적이다. 저자는 독자들이 이 책을 읽음으로 신앙이 더욱 돈독해지기를 바라고 있다. 그리하여 비록 이방 민족 가운데 살고 있지만 유대교 신앙의 가르침인 경건, 절제, 정직, 순결, 구제, 십일조, 친족 결혼, 효도 등의 생활을 더욱 충실히 하도록 독자들을 독려하고 있다. 즉, 이방 문화 속에서 살지만 유대교의 신앙생활을 성실히 수행할 것을 가르치기 위하여 이 신앙소설을 썼다는 것이다.

저자가 염두에 두고 있는 독자들은 헬레니즘의 영향이 거세게 밀려드는 팔레스타인에 살고 있는 유대인들도 포함되지만, 일차적으로는 디아스포라 유대인들이었다. 그들의 문제는 성전도 없는 이방 문화 속에서 어떻게 하나님의 계명을 지키며 유대 신앙을 지켜나갈 수 있을 것인가였다. 그것은 전적으로 개인의 신앙 자세에 달려 있었다. 그들은 신앙을 포기하고 이방 문화에 흡수될 수도 있었고, 또한 신앙을 지키며 유대인으로서의 정체성을 유지하며 살 수도 있었다.

사실 디아스포라 유대인들이 이방의 땅에서 하나님의 말씀을 지킨다는 것은 쉬운 일이 아니었다. 대내외적으로 밀려오는 온갖 고통을 감수하지 않으면 안 되었기 때문이다. 때로는 이방인의 조롱을 받아야 했고, 때로는 죽음을 무릅써야 했으며, 때로는 신앙을 지킨다는 것에 대해 회의를 느껴야 했다. 그리고 때로는 유대인들의 풍습대로 친족 결혼을 하고 싶지만, 친족을 찾을 수 없어서 결혼을 하지 못하는 수도 있었다. 이러한 상황에 놓인 유대인들에게 제일 필요한 것은 하나님은 신실한 당신의 백성들에게 언제나 선을 베푸시고 계신다는 사실을 알게 하는 것이었다. 그것은 유대인들로 하여금 신앙을 지킬 수 있는 용기를 가지게 할 수 있었다. 토비트서 저자는 경건과 구제에 힘쓰며 살아가는 두 디아스포라 유대인 가정의 이야기를 통해 독자들이 살아가야 할 모범이 바로 이러한 것이라고 가르치고 있다. 모범적인 이 가정들처럼 신앙을 지키면, 독자들도 하나님의 은총을 경험하고 좋은 결실을 맺는 가정과 삶을 누릴 수 있다는 것이다.

| 주요 신학사상 |

어느 개인이나 공동체가 신학적인 사고思考를 표현하는 방법은 매우 다양하다. 그것은 저자의 필요에 따라 혹은 독자들의 요청에 따라 다양하게 사용될 수 있다. 예를 들면, 조직신학자들처럼 어느 주제에 대해 논리적으로 서술해 나가는 방법도 있고, 구약의 역사서처럼 역사를 해석하면서 자신의 신학을 표현하는 방법도 있다. 또한 설교자들처럼 성서를 해석하면서 자신의 신학적인 생각을 첨가하는 경우도 있다. 그림, 음악, 무용, 연극, 영화 등과 같은 예술 역시 신학을 표현하는 중요한 도구이다. 이러한 예술 행위는 신학적인 사고를 바탕으로 종교적인 미美를 창조할 수 있으며, 예배 등을 통하여 신앙고백의 방법으로 사용될 수 있다. 이밖에도 우리가 여기에서 다루고 있는 토비트서의 저자처럼, 신앙단편소설을 통하여 자신의 신학을 표현할 수도 있다. 신앙단편소설은 비록 사실은 아니지만 일상생활에서 일어날 가능성이 있는 종교적 이야기이며, 저자의 종교적인 혹은 신학적인 사고를 반영하고 있다. 이제 토비트서에 나타나 있는 주요 신학사상을 살펴본다.

의인의 고통

토비트서에서 다루고 있는 주요 신학사상 중 하나는 의인의 고통에 관한 문제이다. 왜 의인은 고통을 당하는가? 하나님을 잘 섬기는 의인이 왜 이 세상에서 고통을 당해야 하는가? 의인은 이 고통을 어떻게 해결하는가? 하나님은 의인의 고통을 제거하시기 위하여 어떻게 섭리하시는가? 의인의 고통이 가지는 궁극적인 의미는 무엇인가?

토비트서에 의하면, 의인이 받는 고통의 원인은 세 가지라고 할 수 있다. 첫째로, 의인의 고통은 하나님의 시험이다(12:13). 예를 들면, 하나님은 토비트의 신앙을 시험하시기 위해서 천사를 보내시고 장님이 되게 하셨다. 둘째로, 의인의 고통은 다른 사람들이 가하는 조롱이나 박해의 결과이다. 예를 들면 토비트는 하나님의 계명을 충실히 지키기 위해 동족의 버려진 시신을 묻어 준 것이 발각되어 도망가고 재산을 빼앗겨야 했다. 또한 토비트는 그의 아내에게(2:14), 사라는 여종에게(3:8-9) 조롱을 당하고 고통을 느껴야 했다. 셋째로, 의인은 악마의 관여 때문에 고통을 당할 수 있다. 예를 들면 사라의 고통은 악귀 때문이었다. 그녀는 일곱 번이나 결혼했지만 첫날밤에 악귀가 신랑들을 죽여 버렸기 때문에 생과부가 되는 불행을 당해야 했다.

의인이 당하는 이러한 고통은 어떻게 해결되는가? 토비트서에 의하면, 의인의 고통은 기도함으로써 그 해결의 실마리가 풀린다. 고통 중에서 하나님께 드리는 의인의 간절한 기도가 문제 해결의 열쇠라는 것이다. 이 기도는 하나님께 대한 절대적인 의존을 나타내며, 의인의 신앙을 고백하는 것이다. 의인이 드리는 기도는 하나님께 직접 상달되지 않고, 천사를 통해 전달된다. 천사는 의인과 하나님 사이에서 기도의 메시지를 전달하는 중재자이다(3:17). 하나님은 초월자로 계시기 때문에 인간이 직접 대면하거나 기도를 아뢸 수 없고 천사를 통해서 간접적으로 접촉할 수 있다. 하나님은 의인의 기도에 대해서 역시 천사를 통해서 응답하신다. 천사는 하나님의 지시대로 의인의 고통이라는 문제를 해결하기 위하여 행동한다.

의인의 고통은 어떤 의미를 가지는가? 한마디로 하나님의 영광을 나타내기 위한 것이다. 의인들은 하나님께서 고통 중에 있는 자신들의 삶에 어떻게 섭리하시고 은총을 베푸셨는지에 대한 체험을 말함으로서 듣는 사람들에게 하나님의 영광을 드러낸다. 즉, 자신을 도우신 하나님의 손길을 낱낱이 드러냄으로써 이것을 듣는 모든 사람들로 하여금 하나님께 찬양과 감사를 드리게 한다는 것이다(12:6-7, 20). 사람들은 의인들에게 선을 베푸신 분이 바로 하나님이라는 것을 알고 그를 섬기게 된다는 것이다. 따라서 의인의 고통은 사람들에게 신앙적인 교훈을 주는, 교육적 의미가 있다고 말할 수 있다.

자선

유대교의 가르침 중 가장 중요한 것은 하나님께 예배하는 것이다. 이 예배를 제외하고, 유대교에서 가장 중요하다고 하는 세 가지 가르침이 있는데, 자선, 기도, 금식이다. 이 세 가지 교훈은 "유대교의 세 기둥The Three Pillars of Judaism"이라 불리기도 한다.[15] 토비트서는 금식에 대해서 별로 언급하지 않지만 자선과 기도는 매우 중요하게 다루고 있으며, 특히 자선을 가장 강조하고 있다.

> 옳지 못한 방법으로 부자가 되는 것보다는 진실한 마음으로[16] 기도를 드리고 올바른 마음으로 자선을 행하는 것이 더 좋습니다. 황금을 쌓아 두는 것보다는 자선을 행하는 것이 더 좋습니다. 자선은 사람을 죽음에서 건져내고 모든 죄를 깨끗이 씻겨 줍니다. 자선을 행하는 사람은 장수하게 될 것입니다(12:8-9).

토비트서의 저자가 강조하는 자선의 종류는 크게 두 가지로 나누어 볼 수 있다. 첫째는, 물질적으로 가난한 사람들에게 자신의 재산의 일부를 나누어주는 것이다. 고아와 과부, 그리고 유대교로 개종한 뒤 이스라엘과 함께 사는 이방인들에게 아까운 마음 없이 베푸는 자선이다. 둘째

15) 자선, 기도, 금식에 대한 가르침은 마태복음 6:1-18에서도 함께 언급된다.
16) 시나이 사본에는 "진실한 마음으로"로 쓰여 있지만, 바티칸 사본과 알렉산드리아 사본에는 "금식하면서"로 되어 있다. NRSV는 전자를 따르고 있다.

는, 버려진 동포의 시신을 묻어 주는 것이다. 토비트가 살던 사회에서는 박해 등으로 살해당한 유대인들이 길거리에 방치되었던 것 같다. 그리하여 그들의 장례를 치러 주거나 땅에 묻어 주는 일은 법으로 금지 되었던 것 같다. 그러나 토비트서는 어떠한 위험을 무릅쓰고라도 버려진 시체를 묻어 주는 자선을 베풀라고 한다.

가난한 사람들에게 자선을 베풀라는 가르침은 구약성서에 나타나 있다(신 24:17). 구약성서에서도 고아, 과부, 이방인은 가장 약자였으며, 이들의 인권에 대한 보호는 법으로 규정되어 있었다. 그러나 버려진 유대인의 시체를 묻어 주라는 가르침은 구약성서에 나타나 있지 않다. 이것은 팔레스타인보다는 디아스포라 유대인들의 특수한 상황에서 회자되었던 교훈인 것 같다.[17)]

토비트서의 자선 신학에는 행함으로 구원을 얻는다는 사상이 내포되어 있다. 이에 의하면 자선사업은 하나님께 예물을 바치는 행위(4:11)로 다른 사람을 도울 뿐만 아니라, 바로 자신의 생명을 구하는 것이고 자신의 죄를 없애는 것이다. 그러므로 자선은 가난하다고 회피해서는 안 되고, 누구든지 자신의 재산 정도에 맞게 힘닿는 데까지 해야 하는 것이다. 그러나 자선을 행함으로 구원을 얻고 죄 사함을 얻는다는 토비트서의 가르침은 신약성서에서는 받아들여지지 않았다.

예루살렘 성전

토비트서에 의하면, 예루살렘 성전은 하나님께 희생제사를 드리는 유일한 장소이다.

---

17) 죽은 자들에게도 자선을 베풀라는 가르침은 집회서에도 나온다(7:33).

예루살렘은 이스라엘 모든 지파가 희생제물을 드리는 유일한 장소로 선택된 곳이다. 거기에는 하나님께서 거처하실 성전이 오고 오는 모든 세대를 위하여 거룩하게 따로 지어져 있었다(1:4).

이스라엘 민족이 자손대대로 하나님께 예배를 드릴 수 있는 곳은 바로 예루살렘 성전뿐이라는 것이다. 따라서 토비트는 비록 북이스라엘 출신이었지만, 여로보암이 만든 단이나 벧엘의 금송아지에게 제사를 드리지 않고, 남유다에 있는 예루살렘 성전에서 하나님께 예배를 드렸다. 하나님께 희생제사를 드리는 유일한 장소로서 예루살렘에 대한 토비트의 존경심은 포로생활 중에서도 계속되었다. 따라서 그는 먼 이방 땅에 살면서도 예루살렘을 그리워하며 찬양하고 있다(13:8-18).

토비트가 환상 중에 바라본 예루살렘의 미래는 매우 희망적이다. 마치 이사야가 본 환상처럼(사 60:1-62:12), 미래의 예루살렘은 이스라엘 민족뿐만 아니라 다른 모든 민족이 방방곡곡에서 모여, 하나님께 예물을 바치며 예배하는 곳이다. 또한 그곳은 영원하신 왕이신 하나님의 도성으로 영원히 빛나는 곳이다. 예루살렘 성전의 회복과 영광에 대한 사상은 제2성전시대 유대교에서 매우 중요한 사상이었다. 왜냐하면 정치적 구심점인 국가가 없는 당시 상황에서 성전은 민족을 결속시켜 주고 민족의 정체성을 확인시켜주는 유일한 존재였기 때문이다.

인과응보(因果應報)

토비트서에는 유대교의 정통교리인 인과응보 사상이 들어 있다. 하나님은 의인에게는 자비를 베푸셔서 기쁨을 얻게 하시지만, 악인에게는 심판을 내리셔서 멸망하게 하신다는 것이다. 인간이 선을 행하고 자비를 베풀면 구원해 주시지만, 악을 행하면 벌을 내리신다는 것이다. 그러나 악인에 대한 심판은 돌이킬 수 없는 것은 아니다. 하나님께 다시 돌아오는 회개를 통하여 심판을 모면할 수 있다.

> 너희가 진심으로 하나님께 돌아와
> 마음을 다하여 그 앞에서 참되게 살면
> 하나님께서 너희에게 돌아 오셔서
> 다시는 외면하지 않으실 것이다.
> ……
> 죄인들아, 돌아오라.
> 하나님 앞에서 옳은 것을 행하라…(13:6)

| 성서 및 신구약 중간시대 문헌과의 관계 |

토비트서는 신구약 중간시대에 유대인들이 애독愛讀했던 책이었다. 이 책이 성서 사본들과 함께 쿰란 동굴에서 발견되었다는 것은 이러한 사실을 뒷받침해 준다. 또한 희년서The Book of Jubilees, 욥의 유언서The Testament of Job, 솔로몬의 유언서The Testament of Solomon 등과 같은 위경의 저자들이 토비트서의 영향을 받았다는 것도 이에 대한 좋은 증거이다. 구약 외경의 세 청년의 노래(29-32)에서도 토비트서(8:5)와 유사한 구절이 발견되는데 어느 저자가 영향을 주었는지는 논란의 여지가 있다.

토비트서가 신약성서에서 직접 인용된 구절은 없다. 그러나 신약성서의 여러 저자들이 토비트서를 알고 있었고 그 영향을 직·간접적으로 받았다는 것은 분명하다.[18] 예를 들면, 고린도후서 9:7(토비트 4:7, 16), 데살로니가전서 4:3-5(토비트 4:12; 8:7-8), 로마서 6:23(토비트 12:10) 등 서신서書信書의 구절들은 이러한 사실을 보여준다. 또한 마태복음서에 묘사되어 있는 예수의 위탁과 승천 장면(28:18-20)은 문학적인 구조면에서 천사 라파엘의 권고 및 하늘로 올라가는 장면과 매우 유사하다 (12:16-22).

토비트서는 묵시문학은 아니지만, 묵시문학에서 발견되는 요소들이 나온다.[19]예를 들면 천사들이 하나님께 기도를 전달하는 것(3:16; 12:12-15),[20] 천사와 악마의 결투 그리고 천사가 악마를 결박함(8:2-3),[21] 일어난 일을 기록하라는 천사의 부탁(12:11-22), 우주적 통치를 강조하는 하나님의 칭호 사용(13:6-11),[22] 마지막 때에 대한 묘사(13:11-18; 14:4-7)[23] 등이다. 이러한 묵시문학적 요소들 중에서도 특히 새 예루살렘에 대한 묘사(13:16-18)는 요한계시록의 것(19:1; 21:10-12)과 상응한다.

---

18) 토비트서의 신약성서에 대한 가능한 영향은 D. C. Simpson, *APOT* 1, 198-199을 보라.
19) George W. E. Nickelsburg, *op. cit.*, 45-6.
20) 에녹 일서 9; 40; 99:3.
21) 에녹 일서 10:4-5.
22) 에녹 일서 9:4; 12:3; 25:3, 7. 모세의 유언서 1:12.
23) 에녹 일서 10:17-22; 90:30-36; 91:14.

토비트 13:16-18

예루살렘성은 재건될 것이며

예루살렘의 성문들은 사파이어와 비취옥으로 만들어지고, 그 성벽도 모두 보석으로 이루어질 것이다.

예루살렘의 탑들은 황금으로 지어지고, 그 보루들도 순금으로 이루어질 것이다.

예루살렘 거리들은 홍옥과 오빌의 보석으로 포장될 것이다.

예루살렘의 모든 집들은 "할렐루야, 이스라엘의 하나님이여 찬미받으소서" 하고 외칠 것이다.

하나님의 축복을 받은 사람들이 하나님의 거룩하신 이름을 영원토록 찬양할 것이다.

요한 계시록 21:10-12

… 하나님께로부터 하늘에서 내려오는 거룩한 성 예루살렘을 보여주었습니다.

… 그 성의 빛은 지극히 귀한 보석과 같고 수정과 같이 맑은 벽옥과 같았습니다.

그 도시에는 높고 큰 성벽이 있고 거기에는 열두 대문이 달려 있었습니다.

요한계시록 19:1

이 일이 있은 뒤 내가 들으니, 하늘에 있는 큰 무리가 내는 우렁찬 음성과 같은 소리가 이렇게 울려왔습니다.

"할렐루야, 구원과 영광과 권력은 우리 하나님의 것이다."

2. 유딧

유딧은 "유대인 여자Jewess"라는 의미로 유딧서의 제목일 뿐만 아니라, 이 책의 주인공 이름이기도 하다. 유딧은 구약성서에 나오는 에스더나 드보라처럼 외적으로 인한 민족적 위기 가운데서 이스라엘 민족을 구원한 여걸女傑로, 지혜와 신앙 그리고 미모를 겸비한 이상적인 여인이다. 저자는 유딧서에서 주인공 유딧이 대제국大帝國 앗시리아의 침략을 받아 함락 직전에 있는 이스라엘의 중요한 요새 베툴리아를 어떻게 구했는지를 이야기하고 있다. 이 익명의 저자는 유딧을 마치 역사적인 실제 인물처럼, 또한 묘사하고 있는 사건들이 마치 사실인 것처럼 말하고 있다. 그리하여 이 책을 읽는 독자들은 자신들이 어떤 역사 기록을 읽고 있다는 착각을 할 수도 있다. 그러나 유딧서에 나오는 역사적 기록들은 사실성이나 정확성이 없다.

유딧서에서 언급되는 역사적 사건들이나 인물들 그리고 분위기는 주전 6세기에서 주전 2세기에 걸쳐 있다. 이것은 유딧서의 내용에 앗시리아, 바빌론, 페르시아 그리고 희랍 시대의 것들이 혼재되어 있다는 것을 의미한다.[1] 토비트서의 저자처럼, 유딧서의 저자도 역사적 시대 상황을 자신이 쓰고 있는 글의 배경으로 삼고 있을 뿐, 정확성은 무시하고 있는 것이다. 유딧서의 주인공 유딧도 역사적 인물이 아니다. 그녀는 단지 이상적인 인물로 묘사될 뿐이다. 이것은 유딧서가 문학적인 면에서 신앙단편소설이라는 것을 의미한다.

유딧서는 마카비 혁명이 성공하여 예루살렘 성전을 정화하고 재봉헌한 뒤인, 주전 150-125년경에 익명의 팔레스타인 유대인에 의해서 히브리어로 쓰였다.[2] 이 책의 저작연대를 이렇게 단정하는 근거는 다음과 같다.[3] 첫째로, 유딧서에 언급된 왕王 숭배(3:8)는 희랍시대 안티오쿠스 4세(주전 175-163년)의 황제숭배 강요와 매우 유사하다. 둘째로, 성전의 유린이나 모독에 대한 언급(8:21; 9:8)은 안티오쿠스 4세가 예루살렘 성전을 더럽힌 사건을 암시한 것으로 볼 수 있다. 셋째로, 성전 정화에 대한 언급(4:3)은 마카비 혁명이 성공한 뒤의 상황과 유사하다(마카비 일서 4:36-51). 넷째로, 유딧서의 이야기는 마카비 일서 7장에 묘사된 적장敵將 니카노르의 패배 이야기와 유사하다(마카비 이서 14-15장 참조).

---

1) (1) 자세한 것은 Robert H. Pfeiffer, *History of New Testament Times with an Introduction to the Apocarypha* (New York: Harper & Brothers Publishers, 1949), 292-6을 참조하라. (2) 무어(Moore)는 브룬스(E. J. Bruns, "Judith or Jael?" *CBQ* 16 (1954), 12-4)의 견해를 따라, 유딧의 이야기의 원래 언어가 아람어이었다고 한다. 그러나 그는 칠십인역의 유딧서는 히브리어 본문에서 주후 1세기 이전에 번역되었다고 말한다. Carey A. Moore, "Book of Judith," *ABD*, Vol. 3, 1122-4. 현재 히브리어 원문 유딧서는 없다.

2) 안티오쿠스 4세에 의해 더럽혀진 예루살렘 성전은 마카비 혁명의 성공으로 주전 164년 기슬레우(Kislev)월 25일에 재봉헌되었는데 유대인들은 이를 기념하여 해마다 "하누카 축제"(The Feast of Hanukkah)를 지켜 내려오고 있다. 8일 동안 행해지는 이 축제는 팔레스타인 정경에 기록되어 있지 않은 유일한 유대인 축제인데, 중세 때부터 유대인들은 이 축제를 위한 예배에서 유딧서를 읽고 있다. 하누카 축제는 요한복음 10:22에도 언급되어 있는데, 개역성서는 "수전절"로, 공동번역 성서는 "봉헌절 축제"로, 그리고 표준 새번역 성서는 "성전 봉헌절"로 각각 번역하고 있다.

3) 나이켈스버그에 의하면, 유딧서에 대한 페르시아 시대의 영향도 부정할 수 없는데 이것은 다음과 같은 제안으로 해결될 수 있다. 즉, 페르시아 시대에 기원된 이야기가 하스몬 시대에 다시 쓰였다는 것이다. *JL*, 109.

| 유딧의 구조 |

유딧서는 크게 두 부분으로 나뉜다. 첫째 부분(1-7장)은 앗시리아가 서부지역에서 일어난 반란을 진압하는 일과 이 과정에서 이스라엘을 침략한 일을 다루고 있다. 둘째 부분(8-16장)은 이러한 위기상황에서 유딧이 어떻게 활약하여 이스라엘 민족을 구했는지를 이야기하고 있다. 첫째 부분은 둘째 부분의 배경이라 할 수 있는데, 전자에서 유딧은 한 번도 언급되지 않는다. 각 부분의 구성에는 교차대구법chiasmus이 사용되어 있다.[4)]

첫째 부분: 이스라엘의 위기(1-7장)

(1) 앗시리아와 메대의 전쟁(1장)

(2) 홀로페르네스에게 서부지역 반란 진압의 임무를 부여함(2:1-13)

(3) 홀로페르네스의 활약(2:14-7:32)

(A) 반란지역으로의 진군: 주민들이 항복함(2:14-3:10)

(B) 이스라엘이 듣고 매우 두려워 함: 대제사장 요아킴이 전쟁 준비를 명함(4장)

(C) 홀로페르네스와 아키오르의 대화: 아키오르가 추방됨 (5:1-6:11)

(C') 아키오르가 베툴리아에서 받아들여지고 이스라엘인들에게 말함(6:12-21)

---

4) Toni Craven, *Artistry and Faith in the Book of Judith* (Chico: Scholars Press, 1983), especially 60-4.

(B') 홀로페르네스가 전쟁준비를 명함: 이스라엘이 보고 매우 두려워 함(7:1-5)

(A') 베툴리아에로의 진군: 주민들이 항복을 원함(7:6-32)

둘째 부분: 유딧의 활약(8-16장)

(A) 유딧의 소개(8:1-8)'

(B) 유딧이 이스라엘을 구하기 위하여 계획을 세움(8:9-10:8)

(C) 유딧과 그녀의 하녀가 베툴리아를 떠남(10:9-10)

(D) 유딧이 홀로페르네스를 정복함(10:11-13:10 상)

(C') 유딧과 그녀의 하녀가 베툴리아로 돌아옴(13:10 하-11)

(B') 유딧이 이스라엘의 적을 무찌르기 위하여 계획을 세움(13:12-16:20)

(A') 유딧의 마지막(16:21-25)

| 유딧의 내용 |

유딧서에는 두 명의 주요 인물이 등장한다. 하나는 주인공protagonist 유딧이요, 다른 하나는 적대자antagonist 홀로페르네스이다. 전자는 남편이 없는 가냘픈 여인이요, 후자는 대제국의 군대 총사령관으로 강인한 남성이다. 전자의 배후에는 참 하나님 야웨가 계시고, 후자의 뒤에는 자칭 신神인 느부갓네살 왕이 있다. 전자가 경건과 지혜로 무장했다면, 후자는 막강한 군사력을 무기로 삼고 있다. 이들의 싸움은 다윗과 골리앗의 대결과 같은 것이요, 세상의 약한 자에 의하여 강한 자가 부끄러움을 당하

사건이며(고전 1:27), 참 하나님 야웨와 가짜 신 느부갓네살의 대결이었다.

유딧서는 적대자 홀로페르네스의 상관인 느부갓네살 왕의 이야기로 시작한다(1장). 앗시리아 왕으로 등장하는 느부갓네살[5])은 메대왕 아르박삿[6])에 대하여 전쟁을 선포했다(1:5). 메대를 지지하는 주변 세력들이 대동단결하여 앗시리아에 대항하므로, 느부갓네살은 아시아의 서부지역에 있는 나라들에게 동맹을 맺고 함께 싸우자는 요청을 하기 위해 각 나라들에 사신들을 보냈다. 그러나 이 나라들은 그의 제안을 무시하고, 전쟁에 가담하지 않았다(1:11). 느부갓네살은 이러한 냉대에 대해 매우 화가 나서 복수하리라 결심하고, 우선 메대를 침공하여 승리하였다(1:12-15). 그는 승리를 자축하는 잔치를 하고 충분히 휴식을 취하면서 전열을 가다듬었다. 또한, 어전회의를 열어 서부지역에 있는 나라들에 대한 복수를 결의한 뒤(2:3), 자기 군대의 총사령관 홀로페르네스 장군[7]) 에게 토벌을 명령했다(2:5-13).

홀로페르네스는 엄청난 군사력을 동원하여 진군했는데, 유다를 제외한 모든 민족을 굴복시켰다(2:21-28). 그의 임무는 단순히 속국을 토벌할

---

5) 느부갓네살(Nebuchadnezzar II, 주전 605/4-562년)은 앗시리아 제국의 왕이 아니라 바빌론 제국(Neo-Babylonian Empire)의 왕으로 예루살렘 성전을 불태우고 유다를 멸망시켰다(왕하 24-25장). 그는 앗시리아의 수도였던 니느웨에서 통치하지 않았다. 그의 아버지 나보폴랏살(Nabopolassar)은 메대의 시악사레스(Cyaxares)와 동맹하여 주전 612년 니느웨를 정복했지만, 그는 메대를 침공한 일이 없다. 유딧서에 묘사되는 느부갓네살의 모습은 셀류시드 왕가의 안티오쿠스 4세를 연상케 한다.

6) 아르박삿(Arphaxad) 왕은 완전히 가공적인 인물이다. 그의 이름은 메대왕 목록에 없다. 창세기 10:22와 11:10-13에 아르박삿(Arpachshad)이라는 이름이 나오지만 메대와 연관은 없다.

7) 페르시아 이름 "오로페르네스"(Orophernes)의 영어식 표기다. 오로페르네스는 소아시아와 이집트를 침공한 페르시아 왕 아르탁세륵세스 3세(Artaxerxes III Ochus, 주전 358- 338년)의 장군이었고 바고아(유딧 12:11, 13, 15; 13:1, 3; 14:14)는 그의 부하였다. 유딧서에 묘사된 홀로페르네스의 모습은 니가노르(마카비 일서 7장)를 연상케 한다.

뿐 아니라, 그들로 하여금 느부갓네살만을 신으로 섬기게 하는 것이었다.

이 나라의 모든 신들을 없애 버리라는 사명을 받고 온 홀로페르네스는 그들의 모든 영토를 짓밟고 신들을 모시던 숲을 베어 버린 다음 모든 백성들로 하여금 느부갓네살만을 예배하게 하고 언어와 종족을 가리지 않고 누구나 대왕을 신으로 부르게 하였다(3:8).

이스라엘 사람들은 이러한 소문을 접하고 불안해했다. 예루살렘의 대사제 요아킴[8]과 이스라엘의 원로들은 회의를 열어 베툴리아[9]를 비롯한 주요 성읍들에 방어를 준비하게 했다(4:8). 모든 백성들은 먼저 한마음이 되어 베옷을 걸치고 금식하며 하나님께 기도를 드렸다.

… 이스라엘의 하나님께 간절히 부르짖으며, 자기 자녀들이 원수들의 밥이 되지 않게, 자기의 아내들이 포로로 끌려가지 않게, 조상이 물려준 도시들이 파멸되지 않게 그리고 성전이 이방인들의 손에 더렵혀지거나 치욕거리가 되거나 웃음거리가 되지 않게 해 달라고 하였다(4:12).

유딧서의 저자는 이스라엘의 기도하는 모습을 묘사하면서 하나님이

---

8) 요아킴(Joakim)이란 이름은 포수기 이후의 대제사장이며 예수아의 아들이었던 요야킴(Joiakim, 느 12:26, Cf. 에스드라 상 5:5와 요세푸스, 『유대고대사』, 20.102.234)을 생각할 수 있으나, 페르시아 시대에 대제사장은 군사적인 권한을 가지고 있지 않았으며, 마카비 시대 요나단(Jonathan, 주전 161-142년)이 비로소 종교적 · 군사적 책임권을 가지게 되었다(마카비 일서 10:18-21). Garey A. Moore, *Judith* (Garden City: Doubleday, 1985), 150.

9) 베툴리아(Bethulia)의 위치가 어디인지는 알려지지 않고 있다. 아마도 유딧서 저자가 지어낸 상상의 성읍인 것 같다.

이스라엘의 부르짖음을 들으시고 측은히 여기셨다고 간단히 언급한다(4:13). 이것은 기도의 응답으로 이스라엘이 구원될 것을 암시하는 것이다.

홀로페르네스는 이스라엘을 공격하기 위하여, 이스라엘 주변국들의 지휘관들을 불러 모아 놓고 작전정보를 요청했다. 놀랍게도, 암몬의 총사령관인 아키오르는 이스라엘이 죄를 짓지 않으면 결코 멸망하지 않는다고 진술했다.

> … 그들(이스라엘)이 율법을 어기는 일이 없다면 주인님은 그들을 그냥 지나치십시오. 왜냐하면, 그들의 주님인 하나님이 그들을 잘 지켜주실 것이며 우리는 온 세상의 웃음거리가 될 것이기 때문입니다(5:21).

이러한 진술이 거만한 홀로페르네스와 그의 부하들을 화나게 한 것은 당연했다. 그리하여 아키노르는 추방돼 베툴리아 근처에 버려졌다(6:1-13). 이스라엘 사람들은 결박된 아키노르를 발견하고 베툴리아성 안으로 끌고 가 사람들 앞에서 자초지종을 말하게 하였다. 그들은 홀로페르네스의 거만한 말들을 전해 듣고 아키노르를 환영하였다. 그리고 밤을 세워가며 하나님께 도움을 간구하였다(6:21).

다음날, 홀로페르네스의 군대는 베툴리아에 대한 작전을 개시했다(7:1). 그들은 베툴리아 근처 샘터에 진지를 구축하고 수원지와 수로를 장악한 뒤 성읍을 완전히 포위했다. 그리고 이스라엘 사람들이 마실 물과 먹을 음식이 없어 항복하고 성 밖으로 나오기를 기다렸다. 홀로페르네스 군대의 작전은 성공한 것 같았다. 성안에는 샘이 없었음으로 34일[10]이 지나 마실 물이 떨어지자 많은 백성들이 목말라 지쳐 쓰러졌고 지도자들에게 항복하자고 아우성을 쳤다(7:19-29).

> 당신들과 우리 중에 누가 옳은지 하나님께서 판단하시게 합시다. 당신들이 앗시리아 사람들과 진작 화평을 청하지 않아서 우리에게 큰 손해를 끼쳤습니다(7:24).

저들은 항복하는 것이 하나님의 뜻이요 계획이라고 주장했다. 이런 와중에서 우찌야라는 사람이 닷새만 더 참아보자고 제안했다. 하나님의 구원을 닷새 동안 더 기다린 다음, 항복하자는 것이다. 이렇게 위급하고 침통한 상황에서 주인공 유딧이 등장했다(8:1 이하).

유딧은 므낫세의 아내였으나, 3년 4개월 전 남편이 일사병으로 죽은 뒤 과부로 살아왔다. 그녀는 용모가 아름다울 뿐만 아니라 하나님을 매우 공경하고 남편을 기리며 검소하게 살았는데, 물려받은 재산도 많이 있어서 넉넉하게 살았다. 그녀는 성안의 절망적인 소식을 듣고 난 뒤, 하녀를 보내 도성의 지도자 몇 사람을 자기 집에 오게 하여 따졌다. 하나님의 구원을 닷새 동안 더 기다린 후 항복을 결정하는 것은 하나님을 시험하는 것이며, 구원의 여부는 전적으로 하나님의 자유라는 것이다.

> 베툴리아 성민들의 지도자이신 여러분… 도대체 여러분이 무엇인데 이렇게 오늘 하나님을 시험하는 것입니까? … 비록 하나님께서 꼭 닷새 안으로 우리를 도우실 생각이 없으시더라도 당신께서 원하시는 때에

---

10) 34는 흥미로운 숫자다. 다음에 전개되는 이야기에서 유딧은 4일간 앗시리아 진군에 머물며(12:10), 이스라엘은 30일 동안 앗시리아 진영을 약탈한다(15:11). 또한, 유딧이 등장한 것은 남편이 죽은 지 3년 4개월만이다.

우리를 보호해 주시기도 하며 그렇지 않으면 우리를 원수 앞에서 멸하게도 하실 수 있는 권능을 가지고 계십니다. … 그러니까 하나님께서 우리가 간청하는 소리를 좋게 생각하신다면 들어주실 것입니다. … 이런 모든 사정에도 불구하고 우리는 하나님께 감사를 드려야 됩니다. 하나님께서는 우리 조상들을 시험하셨듯이 지금 우리를 시험하고 계십니다…(8:11-27).

유딧의 말을 들은 지도자들은 자기들의 잘못을 인정하고 경건한 유딧이 자기들을 대신해서 하나님께 구원을 위한 기도를 드려달라고 부탁했다(8:28-31). 유딧은 닷새 안에 하나님께서 자기의 손을 통하여 이스라엘을 구원하실 것이라 말하고 모종의 계획이 있음을 암시했다(8:32-34). 지도자들이 돌아가자, 유딧은 땅에 엎드려 머리에 재를 뿌리고 베옷을 드러내며 하나님께 부르짖었다. 그때는 바로 예루살렘 성전에서 저녁 향을 태우고 있었던 때였다.[11]

내 조상 시므온의 주 하나님,
……
그들은 당신의 성소를 모독하고
당신의 영광스러운 이름이 머물러 있는 곳을 더럽히며
당신 제단에 있는 뿔을 칼로 쳐 내릴 궁리를 하고 있습니다.
그들의 거만한 자세를 보시고
당신의 분노를 그들 머리 위에 퍼부어 주소서.

---

11) 예루살렘 성전에서는 아침과 저녁에 하나님께 올리는 향을 피웠다(출 30:7-8; 시 141:2).

이 과부에게 뜻하는 일을
이룰 수 있는 힘을 주소서.
간계를 꾸미는 이 입술을 이용하여
원수들을 넘어뜨리소서.
……여자의 손을 이용하여 그들의 콧대를 꺾으소서.
……
바로 당신께서
모든 권능과 위력을 가지신 하나님이시라는 것과
오로지 당신밖에는
아무도 이스라엘 민족을 보호하실 분이 없다는 것을
모든 나라와 당신의 모든 족속들이
깨달아 알게 하여 주소서(9:2-14).[12)]

유딧이 실행하려는 계략은 무엇인가? 유딧을 통한 하나님의 구원 계획은 무엇인가? 기도를 끝낸 유딧은 과부 옷차림을 벗어 버리고 화려한 옷으로 갈아입고는 요란하게 치장했다(10:1-4). 그리고 하녀에게 포도주와 빵 등 먹을 것을 챙기게 했다(10:5). 자기의 계획을 사람들에게 밝히지 않은 유딧은 하녀와 함께 베툴리아 성문을 나서서 홀로페르네스의 군대 진영으로 갔다. 앗시리아 보초병에게 발견된 그들은 자신들은 베툴리아 성에서 도망 나온 자들로 홀로페르네스에게 정보를 제공하길 원한다고

12) 9장에 나와 있는 유딧의 기도에는 유딧의 신앙이 분명히 표현되어 있다: 인과응보적 정의(2-3절), 하나님의 전지전능하심(5-6절), 힘과 능력의 참된 근원(7-8, 11절), 예루살렘 성과 거기에 세워진 성전의 중요성(8, 13절), 하나님의 우주성(12, 14절) Garey A. Moore, *op. cit.*, 194-5.

말했다(10:12-13). 유딧이 홀로페르네스에게 인도되었을 때, 그녀의 미모는 그를 감탄시키고 환영받게 하기에 충분했다. 그리고 그녀의 달변은 앗시리아 진영을 속이기에 충분했다(11:5-19).

> … 나의 상전이신 장군님… 우리 민족은 하나님께 대해서 죄를 짓지 않는 한 벌을 받거나 칼에 지는 일이 없을 것입니다. 그러나 그들은 이미 죄에 빠져서, 해서는 안 될 일을 하여 하나님의 분노를 샀기 때문에 죽음을 면할 수 없을 것입니다. … 그들은 식량이 없어지고 물도 다 떨어졌기 때문에 자기들의 가축을 죽이려고 하였고 또 하나님께서 율법을 통하여 먹지 말라고 명령한 것을 모두 먹으려 했습니다. … 당신의 이 여종은 밤이나 낮이나 하늘에 계신 하나님을 섬기며 경건한 생활을 하는 사람입니다. 그래서 나의 장군님, 이제는 내가 당신 곁에 있겠습니다. 그리고 밤에는 골짜기로 나가서 하느님께 기도를 드리겠습니다. 그러면 하나님께서 언제 그들이 죄를 범하는지를 나에게 알려 주실 것입니다. 그러면 내가 와서 당신에게 알려 드릴 테니 당신은 온 군대를 이끌고 쳐들어 가십시오. 그러면 당신을 맞설 사람은 한 사람도 없을 것입니다(11:5-19).[13]

이 말을 듣고 홀로페르네스와 그의 부하들은 순진하게도 속았다. 그들은 유딧을 다음과 같이 평가했다.

---

13) 유딧의 거짓말과 이후에 묘사되는 잔인한 살인 행위는 저작 당시의 시대적 상황을 배경으로 이해되어야 한다. 당시 외세의 침략 앞에서 위태로운 민족의 생존을 지키기 위해서 한 유딧의 행동은 비도덕적이라기보다는 오히려 지혜롭고 용기 있는 행동으로 이해되었다.

이 여자처럼 용모가 아름답고 말재주가 훌륭한 사람은 이 세상 아무 데도 없을 것이다(11:21).

경건한 유딧의 생활은 적진에서도 계속되었는데, 그녀의 계략은 바로 이러한 종교적 생활을 통해서 이루어지게 되었다. 홀로페르네스는 유딧에게 좋은 요리와 포도주로 대접할 것을 원했지만, 유딧은 사양하며 율법을 따라 준비해 온 음식을 먹었다(12:1-2).[14] 그리고 그의 허락을 얻어 매일 저녁 진영에 있는 샘물에 몸을 담근 후 하나님께 민족을 위해 기도했다(12:8).

나흘째 되던 날 홀로페르네스는 연회를 베풀고 내시內侍 바고아를 시켜 유딧을 데려오게 했다. 유딧에 대한 욕망을 이루려고 베푼 연회였다(12:16). 초청을 받은 유딧은 기꺼이 응하여 연회에 참석했다. 그러나 자기가 가져온 포도주와 음식만을 먹고 마셨다(12:19). 홀로페르네스는 기분이 좋아 포도주에 마음껏 취했다(12:20). 밤이 깊도록 연회가 계속되자 모두 지쳐 돌아가고 유딧과 홀로페르네스만 침실에 남게 되었다(13:2). 포도주에 만취된 그는 침대 위에 쓰러져 자고 있었고 드디어 유딧은 계획을 시행할 기회를 포착했다. 그녀는 칼을 들어 홀로페르네스의 목을 쳐 머리를 잘라 버리고 몸은 침대에서 치워 버렸다(13:8-9). 그리고 적장의 머리를 하녀의 자루 속에 집어넣고 기도하러 다닐 때처럼 밖으로 나가 베툴리아 성으로 돌아갔다(13:10).

---

14) 부정한 이방 음식을 먹지 않는다는 언급은 주전 2세기에서 주후 2세기에 쓰인 글들에서 많이 발견되는데, 특히 안티오쿠스 4세는 유대인들에게 부정한 음식을 먹게 하는 박해로 악명 높다. 단 1:8; 토비트 1:10-12; 마카비 일서 1:62-63; 마카비 이서 5:27; 6:18-7:2 참조.

유딧은 홀로페르네스의 머리를 백성들에게 보여주며 자기가 어떻게 그를 쳐 죽였는지 말했다.

> 자 보시오. 앗시리아 총사령관 홀로페르네스의 머리가 여기 있습니다. … 주님께서는 여자의 손을 통하여 그를 치셨습니다. … 내 얼굴이 그를 유혹하여 그를 죽이게 했을망정 그는 나를 범하여 더럽히거나 욕을 보이지는 못했습니다(13:15-16).

유딧의 말을 들은 백성들은 모두 꿇어 엎드려 하나님께 감사 찬양을 드리고 민족을 위해 용감한 행동을 한 그녀를 축복했다(13:17-20).

유딧의 행동은 적장을 죽인 것으로 끝나지 않았다. 앗시리아 진영을 초토화할 계책이 남아 있었다. 그녀는 자신의 계획을 사람들에게 말한 다음 아키오르를 데려오게 했다. 그는 홀로페르네스의 목을 보자 기절하기까지 했는데, 유딧이 행한 일을 모두 이야기해 주자 그 자리에서 할례를 받고[15] 이스라엘 민족의 한 사람이 되었다. 동틀 무렵, 베툴리아 사람들은 홀로페르네스의 머리를 망대에 걸어 놓고 앗시리아 진영 쪽으로 내려갔다. 바고아는 상관에게 보고하기 위하여 침실로 갔다. 그러나 유딧은 없었고, 상관의 머리 없는 시신만 있었다. 결국 유딧에게 속은 것을 안 앗시리아 군사들은 달아나기에 바빴다. 목자 없는 양들처럼 이스라엘을 몰아내려고 했지만(11:19), 도리어 자기들이 그런 신세가 되어 흩어져 버린 것이다(15:2). 베툴리아의 용사들은 적군을 추격하였고, 여기에 온 이스라엘 사람들도 가세했으며, 30일 동안(15:11) 적진을 약탈하여 큰 부자

15) 할례를 받았다는 것은 유대교로 개종했음을 의미한다.

가 되었다. 대제사장 요아킴과 백성들은 유딧을 축복하고 칭송했으며, 홀로페르네스가 썼던 천막과 모든 은붙이, 침상, 그릇, 가구를 그녀에게 주었다(15:11). 유딧은 춤과 노래로 자신을 축하해 주는 여자들에게 나뭇가지를 나누어 주고 그들과 함께 올리브로 관[16]을 만들어 썼다(15:12-13). 유딧이 춤을 추며 앞장을 섰을 때, 여자들이 뒤를 이었고, 모든 남자들이 그 뒤를 따랐다(15:13). 그들은 약한 여자의 손을 통해 강한 자를 꺾으시고 민족을 구원해 주신 하나님을 찬양했다.

북을 치며 우리 하나님을 찬양합시다.
징을 치며 주님을 노래합시다.
……
전능하신 주님께서는
여성의 손을 통해서
원수들을 물리치셨습니다.
……
우리 민족을 거슬러 일어나는
나라들에게는 화가 미칠 것입니다.
전능하신 주님께서 심판 날에
그들을 벌하실 것이며
또한 그들을 불과 구더기에게
내맡길 것입니다.

---

16) 올리브 관을 쓰는 것은 원래 희랍의 관습이었는데, 희랍이 팔레스타인을 지배할 때 유대인들에게 전해졌다.

그러면 그들은 영원히[17]
고통을 받으며 통곡할 것입니다(16:1-17).

이스라엘 백성들은 예루살렘 성전으로 와서 하나님께 예배하며 예물도 드렸는데, 유딧은 자기가 받은 홀로페르네스의 소유물을 모두 하나님께 바쳤다(16:19). 이 예배는 성전에서 석 달 동안 축제로 벌어졌고 유딧도 계속 참여했다(19:20). 축제가 끝나고 유딧은 베툴리아로 돌아와 105세까지 혼자 살다가 생을 마친 후, 남편의 무덤에 합장되었다. 그는 죽을 때 그의 재산을 친척들에게 나누어주고 그의 여종에게는 자유를 주었다(16:23). 온 이스라엘은 이레 동안 유딧의 죽음을 애도했다.[18]

유딧이 살아 있을 때는 물론 그 여자가 죽은 후에도 오랫동안 이스라엘 사람들을 위협하는 자들이 없었다(16:25).

| 유딧의 목적 |

외세의 위협 앞에서 민족의 독립을 어떻게 유지할 수 있을까? 강대국의 침략을 어떻게 약한 이스라엘이 무찌를 수 있는가? 외세 앞에 굴복하

17) 여기에서 "영원히"는 단순히 수사학적인 미사여구다. 유딧서에는 죽음 이후의 삶에 대한 개념이나 신앙이 반영되어 있지 않다. 심판도 이 세상에서의 심판을 말하며, 묵시문학적인 개념이 아니다. Garey A. Moore, *op. cit.*, 251.

18) 구약성서는 애도기간을 규정하고 있지 않지만, 유딧서와 집회서는 7일 언급하고 있다. "죽은 사람을 위한 애도는 칠 일이면 되지만, 어리석은 자와 악인의 일생은 모든 날이 초상날이다"(집회서 22:12).

고 목숨만이라도 겨우 부지하며 살아야 하는가? 아니면 죽더라도 싸워야 하는가? 이러한 위기 상황에서 하나님은 과연 침묵하시는가? 아니면 구원의 계획을 가지고 계시는가? 이와 같은 질문은 군사적 · 문화적으로 외세의 위협에 시달려야 했던 2세기 중반과 후반 팔레스타인 유대인들에게 대답되어져야 하는 것이었다. 유딧서는 이러한 질문에 긍정적인 해답을 제시하면서 실의에 빠진 독자들에게 용기와 희망을 주고, 하나님께서는 율법을 지키며 의롭게 사는 자들을 버리지 않으신다는 것을 일깨워주기 위해서 쓰였다. 민족의 독립과 생존의 길은 군사적인 힘의 강약強弱에 달려 있지 아니하고 백성들이 죄를 짓지 않고 한마음이 되어, 모세의 율법을 지키며 의롭게 사는 데 있다는 것을 보여주기 위해 쓰였다는 것이다.

유딧서 저자의 이와 같은 의도는 곧 반反희랍주의를 의미했다. 알렉산더가 페르시아를 무찌르고 팔레스타인을 손아귀에 넣은 뒤, 이스라엘의 신앙을 가장 위협하는 요소는 바로 희랍 문화, 즉 희랍의 철학과 삶의 방식이었다. 그것은 유대인들의 가치관을 혼란시키고, 모세의 율법을 등한시하게 했으며, 결국에는 야웨 하나님에 대한 신앙마저도 잊어버리거나 포기하게 만들 수도 있었다. 당시 율법을 지키지 않는다는 것은 희랍 문화에 흡수되어 간다는 것을 의미했는데, 그것은 신앙의 위기일 뿐만 아니라 민족정신의 위기였다. 이러한 상황에서 민족의 생존과 구원은 하나님의 손에 달려 있으며, 하나님은 율법을 잘 지키는 신실한 자들을 구원해 주신다는 유딧서 저자의 메시지는 반反희랍주의적인 것이었으며 유대교 전통신앙을 고수해야 한다는 일깨움을 주는 것이었다.

| 주요 신학사상 |

약자의 하나님

유딧서가 묘사하는 하나님의 모습은 매우 다양하다. 그분은 창조주시요 역사를 다스리시는 분이시며(9:12), 전능하시고(8:13), 이스라엘을 족장시대부터 지금까지 인도해주신 분이시다(5:6 이하). 그분은 기도를 듣고 측은히 여기시는 분이시고(4:13), 심판주이시며(16:17), 전쟁을 쳐부수시는 분이시다(16:2). 또한 그분은 이스라엘을 시험하셔서 연단하시고(8:25-27), 불의를 복수케 하시며(9:2), 인간에 의해 움직이는 분이 아니라 스스로 계획하시고 자유하신 분이시다(8:16).

유딧서에서 강조되어 있는 하나님의 모습은 그 무엇보다도 "약자弱者의 하나님"이시다. 즉, 약자 편에 서서 약자를 괴롭히는 강자를 심판하시는 하나님이시다. 그 이유는 첫째로, 유딧서 전체의 내용은 하나님은 강한 앗시리아의 위협에 직면해 있는 약한 이스라엘을 약한 여자 유딧을 통해서 구원하셨다고 요약될 수 있다. 전개되는 이야기 자체가 약자의 편에 계신 하나님의 모습을 강조하고 있는 것이다. 둘째로, 유딧서 저자의 신앙이 드러나 있는 유딧의 기도(9장; 16:1-17)는 약자들의 편에 계신 하나님께 호소하거나 그분을 찬양하는 내용이다.

> 당신은 보잘 것 없는 사람들의 하나님이시고
> 불쌍한 사람들을 도우시는 분이시며,
> 약한 자를 붙들어 주시는 분이시요,
> 버림받은 사람들의 보호자이시며
> 희망 없는 사람들의 구조자이십니다(9:11).

그들 가운데 제일 강한 용사를
젊은이들이 쓰러뜨린 것도 아니요,
거인들이 때려눕힌 것도 아니요,
키 큰 장수들이 눌러 버린 것도 아니요,
므라리의 딸 유딧이
자기의 아름다운 얼굴로
꼼짝 못하게 만들었습니다(16:6) .

율법 준수

유딧서는 엄격한 율법 준수를 강조하고 있다. 주인공이며 신앙의 모델인 유딧은 모세 율법Torah을 매우 철저하게 지켰다. 그녀는 적장의 연회에서 화려하고 먹음직스러운 음식을 거부할 만큼 정결 음식법을 철저히 지켰고(12:19), 금식을 금하는 축제일이나 경축일을 제외한 다른 날에는 금식을 철저히 했다(8:6). 또한 그녀는 밤마다 목욕을 하고 몸을 깨끗하게 한 뒤 하나님께 기도를 올렸다(12:7-8). 이 밖에도 유딧서는 율법을 범하는 것은 곧 죄요 멸망의 원인이지만, 율법의 철저한 준수는 적敵이나 원수怨讐들로부터 공동체를 보호한다는 것을 가르치고 있다(5:20-21).

이러한 유딧서의 율법 준수 강조는 바리새파적인 특징을 나타낸다고 할 수도 있다.[19] 그렇다고 유딧서의 저자가 반드시 바리새인이었다고 단정하기는 어렵다. 왜냐하면 금식, 기도, 율법 준수 등에 대한 강조는 바리새파의 특징 중 하나지만, 그들만이 강조했던 것은 아니기 때문이다.

---

19) 무어는 유딧서의 저자가 초기 바리새파에 속했던 사람이라고 주장한다. Carey A. Moore, *op. cit.*, 70-1.

율법준수에 대한 가르침은 유대교의 다른 종파sect에서도 강조되었다.

유딧서의 가르침에는 다른 종파의 특징들도 들어 있다. 예를 들면, 유딧이 적장을 죽이고 자신의 생사 여부에 대하여 두려움이 없이 매우 대담했다는 것은 열심당Zealot의 특색을 보여준다. 또한, 그녀의 금욕적인 생활과 공동체로부터의 은둔, 그리고 결혼의 거부는 에세네파Essene의 특색을 보여준다. 유딧서에는 사두개파의 특징들도 발견되는데, 예루살렘 성전 중심의 생활, 십일조는 레위인들에게 바쳐져야 한다는 가르침, 이방인들의 음식을 거부하는 것 등이다.[20] 따라서 유딧서의 저자가 바리새파, 사두개파, 에세네파, 혹은 열심당 등 어느 특정 종파에 속해 있었다고 결정하기 어렵다.[21] 오히려, 유딧서의 가르침은 주전 2세기 중엽 유대교의 일반적인 특징을 나타내고 있다고 말할 수 있다.

여성의 지위

에스더서나 룻기서의 주인공이 여성으로 등장하는 것처럼, 유딧서의 저자는 자신이 쓴 이야기의 주인공으로 유딧이라는 한 여성을 선택했다. 그러나 그가 묘사하고 있는 유딧의 모습은 에스더나 룻과는 매우 다르다. 예를 들면, 에스더는 민족을 구원하는 일을 할 때에 사촌인 모르드개의 인도를 받았고, 룻은 어려움을 극복한 뒤에 결혼을 통해 새 삶을 얻었다. 이 두 여성은 남성과의 관계에서 주인공의 역할을 담당했다. 그러나 유딧은 에스더나 룻과는 달리, 자신의 신앙과 지혜 그리고 용기를 통해 모든

---

20) 만텔(Mantel)은 유딧서의 저자가 사두개파였다고 주장했다. Hugo Mantel, "Ancient Hasidim" (in Hebrew), *Studies in Judaism* (1976), 60-80. 히브리어로 쓰인 만텔의 주장은 크레븐에 의해서 요약, 비판되었다. Toni Craven, *op. cit.*, 118-20을 보라.

21) *Ibid.*, 120-1; Lester L. Grabbe, *Judaism from Cyrus to Hadrian*, Vol. 1 (Minneapolis: Fortress, 1992), 178.

어려움을 스스로 극복해 나가는 여걸이며, 유딧서 전체 이야기에서 오직 그녀만이 홀로 주인공으로 등장한다.22)

저자는 여기에서 한 걸음 더 나아가 여성 유딧을 남성들보다 더 우월하게 묘사하고 있다. 그녀는 우찌야나 원로들과 같은 지도자 남성들이 해결하지 못하는 문제를 해결하고, 그들을 불러 잘못을 꾸짖으며 지혜를 제시하고 민족을 위하여 중보의 기도를 드렸다. 그리고 남성들로 구성된 앗시리아 적진을 지혜롭게 속이고, 이스라엘 남성들뿐만 아니라 민족의 자존심을 세웠다.

> 그들은 유딧의 아름다움에 놀랐고 또 그 여자의 아름다움으로 미루어 보아 이스라엘 남자들이 얼마나 훌륭할까 하고 생각하며 감탄하였다. 그리고 다음과 같이 말하였다. "이와 같은 여자를 가지고 있는 저 민족을 어떻게 얕잡아 볼 수 있겠는가…"(10:19).

또한 그녀는 이스라엘을 괴롭히는 강인한 남성이며 적장인 홀로페르네스를 살해하여 민족을 구하고, 대제사장을 포함한 온 백성들로부터 지극한 존경과 찬사를 받았다. 이와 같은 유딧의 모습에는 구약성서의 위대한 남성지도자들, 즉 모세나 삼손, 다윗과 같은 인물들의 모습이 결합되어 있다.23)

저자의 이와 같은 여성에 대한 묘사는 고대 남성 중심의 사회에서 매

---

22) Eileen M. Schuller, "The Apocrypha," *The Women's Bible Commentary*, eds., Carol A. Newsom & Sharon H. Ringe(Louisville: Westminster/John Knox Press, 1992), 240.

23) *Ibid.*, 243.

우 획기적인 것이라 할 수 있다. 공동체의 엘리트 남성들을 꾸짖고 그들이 할 수 없는 일들을 과부였던 여성이 할 수 있다고 묘사한 것은 가부장적 사회에서 쉽게 받아들이기 어려웠던 것이다. 우리는 이와 같은 유딧의 모습에서 몇 가지 신학적인 의미를 찾아볼 수 있다.

첫째로, 유딧은 남성과 함께 하나님의 형상으로 지음받아, 남성과 동등한 권한을 소유하고 그 사회적 책임을 다하는 여성의 모습이다. 하나님의 사역에 참여하는 데 있어서나 사회에서의 책임적 역할을 하는 데 있어서 여성 스스로 그 임무를 능동적으로 감당해 나간다는 모습을 유딧서의 저자는 제시하고 있는 것이다. 둘째로, 하나님에게는 남성이냐 여성이냐가 중요한 것이 아니라 누가 더 신실한가 하는 것이 더 중요하다는 것을 보여준다.[24] 하나님의 사역에 동참하여 일을 수행하는 데 있어서, 성별性別이 중요한 것이 아니라 감당하고자 하는 사람의 신앙과 마음이 더 중요하다는 것이다. 셋째로, 유딧의 행동은 여성 스스로 자신의 공동체를 파괴의 세력으로부터 지켜 나가는 모습을 보여준다. 여성 스스로 공동체의 자유와 평화를 억압하는 세력에 능동적으로 대항해야 나가야 한다는 것이다.

---

24) 신구약 중간시대에 구약성서에 나오는 여성들을 매우 긍정적인 여걸들로 재해석한 책이 있다. 주후 1세기경에 쓴 구약위경 "성서고대사"(Biblical Antiquities/Pseudo-Philo)이다. 이 책에 나타나 있는 여성들의 특징에 대한 자세한 연구는 Cheryl Anne Brown, *No Longer Be Silent: First Century Jewish Portraits of Biblical Women* (Louisville: Westminster/John Knox Press, 1992)을 보라.

3. 수산나

수산나는 '백합화lily'라는 뜻으로 현재 우리가 다루고 있는 책의 제목일 뿐만 아니라, 이 책 주인공의 이름이기도 하다. 수산나는 용모와 마음씨가 아름답고 신앙심이 돈독했으며, 죽음을 무릅쓰고서도 자신의 정절과 율법을 지키고자 했던 여인이다. 수산나서는 이 여인이 두 원로 재판관의 함정에서 어떻게 하나님의 도우심으로 빠져나왔는지를 묘사하고 있다. 이 이야기는 바빌론에 있었던 유대인 공동체의 한 가정을 무대로 전개되기 때문에, 마치 실제적인 사건을 묘사하고 있는 것처럼 이해될 수도 있다. 그러나 수산나는 역사적인 인물이 아니며, 이 책에 묘사된 사건도 역사적인 사실이 아니다. 수산나서는 토비트서나 유딧서처럼, 가공의 인물을 중심으로 전개되는 신앙단편소설이다.

수산나서는 벨과 뱀 그리고 세 청년의 노래와 함께 칠십인역 구약성서(LXX)의 다니엘서에 첨가되어 있다. 이 책이 언제, 누가, 어디에서 썼는지를 단정하기는 어렵지만, 다니엘서의 칠십인역이 번역된 주전 1세기 전에는 존재했을 것으로 여겨진다.[1] 저자는 아마도 팔레스타인에 살고 있

1) Robert H. Pfeiffer, *History of New Testament Times with an Introduction to the Apocrypha* (New

었던 유대인으로, 희랍사상에 거의 물들지 않은 사람이었던 것 같다. 그는 당시 전해져 내려오던 세속적인 민담民譚을 종교적으로 각색하면서 이 짧은 소설을 썼다. 그 민담의 구체적 내용은 알 수 없지만, 아마도 모함을 받은 정숙한 부인 그리고 지혜 있는 젊은 재판관 등의 요소를 포함하고 있던 것 같다. 저자는 이러한 민담을 다니엘의 소년 시절에 관한 이야기로 각색했다.[2] 이 과정에서 창세기에 있는 요셉과 보디발의 아내 이야기(창 39장)도 영향을 주었을 것으로 보이는데, 수산나서에서는 남자와 여자의 역할이 바뀌어 있다.[3]

수산나서는 원래 어떤 셈족어a Semitic language로 쓰였을 것으로 추정된다. 그러나 그 언어가 아람어였는지 아니면 히브리어였는지는 분명치 않다. 희랍어 본문에 있는 말장난wordplay(55절, 59절)은 이 책이 원래 희랍어로 쓰였다는 증거로 채택되지만, 이것은 번역자의 창작일 수 있다.[4]

York: Harper & Brothers, 1949), 449. 무어는 파이퍼의 견해에 동의한다. Carey A. Moore, *Daniel, Esther and Jeremiah: the Additions* (Garden City: Doubleday, 1977), 91-2.

2) Robert H. Pfeiffer, *op. cit.*, 453-4. 이 민담은 유대인들이 약간의 자치를 누리던 그리고 아직 희랍의 영향을 받지 않은 페르시아 시대에 유래된 것 같다. Carey A. Moore, "Additions to Daniel," *ABD*, Vol. 2, 24 참조.

3) 수산나서와 창세기에 나오는 구절들을 비교도표로 만들면, 다음과 같다.

	수산나	창세기
유혹자들의 행동	12절	39:10
주인공들의 태도	23절	39:9
사건의 발생	24-26절	39:14-15
유혹자들의 증거제시	39절	39:18

4) Carey A. Moore, *Daniel, Esther and Jeremiah: the Additions*, 81-4.

| 수산나의 구조 |

수산나서는 64절로 되어 있는데, 두 부분으로 나누어진다. 첫째 부분(1-41절)은 수산나가 두 재판관의 모함에 걸려 죽음에 처하게 된 이야기이고, 둘째 부분(42-64절)은 하나님께서 소년 다니엘을 통해 수산나를 구원하신 이야기이다.

첫째 부분: 수산나의 위기(1-41절)

(1) 배경(1-6절)

(2) 두 노인의 색욕(7-14절)

(3) 두 노인의 수산나에 대한 유혹과 그녀의 거부(15-27절)

(4) 수산나의 시련(28-41절)

둘째 부분: 수산나의 구원(42-64절)

(1) 수산나의 기도(42-43절)

(2) 다니엘의 변호(44-59절)

(3) 수산나의 구원과 두 노인의 사형(60-64절)

| 수산나의 내용 |

수산나서에는 네 명의 주요 등장인물이 있다. 의인인 수산나와 다니엘, 그리고 악인인 두 원로 재판관인데 이들의 이름은 명시되어 있지 않다. 수산나서는 먼저, 이야기가 전개되는 배경과 다니엘을 제외한 주요 등장인물들에 대한 묘사로 시작된다.

수산나서의 배경은 바빌론의 유대인 디아스포라 공동체다. 주인공 수산나는 바빌론에 사는 유대인 요아킴의 아내로 용모가 아름답고 하나님을 잘 섬기는 여인이었다(1-2절). 그녀의 아버지 힐키야는 매우 훌륭한 사람으로 수산나를 하나님의 말씀인 모세의 율법에 따라 양육했었다(3절). 그녀의 남편 요아킴은 큰 부자요 존경을 받던 사람이었는데, 넓은 정원을 가진 그의 집에는 많은 유대인들이 드나들었다(4절). 수산나가 결혼한 해, 두 노인이 재판관으로 선출되었다(5절). 이들은 요아킴의 집에 자주 드나들며, 소송거리가 있는 사람들을 주로 거기에서 만났다(6절).

요아킴의 집에 드나들던 사람들은 정오 때가 되면 모두 돌아갔고 집안은 한가해졌다. 이때 수산나는 집 정원을 거닐며 산책을 하였다(7절). 그런데 요아킴의 집에 드나들던 두 노인은 아름다운 수산나의 산책 모습을 보면서 음욕을 품기 시작하였다. 그리고 정당한 판단력을 상실할 만큼 이성을 잃어버렸다(8-9절). 그들은 수산나에 대한 욕정이 있었지만, 서로 내색을 하지 않았다(10-11절). 그러던 어느 날 점심때가 되어 두 사람은 요아킴의 집을 나와 각기 헤어졌다(13절). 그러나 그들은 가던 길을 되돌아서 요아킴의 집으로 되돌아가다가 서로 마주치게 되었다. 그들은 서로 돌아온 이유를 확인했는데, 공교롭게도 둘 모두 수산나에 대한 음욕이 있다는 것을 알았다. 이 사악한 노인 두 사람은 합세하여 수산나를 겁탈하려고 음모를 꾸몄다(14절).

드디어 두 악한 노인은 그 기회를 포착하게 되었다. 어느 더운 날 수산나가 정원에서 목욕을 할 때, 하녀들이 기름과 향유[5]를 가지러 집안으로 들어갔다. 이때 수산나는 혼자 목욕하고 있었다(15-17절). 수산나와 하녀

5) 이것들은 목욕 후에 사용되었다.

들은 정원 문을 걸어 잠갔기 때문에 외부인은 아무도 없을 것이라 생각했다(18절). 그러나 두 노인은 정원에 숨어서 이것을 엿보고 있다가 수산나에게 달려들어 이렇게 말했다(19절).

자, 정원문은 닫혔고 우리를 보는 사람은 아무도 없소. 우리는 부인을 사모하오. 그러니 거절하지 말고 같이 잡시다. 만일 거절하면 부인이 젊은 청년과 정을 통하려고 하녀들을 내보냈다고 증언하겠소(20-21절).

난감해진 수산나는 한숨을 쉬며 다음과 같이 말했다.

나는 지금 함정에 빠져 사방으로부터 몰리고 있구나. 만일 내가 이 사람들의 말을 들어 주면 그것은 곧 나에게 죽음이다.[6] 만일 거부하면 이 사람들의 손아귀에서 벗어날 수가 없다. 내가 주님 앞에 죄를 짓느니 차라리 깨끗한 몸으로 이 사람들의 모략에 걸려드는 편이 낫겠다(22-23절).

그리고 수산나는 큰 소리를 질렀다. 사악한 두 노인도 큰 소리를 지르며 정원 문을 열었다(24-25절). 고함소리를 들은 하인들이 달려 나왔다. 그들은 두 노인의 이야기를 듣고 의아해 했다. 왜냐하면 그들은 수산나의 정숙함을 알고 있었기 때문이다(27절).

그 다음날 사람들이 수산나의 남편인 요아킴의 집에 모여들자 두 노인

6) 모세의 율법에 의하면, 다른 남자와 통정한 여자는 사형을 당하게 된다. 레 20:10; 신 22:22을 보라

은 수산나를 불러오게 하였다(28-29절). 수산나를 법정에 세운 것이다. 수산나는 너울로 얼굴을 가리고 부모, 자녀, 친척들과 함께 나왔다(30-32절). 그러나 두 노인은 너울을 벗게 하였는데, 이것은 그들이 수산나의 아름다운 자태를 보고 즐기기 위함이었다. 이것을 본, 수산나의 일가친척을 비롯한 모든 사람들은 다 울었다(33절).

두 노인은 수산나의 머리에 손을 얹고 고발하였다.[7] 그들이 정원을 거닐고 있을 때, 젊은 남자와 수산나의 정사情事를 목격하고 달려들었지만, 그 남자는 문을 열고 도망갔다는 것이다(36-41절). 이것은 두 노인이 지어낸 거짓 증언이었지만, 백성들은 그들이 원로요 재판관이었기 때문에 그 말을 믿었다.[8] 따라서 수산나는 사형선고를 받게 되었다.

수산나는 큰소리로 외치며 하나님께 이렇게 자기의 결백을 호소하였다.

> 영원하신 하나님, 당신은 모든 비밀을 다 아시며, 앞으로 일어날 일을 미리 다 아십니다. 당신은 이들이 저에 대하여 한 증언이 거짓이라는 것을 알고 계십니다. 그들이 악의로 저를 고발하여 저는 죽습니다만, 저들이 조작해 낸 모든 죄는 저와 상관이 없습니다(42-43절).

주님은 수산나의 부르짖음에 극적으로 응답하셨다(44절). 그녀가 사형장으로 끌려갈 때, 소년 다니엘의 마음에 성령을 불어넣으셔서 대담하게 변호하도록 일으키셨다. 다니엘은 재판 결과에 의문을 던지면서 이렇

7) Cf. 레 24:14.

8) 유대 율법에 의하면, 재판관은 증인이 될 수 없었으므로, 이 두 노인의 행동은 백성을 속이는 것이었고, 율법을 어기는 것이었다.

게 말했다.

> 이스라엘의 피를 받은 여러분이 이렇게 우둔할 수가 있겠습니까? 심문하지도 않고, 확증도 없이 이스라엘의 한 여자를 처단할 수 있겠습니까? … 이 사람들이 수산나에 대하여 모함하려고 한 증언은 모두 거짓말입니다(48-49절).

그러자 사람들은 모두 급히 되돌아갔고, 두 노인의 동료들인 다른 원로들은 다니엘에게 무슨 일인지 말해 보라고 했다(50절). 그리하여 다니엘은 두 노인을 따로 떼어 놓고 심문할 것을 요구했다(51절).

다니엘은 자기의 요구가 받아들여지자 한 사람씩 불러 심문했다. 그 심문의 초점은 수산나가 어느 나무 밑에서 정을 통했는지를 말해 보라는 것이었다. 재판관으로서[9] 다니엘은 첫 번째 사람에게 이렇게 심문했다.

> 악행으로 늙은 당신이 전날에 저지른 온갖 죄가 이제 다 드러나게 되었습니다. 당신은 불의한 재판을 하여 죄 없는 사람을 처벌하고 죄 있는 사람을 놓아 주었습니다. 무죄하고 의로운 사람을 죽이지 말라[10]고 말씀하지 않았습니까? 자 그러면, 당신이 분명히 보았다니, 그 두 사람이 어느 나무 밑에서 정을 통했습니까? 말해 보시오(52-54절).

그 노인은 아카시아나무라고 대답했다. 그러자 다니엘은 이렇게 말

---

9) 다니엘의 이름에는 "나의 재판관이신 하나님" 혹은 "하나님의 재판관"이라는 뜻이 있다. 이것은 수산나서에 나오는 다니엘의 역할에 적합하다.

10) 출 23:7.

했다.

> 당신이 한 거짓말 때문에 당신이 걸려들었습니다. 하나님의 심판이 천사에게 전달되었습니다. 이제 곧 당신은 두 동강이가 날 것입니다(55절).

다니엘은 가나안 족속인 다른 노인에게도 어느 나무 밑이냐고 물었다.

> … 당신은 이스라엘의 뭇 여자들을 이런 식으로 희롱해 왔는데, 그들은 겁에 질려 당신의 요구를 거부하지 못했습니다. 그러나 이 유다의 딸만은 당신의 악행을 참을 수가 없었습니다. 자 그러면, 당신이 그 정사 현장을 기습하였다는데, 어느 나무 밑이었습니까?(56-58절).

그 노인은 떡갈나무라고 대답했다. 다니엘은 그 노인도 역시 하나님의 천사에 의해 두 동강이가 날 것이라고 선고했다(59절).[11]

수산나서는 희극으로 마무리 된다. 순결한 의인 수산나는 누명을 벗지만, 의인을 곤경에 빠뜨린 두 악인은 심판을 당했다. 다니엘의 심문은 사람들로 하여금 누가 진실하고 누가 거짓된지를 알게 했고, 의로운 자를

---

11) 나무 이름과 두 동강이라는 희랍어 표현은 번역으로는 살릴 수 없는 말놀이로 되어 있다. 메츠거(B. Metzger)에 의하면, 영어로 다음과 같이 말을 바꾸어 표현할 때 그 효과가 살아날 수 있다고 한다. "Under a clove... the angel will cleave you"; "Under a yew tree... the angel will hew you asunder," in *The New Oxford Annotated Bible with the Apocrypha* (New York: Oxford University Press, 1991), 182AP; *An Introduction to the Apocrypha* (New York: Oxford University Press, 1957), 민영진 역, 『외경이란 무엇인가』 (서울: 컨콜디아사, 1992), 108-9.

구원하여 주신 하나님을 소리 높여 찬양하게 했다(60절). 뿐만 아니라 거짓 증언한 두 노인을 모세의 율법대로 사형에 처하게 했다(61-62절).[12] 이에 수산나의 부모인 힐키야와 그의 아내 그리고 모든 일가친척들은 수산나의 누명을 깨끗이 씻겨 주신 하나님께 감사를 드렸다(63절). 다니엘의 명성은 그날로부터 백성들 사이에서 크게 퍼졌다(64절).

| 수산나의 목적 |

수산나서를 읽는 독자들은 이 책의 주인공이 누구인가라는 질문 앞에서 혼란을 초래할 수 있다. 수산나인가? 아니면 다니엘인가? 수산나의 위대성을 나타내는가? 아니면 소년 다니엘이 명성을 얻게 된 이유를 이야기하고 있는가? 신앙단편소설인 수산나서만을 놓고 볼 때 주인공은 분명히 수산나이다. 다니엘은 주인공을 구원하기 위해 보내어진 하나님의 도구이며 주인공의 적대자는 사악한 두 노인이다. 이러한 주인공과 적대자에 대한 이해는 수산나서의 목적을 파악하는 데 도움이 된다. 왜냐하면 소설가의 저작 의도는 바로 이들의 삶과 관련되어 있기 때문이다.

수산나서는 주인공 수산나와 적대자 두 노인의 대결에서 전자가 이겼다는 것을 보여준다. 전자는 가냘픈 여인이지만, 율법을 준수하고 정절을 지키는 신앙인이다. 그러나 후자는 사회적인 지위와 힘이 있지만, 율법을 준수하지 않고 자신들의 명성을 이용해 여인들을 늑탈하며 불의한 재판을 일삼는 원로들이다. 이들의 대결은 목숨과도 같은 수산나의 정절과

12) Cf. 신 19:16-21.

관련되어 있지만, 하나님의 개입 때문에 전자의 승리로 끝난다. 이것은 수산나서가 정절과 율법을 지키며 사는 여인은 어떠한 죽음의 위기에서도 하나님께서 지켜주신다는 것을 보여주기 위해서 쓰였다는 것을 의미한다. 즉 하나님은 정의로우셔서 율법에 따라 정절을 지키며 사는 가냘픈 여인을 보호하신다는 것이다.13)

| 주요 신학사상 |

수산나서를 구성하고 있는 신학적인 주제가 있다. 악인의 모함으로 인한 의인의 고통, 의인의 기도, 하나님의 구원, 악인의 심판과 의인의 영광 등이다. 이러한 주제의 전개과정에서 천사들이 하나님의 심판의 도구로 등장하지만, 수산나서의 하나님은 인간의 기도에 직접 응답하시고, 인간 가까이에 계셔서 인생의 문제를 직접 관여하시는 분이시다. 그리고 그분은 인간 공동체 안에 있는 불의를 제거하시고 정의를 밝히시며 의인을 구원하신다. 그러나 수산나서에는 의인의 고통이 하나님의 시험이라는 사상은 나타나지 않는다.

수산나서의 저자에 의하면, 의인은 악인들의 불의한 행동으로 인하여 고통을 받게 되며, 신앙공동체도 그들 때문에 악에 물들어 기만당하고 질서를 상실하게 된다. 악인들의 율법을 무시한 행동이 의인들에게 고통

13) 멕켄지는 간통의 금지를 나타내는 수산나서가 다니엘서에 첨가될 때 유대인들의 의무를 나타내는 다른 두 종류의 삶 — 우상숭배의 금지(단 3장)와 돼지고기의 금지(단 1장) — 과 잘 조화를 이룬다고 한다. 그에 의하면, 이 세 가지 터부 중 어느 것을 범하지 않기 위해서도, 신앙심 깊은 유대인들은 자신의 목숨을 기꺼이 버렸었다고 한다. Roderick A. F. Mackenzie, "The Meaning of the Susanna Story," *CJT* 3 (1957), 217.

을 주고 공동체의 평화를 깨뜨린다는 것이다. 그러나 이러한 악인들의 행동은 잠시 승리한 것처럼 보이지만, 궁극적으로는 실패하게 된다. 왜냐하면 용기 있고 지혜로운 또 다른 의인이 악인들의 기만과 거짓을 밝혀내기 때문이다. 의인의 결국은 영광이지만, 악인의 최후는 파멸이라는 것이다.

4. 벨과 뱀

벨과 뱀은 수산나, 세 청년의 노래와 함께 칠십인역 구약성서(LXX)의 다니엘서에 첨가되어 있다. 이 책의 제목에 나와 있는 벨Bel[1]은 마르둑 Marduk or Merodach이라고도 불리는 바빌론 신이며, 뱀 역시 바빌론에서 숭배되었던 우상이다. 벨과 뱀은 바로 이 두 우상이 허구라는 사실을 주인공 다니엘의 활동을 통하여 풍자적으로 밝혀내고 있는 이야기이다. 벨과 뱀의 이야기는 고레스 왕궁을 배경으로 전개되기 때문에, 마치 실제 사건을 묘사하고 있는 역사서로 오해될 수도 있다. 그러나 이 책에 묘사된 사건은 역사적 실제 사건이 아니라, 역사적인 배경을 바탕으로 하고 있는 단편소설이다.[2]

벨과 뱀이 언제, 어디서, 누구에 의해 쓰였는지를 단정하기는 어렵다. 그러나 아마도 다니엘서가 칠십인역으로 번역된, 주전 100년경까지는 존재했을 것으로 보인다. 저자는 바빌론의 제의祭儀에 대해서 어느 정도

1) 예레미야의 편지 40절 참조.

2) 롯은 벨과 뱀의 장르가 "우상 풍자문"(idol parody)이라고 한다. 그는 이 책이 이집트의 동물숭배를 풍자할 목적으로 이집트에서 쓰였다고 한다. Wolfgang M. W. Roth, "For Life, He Appeals to Death(Wis 13:18): A Study of Old Testament Idol Parodies," *CBQ* 37 (1975), 21-47.

잘 알고 있었던 팔레스타인 유대인이었을 것이다.[3] 그는 히브리어로 본문을 썼으며, 현재의 이야기를 구성하기 위하여 적어도 세 개의 독립된 이야기들을 사용한 것 같다. 즉, 벨 이야기와 뱀 이야기,[4] 그리고 하박국 이야기 등이다.

| 벨과 뱀의 구조 |

벨과 뱀은 총 42절로 구성되어 있는 짧은 이야기인데, 두 부분으로 나누어진다. 첫째 부분(1-22절)은 벨 신神의 허구성을 밝히는 이야기이고, 둘째 부분(23-42절)은 뱀 신神의 허구성을 밝히는 이야기이다.[5]

첫째 부분: 벨의 허구성(1-22절)

(1) 서론: 고레스와 다니엘(1-2절)

(2) 다니엘의 문제제기: 벨은 참 신이 아니다(3-7절).

---

3) 무어에 의하면, 쿰란 동굴에서 발견된 위(僞)다니엘서(Pseudo-Daniel)는 벨과 뱀이 주전 2세기 후반 혹은 주전 1세기 초반에 팔레스타인에서 쓰였을 것으로 추정하게 한다. Carey A. Moore, *Daniel, Esther and Jeremiah: the Additions* (Garden City: Doubleday, 1977), 128; "Additions to Daniel," *ABD*, Vol. 2, 26-7. 그러나 버메스(Geza Vermes)와 굿맨(Martin Goodman)은 쿰란 동굴에서 발견된 사해사본은 벨과 뱀의 저작연대와 장소를 결정하는 데 어떠한 도움도 주지 못한다고 주장한다. Emil Schürer, *The History of the Jewish People in the Age of Jesus Christ*, Vol. III.2 (Edinburgh: T.&T. Clark Ltd, 1987), 724, n.341.

4) 무어에 의하면, 뱀 이야기(23-42절)는 몇 가지의 독립된 이야기들이 편찬된 것이다: (1) 뱀의 파멸(23-28절); (2) 사자굴에서의 다니엘(29-32, 40-42절); (3) 하박국의 이야기(33-39절). Carey A. Moore, *op. cit.*, 121-2.

5) 나이켈스버그에 의하면, 이 두 이야기는 고레스의 개종(41절)이라는 하나의 줄거리로 통합되었다. George W. E. Nickelsburg, *Jewish Literature between the Bible and the Mishnah* (Philadelphia: Fortress Press, 1981), 26-7.

(3) 다니엘과 벨의 제사장들의 대결: 벨의 생사 여부에 대한 시험 (8-15절)

(4) 다니엘의 승리: 벨의 허구성 입증과 그 사제들의 멸망(16-22절)

둘째 부분: 뱀 신의 허구성(23-42절)

(1) 다니엘의 문제제기: 뱀은 참 신이 아니다(23-27절).

(2) 다니엘과 바빌론인들의 갈등: 다니엘이 사자굴 속에 던져짐 (28-32절)

(3) 다니엘의 구원: 예언자 하박국을 통한 하나님의 구원(33-39절)

(4) 다니엘의 승리: 왕의 고백과 적들의 멸망(40-42절)

| 벨과 뱀의 내용 |

고레스는 아스티야게스의 뒤를 이은 페르샤의 왕이었다(1절).[6] 그는 다니엘을 다른 어떤 사람보다도 더 높이 평가했다(2절). 당시 바빌론에는 벨이라는 우상이 있어 사람들은 매일 가장 좋은 밀가루 열두 말과 양 사십 마리와 포도주 여섯 섬을 그에게 바치고 있었다(3절).

어느 날 고레스는 다니엘에게 왜 자기가 매일 예배하는 벨을 숭배하지 않느냐고 물었다(4절).[7] 이에 다니엘은 다음과 같이 대답했다.

---

6) 1절은 역사적으로 옳은 기록이다. 아스티야게스(Astyages, 주전 585-550년)는 메대의 마지막 왕으로 페르시아의 고레스(Cyrus, 주전 550-530년)에 의해 주전 550년에 패배했다. 전자는 후자의 외조부였다. 고레스는 주전 538년 바빌론을 정복했다.

7) 실제로 고레스는 바빌론의 벨신을 숭배했었다.

저는 인간이 만든 우상을 숭배하지 않고, 천지를 창조하신 살아계신 하나님을 섬기고 있습니다. 그 분은 모든 인간을 다스리시는 권능을 갖고 계십니다(5절).

벨은 우상이기 때문에 섬기지 아니하고, 참 하나님인 이스라엘의 주님만을 섬긴다는 고백이다. 왕은 다니엘에게 다시 물었다.

그렇다면 너는 벨이 매일 먹고 마시고 하는 것을 보고도 그가 살아 있는 신이 아니라고 생각하느냐?(6절).

벨이 살아 있기 때문에 음식을 먹는데, 이것을 알고도 벨을 신으로 숭배하지 않는 이유가 무엇이냐는 것이다. 다니엘은 웃으면서, 그것은 왕이 잘못 알고 있는 것이라고 대답했다.

전하, 속지 마십시오. 그 신은 속은 진흙으로 겉은 구리로 되어 있어서 먹고 마시지 못합니다(7절).

이 말을 들은 고레스 왕은 매우 화가 났다. 그리하여 벨의 제사장들을 불러다 놓고 이렇게 말했다.

이 많은 음식을 누가 먹는지 말해 보아라. 그렇지 않으면 죽으리라. 그러나 벨이 이것들을 먹는다고 너희가 증명하면, 다니엘은 벨을 모독한 죄로 죽을 것이다(8절).

벨이 우상인지 아닌지의 판단에 따라, 벨의 제사장들이 죽든지 아니면 다니엘이 죽든지 해야 한다는 것이다. 벨의 생사 여부는 이 우상이 음식을 먹을 수 있는지, 없는지를 가리는 방법으로 진행되었다. 왕과 다니엘이 벨의 신전으로 갔을 때, 70명이나 되는 벨의 제사장들은 이렇게 제안했다.

> 전하! 전하께서 친히 먹을 것과 포도주를 차려 놓으십시오. 우리는 이제 물러갑니다. 그리고 문을 잠그시고 폐하의 옥새로 봉하십시오. 내일 아침에 와 보시고 벨이 이 모든 것을 잡수시지 않았으면 우리는 사형을 받아도 좋습니다. 그러나 만일 다 드셨다면 모독자 다니엘을 사형에 처하셔야 합니다(11절).

벨의 제사장들은 제사상 밑에 비밀통로를 만들어 놓고 매일 그 제물을 가져다가 자기들이 먹고, 마치 벨이 먹은 것처럼 꾸밀 수 있었기 때문에 이렇게 말할 수 있었다(12절).

벨의 제사장들이 나가자 왕은 제단에 음식을 차려 놓았다(13절). 다른 한편, 다니엘은 자기 신하들을 시켜 신전 바닥에 재를 뿌려 놓았다(14절). 그리고 나서 왕과 다니엘은 옥새로 문을 봉인하고 왕궁으로 돌아왔다. 그날 밤 벨의 제사장들은 처자妻子를 데리고 와서 왕이 차려 놓은 음식을 다 먹고 마셨다(15절). 다음날 아침 다니엘과 함께 신전을 둘러본 고레스 왕은 봉인이 그대로 있으면서 음식이 다 없어진 것을 보고 벨을 찬양했다(16-18절).

> 오 벨이시여, 위대하십니다. 당신은 과연 우리를 속이지 않으셨습니

다(18절).

이때 다니엘은 웃으며, 왕에게 발자국을 보라고 했다(19절). 다니엘이 신하들을 시켜 뿌려 놓은 재에 발자국들이 나 있었다. 왕은 남자와 여자 그리고 어린아이들의 발자국들을 발견하고는 격노하여, 제사장들과 그들의 처자들을 잡아오라고 명했다(20-21절). 왕에게 잡혀온 제사장들은 그에게 비밀통로에 대해서 실토할 수밖에 없었다. 그러자 왕은 그들을 사형에 처하고 다니엘에게 벨과 신전을 부숴 버리게 하였다(22절).[8)]

벨의 이야기는 여기에서 끝나고, 이제 이야기는 움직이는 뱀 우상에게로 옮겨간다. 벨이 움직이지도 못하고 먹지도 못하는 구리로 만든 우상이라면, 뱀은 살아 움직이고 음식도 먹을 수 있는 우상이다. 이 뱀 이야기에서 다니엘은 벨 이야기에서처럼 우상의 허구성을 입증한다. 움직이지 못하는 우상의 허구성을 입증한 다니엘은 이제 움직일 수 있는 뱀 우상의 허구성을 증명하는 것이다.

바빌론에는 당시 큰 뱀이 있어 사람들은 이것도 숭배하였다(23절). 왕은 다니엘에게 이렇게 말했다.

> 너는 이것도 사람이 구리로 만든 것이라고 하겠느냐? 보라, 저렇게 살아 있으면서 먹고 마시고 하지 않느냐? 그 뱀을 살아 있는 신이 아니라고 할 작정이냐? 그러니 저 뱀을 숭배하여라(24절).

8) 바빌론의 벨 신전은 페르시아의 크세륵세스(Xerxes 1, 주전 486-465년)에 의해 약탈, 파괴되었다.

이에 다니엘은 자신은 하나님만 숭배할 뿐이라고 말하면서, 왕이 허락한다면 칼이나 몽둥이를 쓰지 않고 그 뱀을 죽이겠다고 했다(25절). 신은 죽지 않는다는 것이 통상적인 생각이었기 때문에 다니엘은 이러한 제안을 했을 것이다. 왕의 허락을 받은 다니엘은 역청과 비계와 머리털을 한데 섞어 끓여 가지고 여러 덩어리로 만들어 뱀에게 먹였다. 그러자 뱀은 죽고 말았다(26절). 자신들이 섬기던 뱀이 죽자, 바빌론 사람들은 화가나 왕을 거역하며 들고 일어났다.

> 저 왕은 유다 사람이 되어 버렸다. 벨을 부숴 버렸고 뱀은 죽게 하고 제사장들은 사형에 처하지 않았느냐?(28절).

이렇게 말한 그들은 당장에 다니엘을 자기들에게 넘겨주지 않으면, 왕과 그의 가족들을 죽이겠다고 위협했다(29절). 왕은 다니엘을 바빌론 군중들에게 내어 주지 않을 수 없었다(30절).

바빌론 사람들은 다니엘을 엿새 동안 굶긴 사자 굴속에 던져 버렸다.[9] 이 굴에는 일곱 마리의 사자가 있었는데, 매일 죽은 사람 둘과 양 두 마리를 먹어 치웠다(31-32절). 다니엘은 꼼짝 없이 사자의 밥이 되어야 했다. 그러나 여기에서 매우 극적인 사건이 발생했다. 갑자기 예언자 하박국[10]이 하나님의 구원의 도구로 등장하여 다니엘에게 음식을 먹게 한 것이다.

---

9) 단 6:16-24 참조.

10) 여기에 등장하는 하박국은 12소예언서에 나오는 예언자를 의미하는데, 그는 바빌론 포로기 이전인 주전 600년경에 활동했다. 이것은, 1절에서 지적한 대로 다니엘을 페르시아 시대로 본다면, 연대 착오적 연결이다.

하박국은 유다 땅에 있었는데, 국과 빵을 바구니에 담아 가지고 들에 있는 추수꾼들에게 가져가고 있는 중이었다(33절). 이때 천사가 나타나 이 음식들을 바빌론의 다니엘에게 갖다 주라고 하박국에게 명령했다(34절). 이에 하박국은 난감하여 망설였다. 왜냐하면 바빌론은 너무 멀고 가는 길도, 그리고 다니엘이 있는 굴의 위치도 모르고 있었기 때문이었다(35절). 그러자 천사는 하박국을 그의 머리털로 휘어감아 번쩍 들고 입김을 불어 다니엘이 있는 곳으로 날려 보냈다(36절). 다니엘은 하박국이 음식을 가져온 것을 보고 이렇게 하나님께 감사했다.

> 하나님, 당신은 저를 잊지 않으셨고 당신을 사랑하는 사람들을 저버리지 않으셨습니다(38절).

다니엘이 음식을 먹자 천사는 즉시 하박국을 유다 땅으로 돌려보냈다(39절).

다니엘이 사자 굴에 던져진 지 일곱째 날에 왕은 다니엘을 애도하려고 사자 굴로 찾아왔다. 그러나 놀랍게도 다니엘은 의젓하게 앉아 있었다(40절). 이를 본 왕은 이스라엘의 하나님을 주라 고백하게 되었다.[11)]

> 다니엘의 하나님이신 주님, 당신은 위대하십니다. 당신 외에는 다른 신이 없습니다(41절).

고레스 왕은 다니엘이 믿는 하나님을 참 신이라고 인정한 것이다. 벨

---

11) 단 6:26-27 참조.

신과 뱀 신의 허구성 그리고 하나님의 다니엘을 구원하심을 통하여, 이방의 왕이 이스라엘의 신을 믿게 된 것이다. 이제 진실을 알게 된 왕의 명령이 있어야 할 차례이다. 왕은 다니엘을 사자 굴에서 나오게 하고 대신 다니엘을 죽이려고 하던 자들을 그 속에 처넣어 사자 밥이 되게 하였다(42절).

| 벨과 뱀의 목적12) |

벨과 뱀은 우상의 허구성을 가르치기 위하여 썼다. 저자에 의하면, 우상은 제사상 위의 음식을 먹지도 못하고, 설령 먹는다 해도 죽는다. 우상이 음식을 먹는다는 것은 제사장들의 거짓말이며, 실제로는 자기들이 밤에 몰래 먹어치우는 것이다. 또한 우상이 움직일 수 있고 먹을 수 있다 하더라도 실제로는 신이 아닌데, 그것은 인간이 준 특별한 음식을 분별할 줄도 모르며, 또한 그것을 먹고 죽어 버리기 때문이다. 이방인들이 숭배하는 우상들이, 참 신이 아니라는 것은 이방인의 우두머리인 왕의 고백, 즉 참 신은 이스라엘의 하나님이라는 고백에 의해 최종 확인된다. 이것은 우상의 허구성에 대한 지적에서 한 걸음 더 나아가는 것으로 이

---

12) 나이켈스버그에 의하면, 벨과 뱀은 다니엘서 6:28에 뒤 이은 글로, 다니엘이 섬긴 왕 중 마지막 왕인 고레스에 관한 이야기를 보충하기 위하여 편찬되었을 가능성이 있다. 왜냐하면 이 책은 그의 개종에 관한 이야기이기 때문이다. 그는 이 책이 다니엘 1-6장의 내용을 전제로 한다고 생각한다. 다른 한편, 나이켈스버그는 벨과 뱀을 이사야 45-46장과 비교할 때, 전자는 후자에 대한 주석적 발전이라고 한다. 왜냐하면 후자에서 고레스는 하나님을 알지 못했지만, 전자에서는 인정하고 있기 때문이다. George W. E. Nickelsburg, *op. cit.*, 27-8; "Stories of Biblical and Early Post-biblical Times," in *Jewish Writings of the Second Temple Period*, ed., Michael E. Stone (Philadelphia: Fortress Press, 1984), 39-40.

글을 읽는 독자들에게 그러한 고백을 하도록 한다.

이방인들이 숭배하는 우상의 허구성에 대한 지적은, 이 글을 읽는 유대인들에게 자신들이 섬기는 하나님이 참 신이라는 확신하게 한다. 그리하여 자신들의 정체성을 확인하여 주고 자기 문화와 종교에 대한 자긍심을 심어 준다. 이 글이 언제, 어떤 상황에서 쓰였는지는 모르지만, 이러한 메시지는 어느 시대에나 가능한 교훈이다. 그러나 특히 외세에 의해 이방 종교가 강요될 때나 이방인의 종교를 풍자할 필요성이 있을 때, 저자의 의도는 유대인 독자들에게 매우 설득력이 있었을 것이다.

| 주요 신학사상 |

벨과 뱀에는 우상숭배의 금지, 그리고 이스라엘의 하나님만이 살아계신 주이며 창조주시라는 것이 강조되어 있다. 또한 하나님은 의인을 구원하시고 우상숭배자들을 심판하신다는 사상도 담고 있다. 이 책에 등장하는 의인은 지혜자인데 하나님이 참 신이라는 것을 증명하는 도구로 사용될 뿐만 아니라 악인들, 즉 우상숭배자들을 심판하는 하나님의 도구로도 사용된다. 이 밖에도 의인을 돕는 천사와 예언자의 역할에 대해서도 언급하고 있다.

5. 에스더 첨가서

에스더 첨가서The Additions to Esther는 히브리어 구약성서(Tanak)의 에스더서에는 없지만, 칠십인역 구약성서(LXX)의 에스더서에는 있는 부분들을 함께 모아 놓은 것을 말한다. 이 첨가서 자체는 히브리어 에스더서의 후편이나 해설로 기록된 것도 아니고, 순서를 가지고 있는 연속적인 이야기도 아니다. 총 107절로 구성되어 있는 이 첨가서는 10:4-16:24까지 연속적으로 장절이 구분되어 있지만, 에스더서의 여섯 군데에 나누어져, 분산되어 있던 것들을 분리하여 따로 모아 놓은 것이다. 그러므로 독자들이 첨가서의 내용을 제대로 이해하기 위해서는 히브리어 에스더서에 첨가 부분들을 다음과 같은 순서대로 재배열하여 읽어야 한다.

순서	히브리어 에스더서	에스더 첨가서
1		A. 11:2-12:6
2	1:1-3:13	
3		B. 13:1-7
4	3:14-4:17	
5		C. 13:8-14:19
6	5:1-2(생략됨)	
7		D. 15:1-16

		(=불가타 15:4-19)
8	5:3-8:12	
9		E. 16:1-24
10	8:13-10:3	
11		F. 10:4-11:1

칠십인역 에스더서에 자연스럽게 위치해 있던 첨가 부분들이 따로 분리된 것은 성서학자 제롬Jerome(약 342-420년) 이후부터이다. 제롬은 교황 다마수스Damasus(약 304-384년)의 명령을 받고 라틴어역 성서인 불가타Vulgate를 만들 때, 에스더서를 히브리어 본문을 중심으로 번역했다. 이때 그는 히브리어 본문과 다른 부분들을 함께 모아 에스더서 뒤에 덧붙여 놓았다. 즉, 10:4-11:1은 그냥 놔두고, 11:2-16:24까지의 첨가 부분들만 따로 분리하여 에스더서 마지막에 해설을 덧붙여 부록으로 놓아두었던 것이다. 그러나 사본의 전달 과정에서 제롬이 붙여 둔 해설은 상실되고 첨가 부분들만 남게 되었다. 이러한 첨가 부분들의 분리는 13세기에 성경의 장chapter과 절verse을 구분하는 과정에서 그대로 받아들여졌다. 그리하여 첨가 부분들이 마치 에스더서의 속편인 것처럼 연속적으로 장절의 번호가 붙여지게 되었다.

에스더서의 첨가 부분들이 언제, 누구에 의해 쓰였는지는 잘 모르지만, 아마도 주전 1-2세기경 여러 명의 유대인들이 썼을 것으로 추정된다. 즉, 히브리어 에스더서가 완성된 뒤, 여기에 첨가 부분들이 덧붙여졌다는 것이다. 이 첨가 부분들은 한 사람이 한 번에 덧붙인 것이 아니라, 여러 사람들이 오랜 기간에 걸쳐 추가했다. 이것은 에스더 첨가서가 에스더서의 팽창expansion 과정에서 나온 산물이라는 것을 말해 준다.

에스더 첨가서는 희랍어로 쓰인 칠십인역 구약성서(LXX)에서만 발견된다. 그러나 이들 모두가 처음부터 희랍어로 쓴 것은 아니다. 이들 중 어떤 부분들은 칠십인역 성서에 첨가되기 이전, 히브리어나 아람어와 같은 셈족어Semitic language로 이미 존재했으며, 일부는 희랍어로 썼다. 예를 들면, 첨가 A, C, D 그리고 F는 셈족어로 썼다가 희랍어로 번역되었고, 첨가 B와 E는 원래 희랍어로 쓰였다.

| 에스더 첨가서의 구조 |

에스더 첨가서 자체는 연속적인 이야기가 아니기 때문에 그 내용에 따라서 구조를 구분할 수 없다. 여기에서는 여섯 개의 첨가 부분들의 개요를 차례대로 알아본다.

A. 11:2-12:6
  (1) 11:2-12 모르드개의 꿈
  (2) 12:1-6 왕을 해치려는 음모
B. 13:1-7 유대인들을 멸절시키라는 왕의 칙령
C. 13:8-14:19
  (1) 13:8-18 모르드개의 기도
  (2) 14:1-19 에스더의 기도
D. 15:1-16(=불가타 15:4-19) 왕 앞에서의 에스더
E. 16:1-24 유대인들을 복권시키라는 왕의 칙령
F. 10:4-11:1
  (1) 10:4-13 모르드개의 해몽

(2) 11:1 에스더서 희랍어 번역본에 대한 설명

| 에스더 첨가서의 내용 |

A. 11:2-12:6

11:2-12:6은 칠십인역 에스더서의 맨 앞부분에 놓여 있다. 이것은 11:2-12:6이 에스더서 1장 앞에 놓여 있다는 것을 의미한다. 11:2-12:6은 모르드개와 관련된 이야기로 두 부분으로 나누어지는데, 첫째 부분(11:2-12)은 모르드개가 꾼 꿈의 내용이고, 둘째 부분(12:1-6)은 모르드개가 왕의 음해 공모자들을 고발하는 내용이다. 전자에 있는 꿈의 내용은 에스더 첨가서 마지막 부분(10:4-13)에서 해석이 되는데, 이것은 칠십인역 에스더서가 모르드개의 꿈과 해몽이라는 틀에 의하여 구성되어 있다는 것을 의미한다.

(1) 11:2-12:6

모르드개는 페르시아의 수도 수사Susa에 살고 있었던 디아스포라 유대인으로 왕궁에서 높은 지위를 가지고 있었다. 그는 아하스에로스[1] 왕 제2년 니산월 초하룻날 꿈을 꾸었다. 꿈의 내용은 이러하였다.

두 마리의 커다란 용이 으르렁거리며 서로 싸우려고 하였다. 이때

---

1) 아하스에로스(Ahasuerus)는 아닥사스다(Artaxerxes)라고도 불리는데, 전자는 히브리어 이름이고 후자는 희랍어 이름이다. 이것은 다리우스 1세(Darius I, 주전 522-486년)의 아들 크세륵세스(Xerxes, 주전 485-465년)를 가리킨다.

온 땅은 울부짖는 소리와 혼돈, 지진과 뇌성으로 가득 차 있었다. 모든 민족들은 용의 으르렁거리는 소리를 듣고 의로운 백성을 치려고 전쟁 준비를 했다. 이것을 본 의로운 백성은 자신들에게 다가올 재앙을 두려워하며 하나님께 부르짖었다. 이때 그 부르짖는 소리에서 큰 강이 작은 샘처럼 생겨나 물이 넘쳐흘렀다. 그리고 태양이 뜨고 날이 밝아지더니, 비천한 백성은 높아지고 힘센 자들은 집어 삼켜졌다.

이상과 같은 내용의 꿈을 꾼 모르드개는 잠에서 깨어났다. 그리고 이 꿈이 하나님의 계획을 나타낸다고 생각하면서, 이것이 무엇을 의미하는지를 밝히려고 온종일 애썼다.

(2) 12:1-6

모르드개는 어전 내시 두 사람과 함께 왕궁에서 살고 있었는데, 이들이 왕을 암살하려는 음모를 꾸미고 있다는 것을 알았다. 그리고 이 사실을 왕에게 알렸다. 그러자 왕은 이 두 내시를 불러다 심문하여 자백을 받아내고 사형에 처했다. 왕은 이 모든 사실을 기록하여 역사에 남게 하고 모르드개에게는 벼슬과 상급을 내렸다. 그런데 이 왕궁에는 왕의 총애를 받던 하만[2])이라는 사람이 있었는데, 그는 두 내시의 사건에 대한 보복으로 모르드개와 이스라엘 민족을 해칠 생각을 품었다.

정경 에스더서는 첫 번째 첨가 부분 마지막인 12:6 이후에 시작하는데, 에스더가 왕후가 되는 이야기, 유대인들을 말살하려는 하만의 음모 이야기가 이어진다(1:1-3:13).

---

2) 3:1과 12:6에 의하면 하만은 아각 사람이지만, 16:10에 의하면 마케도니아 사람이다.

B. 13:1-7

두 번째 첨가 부분인 13:1-7은 에스더 3:13과 3:14 사이에 있던 것으로, 하만이 왕의 이름으로 각 지방에 보낸 칙령의 내용이다. 이 칙령의 주요 골자는 12월 14일을 기하여 모든 유대인들을 잡아 죽이라는 것이다.

> 대왕 아하스에로스가 인도에서 에티오피아에 이르는 백이십칠 개 주의 통치자들과 그 예하 지방장관들에게 이 편지를 보낸다. … 이 땅 위에 사는 모든 부족 가운데 한 못된 민족이 섞여 살고 있는데 그들은 모든 민족을 적대시하는 법률을 가지고 있으며, 언제나 왕명을 거역하여 온 백성의 복리를 보장하려는 나의 통치를 방해하려고 한다. … 그러므로 … 나는 다음과 같이 명령한다. … 금년 아달월 즉 십이월 십사일을 기하여 여자나 어린이를 가리지 말고 인정사정없이 그들의 원수의 칼로 모조리 없애 버리라….

이 칙령에 이어지는 것은 에스더 3:14-4:17로, 유다인 말살계획 소식을 들은 유대인들이 통곡하는 것 그리고 에스더와 모르드개의 이에 대한 대책 등을 묘사하고 있다.

C. 13:8-14:19

에스더 4:17 이후에 첨가되어 있는 13:8-14:19은 하만의 음모에서 구해 달라고 하나님께 간청하는 두 편의 기도문으로 구성되어 있다.

(1) 13:8-18

첫 번째 기도문은 모르드개의 것이다. 이 기도문은 세 부분으로 구성되어 있는데, 첫째 부분(13:9-11)은 창조주이시며 이스라엘의 구원 주이신 하나님을 찬양하는 내용이며, 둘째 부분(13:12-14)은 결백함을 주장하는 모르드개의 자기변호이다. 그리고 셋째 부분(13:15-17)은 하만의 음모에서 구원해 달라고 하나님께 간청하는 내용이다.

> 주님, 나는 당신을 제외하고는
> 아무에게도 굴복하지 않겠습니다.
> 그렇게 하는 것은 내가 오만하기 때문이 아닙니다.
> 그러니, 주 하나님,
> 아브라함의 하나님, 왕이시여,
> 당신 백성을 살펴 주소서.
> 원수들은 우리를 멸망시키려는 음모를 꾸미고 있으며
> 당신께서 옛날에 우리에게 주신 유산을 파괴하려 합니다(13:14-15).

다른 한편, 하만에 의해 곧 죽게 된 온 이스라엘 백성들도 하나님께 부르짖었다(13:18) .

(2) 14:1-19

14장에 있는 기도문은 에스더의 것이다. 에스더도 죽음을 눈앞에 두고 하나님께 부르짖었다. 그녀는 화려한 옷 대신 상복을 입고, 값진 향유 대신 재와 오물을 머리에 뒤집어쓰고 하나님께 기도했다. 그녀의 기도문은 둘로 나뉘는데, 첫째 부분(14:3-11)은 이스라엘 백성들을 위한 기도이고, 둘째 부분(14:12-19)은 에스더 자신을 위한 기도이다.

주님, 아무것도 아닌 자들에게 당신의
홀을 넘겨주지 마소서.
우리가 멸망하여 그들의 조롱거리가 되지 않게 하소서.
저들의 흉계가 저들에게 돌아가게 하시고,
이것으로 우리를 대적하는 자들에 대한 본보기로 만드소서.
주님, 우리를 기억하소서.
우리가 고난을 받을 때에 당신을 나타내 보이소서.
모든 신 중의 왕이시며, 모든 권세의 주권자여
나에게 용기를 주소서.
내가 사자와 맞설 때에
내 입에서 감동적인 말이 나오게 하시어
그의 마음을 돌려놓아, 우리를 대적하는 자들을 미워하게 하소서.
그리하여 원수와 그 동조자를 멸망케 하소서(14:11-13).

D. 15:1-16(=불가타 15:4-19)

15:1-16은 에스더 5:1-2의 내용을 확대시킨 것으로 에스더가 왕 앞에 나아갈 때 어떠했는지를 묘사한다. 에스더는 기도를 마치고 화려한 옷으로 갈아입었다. 그리고 하나님께서 백성들을 구원해 주실 것을 기원하면서 두 시녀를 데리고 왕에게 나아갔다. 에스더는 아름답고 희색이 만면했지만 마음에는 두려움이 있었다. 그녀는 옥좌에 앉아 있는 왕을 보자 실신하여 주저앉았다. 왕의 노기 띤 얼굴에 기가 질린 것이다. 그러나 하나님은 왕의 마음을 부드럽게 만드셔서 왕후 에스더를 위로하게 하셨다. 왕은 에스더를 부축하고 안심시키며, 하고 싶은 말을 하게 하였다. 에스더는 왕의 인자함과 훌륭함에 대하여 찬사하다가 다시 실신하였

다. 왕과 시종들은 에스더를 깨어나게 하려고 애를 썼다.

네 번째 첨가부분에 이어지는 것은 에스더 5:3-8:12로, 하만이 꾸민 음모가 탄로나 그가 죽게 된 것, 그리고 유대인들을 살리기 위한 왕의 조처 등이 묘사되어 있다.

E. 16:1-24

다섯 번째 첨가 부분인 16장은 8:12 이후에 삽입된 것으로, 에스더 첨가서에 등장하는 두 번째 칙령이다. 13장에 있는 첫 번째 칙령에는 유대인들을 말살하라는 명령이 들어 있지만, 여기에는 하만의 무례함과 부당함, 그리고 그가 보낸 유다인 말살 칙령을 무시하라는 왕의 명령이 들어 있다.

> 나의 이 편지의 사본을 방방곡곡에 게시하여 유대인들로 하여금 그들의 법을 지키며 살 수 있게 하라. 또한 그들을 도와주어, 아달월 즉 십이월 십삼일[3] 날 그들을 공격하는 자들에 대항해서 잘 방어할 수 있도록 하라. 전능하신 하나님께서는 멸망의 이 날을 당신의 선민들을 위하여 기쁨의 날로 바꾸어 놓으셨다. 한편, 너희 유대인들은 너희의 모든 기념 절기들 가운데서도 이날을 특별한 날로 정하여 기쁘게 지키라.

다섯 번째 첨가 부분에 이어지는 것은 에스더 9:1-10:3로, 유대인들이 적들을 살해한 이야기 그리고 부림절을 명절로 정한 이야기 등이 들어

---

3) 유대인 공격일은 13:6에 의하면 아달월 십사일이며, 3:13에 의하면 아달월 십삼일이다.

있다. 정경 에스더서는 10:3에서 끝나지만, 칠십인역 에스더서는 마지막 첨가 부분(10:4-11:1)을 삽입하고 있다.

F. 10:4-11:1

여섯 번째 첨가 부분은 첫 번째 첨가 부분에 나와 있는 모르드개의 꿈에 대한 해석과 에스더서가 희랍어로 언제, 누구에 의해서 번역되었는지를 말해 주고 있다.

(1) 10:4-13

모르드개는 자신이 꾼 꿈의 내용이 하나님의 계획하신 일에 대한 환상이었으며, 그것은 모두 실현되었다는 것을 깨달았다. 즉, 큰 강은 왕후가 된 에스더를 의미하며, 두 마리의 용은 하만과 모르드개 자신을 뜻한다는 것이다. 그리고 의로운 백성인 이스라엘이 하나님께 부르짖음으로, 구원을 얻고 그들을 해치려던 악인들은 멸망당했다는 것이다.

(2) 11:1

이것은 희랍어 에스더서 맨 마지막에 있는 것이다.

> 프톨레마이오스와 클레오파트라의 치세 사년에,[4] 제사장이며 레위사람이라고 자신을 소개한 도시데우스와 그의 아들 프톨레마이오스

---

4) 클레오파트라(Cleopatra)란 이름의 아내를 가진 프톨레미(Ptolemy) 왕은 셋으로, 이 연대는 주전 약 114년, 주전 약 77년, 혹은 주전 약 48년이 될 수 있다. 그러나 가장 가능한 것은 프톨레미 9세 때인 주전 약 114년인 것 같다. Carey A. Moore, Daniel, *Esther and Jeremiah: the Additions* (Garden City: Doubleday, 1977), 250.

가 부림절에 관한 이 편지를 가져왔다. 그들은 그 편지가 진짜이며 예루살렘에 사는 프톨레마이오스의 아들 리시마쿠스가 번역한 것이라고 말했다.

| 에스더 첨가서의 목적 |

에스더서에 첨가 부분들이 삽입 · 팽창된 것은 여러 시대에, 여러 사람의 손을 거쳐서 이루어졌다. 이것은 이들 첨가 부분들이 추가된 의도가 단순히 하나로 표현될 수 없다는 것을 의미한다. 물론 이 첨가 부분들이 추가됨으로 이야기가 더욱 생동감 있게 되었다고 하는 일반적인 결론에 도달할 수 있지만, 이것들의 원래 첨가 의도는 다음 몇 가지로 나눠 볼 수 있다.

첫째로, A, C, F의 경우처럼 정경 에스더서의 종교적인 색채를 강화하기 위하여 첨가된 것들이다. 잘 알려져 있는 것처럼, 정경 에스더서는 "하나님"을 한 번도 언급하지 않을 정도로 종교적인 색채가 매우 약하다는 평가를 받는다. 이러한 약점을 보충하고 종교문학으로서의 위치를 강화하기 위하여 이러한 부분들이 첨가되었다고 볼 수 있다. 둘째로, 왕의 칙령을 기록하고 있는 B와 E의 경우처럼, 역사적인 신빙성을 강화하기 위하여 첨가된 것들이다. 역사적인 문헌을 구체적으로 언급함으로써 이야기가 역사적으로 사실이라는 것을 강조하고자 한 것이다. 셋째로, 왕 앞에서 에스더를 애처롭게 묘사하고 있는 D의 경우처럼, 이야기의 극적 효과를 더욱 증대하기 위하여 첨가된 것이다.[5] 이와 같은 첨가 부분들은 에스더서 전체 이야기의 흐름을 손상하지 않으면서도 그 내용을 보다 더 역동적으로 만들었다고 볼 수 있다.

| 주요 신학사상 |

에스더 첨가서에는 창조주, 이스라엘의 구원주, 의인의 기도를 응답하시는 분, 그리고 이스라엘의 대적자를 패하게 하시는 분으로서의 하나님이 묘사되어 있다. 또한 모르드개와 에스더의 기도문을 첨가함으로 위기 가운데에서 기도가 얼마나 중요한 것인가를 나타내고 있다. 뿐만 아니라, 모르드개의 꿈과 해몽을 통해 보여주는 것처럼, 역사는 하나님의 계획과 섭리 가운데 있다는 것을 가르치고 있다. 이러한 신학사상은 구약성서에서 제시하는 것과 일치한다.

---

5) *Ibid.*, 153; Carey A. Moore, "Additions to Esther," *ABD*, Vol 2, 631.

구약 외경의 이해

03

Understanding the Old Testament Apocrypha

지혜문서

구약 외경에는 두 권의 지혜문서가 있다. 집회서와 솔로몬의 지혜서이다. 이 책들은 구약성서에 있는 세 권의 지혜문서, 즉 욥기, 잠언, 전도서 등과 함께 이스라엘의 지혜전승이 시대에 따라서 어떻게 변화 · 발전되었는지를 살펴볼 수 있는 중요한 자료들이다.

집회서는 솔로몬의 지혜서보다 구약성서의 전통에 더 가깝고, 희랍철학의 영향을 훨씬 덜 받았다. 그러나 솔로몬의 지혜서는 희랍의 문화와 이스라엘의 지혜전승이 매우 밀접하게 결합되어 있어서, 희랍주의적 유대교의 좋은 실례를 보여준다.

1. 집회서

집회서集會書는 총 51장으로 구성된 방대한 책인데, 구약 외경 중 가장 길며 유일하게 저자의 이름이 밝혀져 있다. 집회서라는 명칭은 라틴어로 "에클레지아스티쿠스Ecclesiasticus"인데, "교회의 책"을 의미한다. 이것은 이 책이 교회에서 중요하게 널리 사용되었다는 것을 말해 준다. 그러나 이 책은 희랍어 사본의 명칭을 따라 "시라의 아들 예수의 지혜서The Wisdom of Jesus Son of Sira" 혹은 "벤 시라의 지혜서The Wisdom of Ben Sira" 등으로 불리기도 하며, 이를 줄여서 "시락서Sirach"라고도 한다.[1)]

일반적으로 집회서의 저자를 "벤 시라"라고 부르지만 그의 원래 이름은 예수였다(머리말 7; 50:27; 51:30).[2)] 그의 아버지는 엘르아잘이었고 그의 할아버지는 시라였다(50:27). 그리고 이름이 알려지지 않은 그의 손자는 유에르게테스 왕[3)] 38년, 즉 주전 132년에 이집트로 이주하여 히브리어

---

1) "벤 시라"(Ben Sira)는 "시라의 아들"이란 뜻인데, 히브리어로 "벤"은 "아들"을 의미한다. 시락(Sirach)은 시라(Sira)의 희랍어 표기다.

2) (1) 히브리 성명법에 의하면, 할아버지의 이름에 "벤"을 붙여 손자의 이름으로 사용할 수 있다. G. H. Box & W. O. E. Oesterley, "The Book of Sirach," in *APOT* 1, 292. (2) 예수(Jesus)는 여호수아(Joshua)의 희랍어 표기다.

3) 유에르게테스란 이름을 가진 이집트 왕은 두 사람이다. 첫째는 프톨레미 3세(Ptolemy

로 쓰인 이 책을 희랍어로 번역했다.4)

집회서는 구약성서의 잠언서처럼 여러 가지 주제의 교훈들을 모아놓은 책으로 지혜문학Wisdom Literature으로 분류된다. 벤 시라는 자신의 학교에서 학생들에게 가르치던 강의 내용들을 한데 묶어 이 책을 펴냈다. 그는 대제사장 시몬이 죽은 뒤 얼마 후(50:1-21)5) 그러나 안티오쿠스 4세가 즉위하기 이전에 이 책을 펴냈는데, 그 저작 연대는 대략 주전 180년경으로 여겨진다. 벤 시라는 시몬 2세의 대제사장직 수행을 직접 목격했지만, 안티오쿠스 4세의 강압적인 희랍화 정책의 추진이나 마카비 혁명 등은 알지 못했던 듯하다.

벤 시라는 오경과 예언서 그리고 유대교의 주요 문서들6)을 깊이 연구하고 가르쳤던 학자이자 지혜교사였다.7) 그는 많은 책을 즐겨 읽었는데,

---

III Euergetes I, 주전 246-221년)로 그는 단지 25년 동안만 통치했기 때문에 "통치 38년"이란 말은 그에게 해당되지 않는다. 둘째는 프톨레미 8세(Ptolemy VIII Euergetes I Physcon, 주전 170-164, 145-116년)인데 그는 주전 170-164년에 그의 형 프톨레미 6세(Ptolemy VI Philometor, 주전 180-145년)와 누이 클레오파트라 2세(Cleopatra II)와 함께 통치했다. 그리고 주전 145년 그의 조카 프톨레미 7세(Ptolemy VII Neos Philopator, 주전 145년)를 축출하고 왕위에 올랐으며, 그의 누이 클레오파트라 2세와 결혼했다. 그의 통치연호는 주전 170년부터 계산되었다. 벤 시라의 손자가 말하는 이집트 왕은 바로 이 사람을 가리킨다.

4) 히브리어 원문은 오랫 동안 상실되었으나 최근 카이로, 쿰란, 마사다에서 그 일부가 발견되었다. 그리하여 현재 약 3분의 2 정도의 히브리어 본문이 존재하고 있다. 히브리어 본문 발견과 관련된 역사의 유용한 요약으로는 Roland E. Murphy, *The Tree of Life* (New York: Doubleday, 1990), 68-9을 보라.

5) 50:1-21에서 찬양되는 시몬은 정의자라고도 불리는 대제사장 시몬 2세(Simon II the Just, 주전 약 220-190년경)이다. 50:23-24은 히브리어 사본에서 시몬의 후손에 대한 축복의 기원으로 되어 있지만, 희랍어 사본에는 전체 이스라엘에 대한 축복의 기원으로 되어 있다. 히브리어 사본의 내용은 원래 벤 시라가 썼던 것이고, 희랍어 사본은 후대에 고친 것이다. Patrick W. Skehan & Alexander A. Di Lella, *The Wisdom of Ben Sira* (New York: Doubleday, 1987), 548-50.

6) 구약성서와 집회서의 관계에 대해서는 *Ibid.*, 40-5을 보라.

7) 감마이(Gammie)는 벤 시라가 제사장 가문 출신일 가능성이 매우 높다고 한다. John G.

그가 읽은 책들 중에는 유대인들이 쓴 책뿐만 아니라, 이방인들의 책들도 포함되어 있었다. 또한 그는 외래문화, 특히 당시의 희랍문화에 대해서 개방적인 태도를 취하였고, 팔레스타인 밖의 지역들을 여행하면서 스스로 외부 세계에 대한 견문을 넓혔다.[8)] 그는 유대 전통에 충실하고자 했던 전통주의자인 동시에, 외국의 문화를 배척하지 않은 개방주의자로 전통과 외래문화의 조화를 추구했던 것이다.[9)] 그러나 그는 조상들이 물려준 신앙을 버리고 희랍문화에 동화되려는 예루살렘의 상류계층에 대해서는 매우 부정적인 입장을 취했다. 그는 아마도 당시 상류사회에 속해 있었으며 사회활동도 활발히 했었던 것 같다. 그의 가르침은 당시 상류사회 계층의 가치관을 나타내고 있다.[10)]

Gammie, "The Sage in Sirach," in *The Sage in Israel and the Ancient Near East*, eds., John G. Gammie & Leo G. Perdue (Winona Lake: Eisenbrauns, 1990), 365. 그러나 그는 맥(Mack)과는 달리 그가 제사장이었다고 단정하지는 않는다. Burton L. Mack, *Wisdom and the Hebrew Epic* (Chicago and London: The University of Chicago Press, 1985), 104-6.

8) 집회서 44-50은 특히 희랍 수사학(Greek rhetoric)의 영향을 많이 받았다. 이 부분의 장르는 희랍 수사학의 "에피데익틱 장르"(epideictic genre) 혹은 "엔코미아"(encomia)라고 불리는데 이것은 어떤 것을 찬양할 때 사용된다. Thomas R. Lee, Studies in the *Form of Sirach 44-50* (Atlanta: Scholars Press, 1986)을 보라. Burton L. Mack, *op. cit.* 역시 이 부분에 대한 연구다.

9) 벤 시라의 사상에는 희랍의 스토아 철학과 에피쿠로스철학의 영향이 있다. 전자는 자연과의 조화를 강조했고 후자는 기쁨의 추구를 강조했다. 벤 시라와 희랍문화의 관계에 대해서는 다음 문헌을 보라. Martin Hengel, *Judaism and Hellenism* (Minneapolis: Fortress Press, 1991), 146-50, 249; Th. Middendorp, *Die Stellung Jesu Ben Siras zwischen Judentum und Hellenismus* (Leiden: Brill, 1973), 7-34; Roland E. Murphy, *op. cit.*, 174-4; Patrick W. Skehan & Alexander A. Di Lella, *op. cit.*, 46-50.

10) 집회서의 사회학적 연구에 대해서는 다음 문헌들을 참조하라. Robert Gordis, "The Social Background of Wisdom Literature," *Hebrew Union College Annual* 18 (1943/44), 77-118, which was Reprinted in *Poets, Prophets and Sages: Essays in Biblical Interpretation* (Bloomington: Indiana University Press, 1971), 160-197; Horald Van Broekhoven, "A New Social Model for Discerning Wisdom: The Case of Sirach

| 집회서의 구조 |

집회서는 다양한 주제의 내용들을 엮어 놓은 책으로 전체 내용을 꿰뚫고 있는 편집 계획이나 일관된 문학적 도식 구조가 없다. 또한 44:1-50:21의 이스라엘 선조들에 대한 찬양시는 예외지만, 대부분 일정한 순서 없이 다양한 주제들을 나열하고 있다. 이것은 저자가 학생들에게 수년 동안 가르치던 강의 노트를 자유롭게 편찬했기 때문인 것 같다. 그럼에도 불구하고 우리는 집회서의 전체적인 윤곽을 보기 위하여 크게 여섯 부분으로 나누어 볼 수 있다.

첫째 부분은 벤 시라의 손자가 이 책을 희랍어로 번역하면서 붙인 역자 서문이다. 둘째 부분(1-23장)과 셋째 부분(24:1-42:14)은 여러 가지 지혜에 대한 교훈들을 모아 놓은 것으로, 해야 할 올바른 일과 피해야 할 그릇된 일이 무엇이고 그 결과가 어떠한지에 대해서 가르치고 있다. 이 두 부분은 각각 지혜에 대한 찬양시로 시작된다(1장; 24장). 넷째 부분(42:15-43:33)은 우주의 창조주 하나님에 대한 찬양이며, 다섯째 부분(44:1-50:21)은 이스라엘 역사에 나타난 위대한 신앙 위인들에 대한 찬양이다. 그리고 여섯째 부분(50:22-51:30)은 맺는말이다.

첫째 부분: 역자 서문

둘째 부분: 첫 번째 교훈 모음집(1-23장)

(1) 지혜에 대한 찬양(1장)

---

and Pseudo-Solomon," in *New Perspectives on Ancient Judaism*, Vol 5, ed., Paul V. M. Flesher (New York: University Press of America, 1990), 3-46.

(2) 하나님을 신뢰하라(2장)

(3) 부모를 공경하라(3:1-16)

(4) 겸손하라(3:17-31)

(5) 가난한 자를 돌보라(4:1-10)

(6) 지혜를 통해 얻는 유익(4:11-19)

(7) 지혜롭게 말하라(4:20-6:4)

(8) 친구를 잘 사귀어라(6:5-17)

(9) 지혜를 추구하라(6:18-37)

(10) 악을 행치 말라(7:1-21)

(11) 가정, 종교, 사회생활을 위한 교훈(7:22-36)

(12) 피해야 할 일들(8장)

(13) 여자와의 관계(9:1-9)

(14) 친구 및 이웃과의 관계(9:10-16)

(15) 현명한 통치자(10:1-5)

(16) 오만하지 말고 겸손하라(10:6-11:6)

(17) 하나님을 의지하라(11:7-28)

(18) 사람을 사귀는 방법(11:29-14:2)

(19) 부의 사용 방법(14:3-19)

(20) 지혜를 찾아라(14:20-15:10)

(21) 인간의 자유의지 및 책임 그리고 하나님의 심판 (15:11-18:14)

(22) 매사에 신중하라(18:15-19:17)

(23) 참된 지혜와 거짓 지혜(19:18-20:32)

(24) 여러 가지 죄악들과 어리석은 행동들(21:1-22:18)

(25) 우정을 유지하는 방법(22:19-26)

(26) 죄를 짓지 말라(22:27-23:28)

셋째 부분: 두 번째 교훈 모음집(24:1-42:14)

(1) 지혜에 대한 찬양(24장)

(2) 행복한 사람들(25:1-12)

(3) 악처와 조강지처(25:13-26:27)

(4) 정직하라(26:28-27:15)

(5) 말을 조심하라(27:16-28:26)

(6) 차용, 적선 그리고 보증에 관한 교훈(29장)

(7) 자녀교육, 건강, 기쁨 그리고 재산에 대한 교훈(30:1-31:11)

(8) 음식에 대한 교훈(31:12-32:13)

(9) 하나님의 섭리(32:14-33:18)

(10) 재산, 종, 꿈 그리고 여행에 관한 교훈(33:19-34:17)

(11) 참된 예배와 하나님의 응답(34:18-36:17)

(12) 음식, 아내, 친구 그리고 조언자의 좋은 선택(36:18-37:15)

(13) 지혜와 절제(37:16-31)

(14) 질병과 죽음(38:1-23)

(15) 학자와 다른 직업인들(38:24-39:11)

(16) 창조주 하나님에 대한 찬양(39:12-35)

(17) 인생의 행복과 불행(40:1-41:13)

(18) 수치심을 가져야 할 경우들(41:14-42:8)

(19) 딸과 여자(42:9-14)

넷째 부분: 창조주에 대한 찬양(42:15-43:33)

다섯째 부분: 신앙영웅들에 대한 찬양(44:1-50:21)[11]

(1) 선조들에 대한 찬양(44:1-15)

(2) 에녹, 노아, 아브라함, 이삭과 야곱에 대한 찬양(44:16-23)

(3) 모세, 아론과 비느하스에 대한 찬양(45장)

(4) 여호수아, 갈렙, 사사들과 사무엘에 대한 찬양(46장)

(5) 나단, 다윗 그리고 솔로몬에 대한 찬양(47장)

(6) 엘리야와 엘리사에 대한 찬양(48:1-16)

(7) 히스기야와 이사야에 대한 찬양(48:17-25)

(8) 요시야와 여러 예언자들에 대한 찬양(49장)

(9) 대제사장 시몬에 대한 찬양(50:1-21)

여섯째 부분: 맺는말(50:22-51:30)

| 집회서의 내용 |

집회서는 저자인 벤 시라의 손자가 쓴 역자 서문으로 시작한다. 이것은 그가 히브리어로 된 할아버지의 글을 이집트에서 희랍어로 옮길 때 써 넣은 것이다. 그는 이 서문에서 저자인 할아버지 벤 시라와 집회서의 저술 목적을 먼저 소개한다.

… 나의 조부 예수… 그분은 율법서와 예언서와 우리 조상들이 남긴

11) 이에 대해서는 천사무엘, "집회서의 이스라엘 영웅 찬양시,"「한국기독교신학논총」40 (2005), 29-51을 보라. 이 부분에서는 이스라엘의 역사적인 인물들이 재해석되고 있는데, 벤 시라는 이스라엘의 지혜전승과 역사전승을 결합한 최초의 사람이다. 구약 외경 솔로몬의 지혜서 11-19장에서도 지혜전승과 역사전승이 결합되어 있다. 그러나 구약성서의 지혜문학인 욥기, 잠언, 전도서에는 역사나 역사전승에 대한 관심이 전혀 없다.

다른 저서들을 열심히 공부하여 통달한 후 그 자신도 교훈과 지혜를 담은 책을 저술하기로 하였다. 그 목적은 지혜를 사랑하는 사람들이 자기의 가르침을 아울러 익혀서 율법대로 잘 사는 방법을 터득하게 하려는 것이었다.

그리고 자신의 번역 의도를 밝힌다.

나는 이 책을 이국땅에 살면서 학문을 사랑하고 올바른 행실로 율법을 따라서 살려고 하는 사람들을 위해서 펴내는 바이다.

벤 시라의 가르침은 역자 서문 뒤에 바로 이어진다. 앞서 지적한 대로 집회서에 있는 벤 시라의 교훈들은 매우 산만하게 배열되어 있어서 일관성을 가지고 정리하기가 매우 어렵다. 여기에서는 주요 내용을 주제별로 분류하여 살펴본다.

지혜

지혜는 하나님의 첫 번째 피조물로(1:4) 인간에게 유익과 행복을 준다. 인간은 지혜가 주는 행복한 삶을 살기 위해서 하나님을 두려워해야 한다. 지혜의 삶이란 곧 하나님을 경외하는 삶인 것이다(19:20).

주님을 두려워함은 행복이요,
영예며
쾌락이요 환희의 극치이다.
주님을 두려워하는 이는 마음이 즐겁고

행복과 희열을 맛보며 장수를 누린다(1:11-12).

주님을 두려워함이 지혜의 완성이며
지혜는 삶의 번영과 건강의 꽃을 피운다.
지혜는 지식과 총명을 비처럼 내려 주고
지혜를 간직한 사람들의 영광을 드높인다(1:18-19).

주님을 두려워하는 삶이란 무엇인가? 그것은 하나님의 계명을 지키는 것이다(32:14). 하나님의 계명이란 하나님의 율법이요 가르침이며 말씀이다.

주님을 두려워하는 것보다 더 나은 것이 없고,
주님의 계명을 지키는 것보다 더 감미로운 것이 없다(23:27).[12)]

한마디로 말하자면, 지혜의 삶, 하나님을 두려워하는 삶, 하나님의 계명을 지키는 삶, 율법을 지키는 삶은 다 같은 의미를 가지고 있다.

효도

하나님은 자녀들에게 어버이를 공경하라 하셨다(3:2). 자녀는 하인이 주인을 섬기듯 그리고 말과 행실로 어버이를 섬겨야 한다(3:7-8). 어버이를 공경하면 죄 사함을 얻고 구원을 얻으며 장수한다(3:1, 3-6).

---

12) 이 두 줄은 동의적 평행법(synonymous parallelism)으로 서로 같은 의미를 나타낸다.

네 마음을 다하여 아비를 공경하고
너를 낳으실 때 겪은 어미의 고통을 잊지 말아라(8:27)

아비를 잘 섬긴 공은 잊히지 않으리니
네 죄는 용서받고 새 삶을 이룰 것이다.[13)]
네가 역경에 처했을 때 주님께서는 너의 효도를 기억하시겠고
네 죄는 얼음이 햇볕에 녹듯이 스러질 것이다(3:14-15).

자녀 교육

부모는 자녀를 엄격히 키워야 한다(30:13). 자녀를 귀여워만 할 때 길들이지 않는 말처럼 방자해진다(30:8). 자녀를 잘 가르친 부모는 명예를 얻고 죽어도 아무런 한이 없다(30:3-5).

자식을 사랑하는 부모는 매를 아끼지 않는다.
만년에 그 자식은 기쁨이 될 것이다(30:1).

젊은 자식에게 너무 자유를 주지 말고
그의 잘못을 눈감아 주지 마라.
자식이 젊을 때에 길을 잘 들이고
어릴 때부터 회초리로 키워라.
그렇지 않으면 고집만 자라서 말을 안 듣고

13) 벤 시라 시대 이전에는 희생제사를 통해서 죄 사함을 얻는다고 가르쳤다. 그러나 벤 시라는 효도와 자선(3:30), 용서(28:2)를 통해서도 죄 사함을 얻는다고 가르친다.

너에게 큰 고통을 안겨 줄 것이다(30:11-12).

말

말은 진실하고 신중하게 해야 한다(5:10-14). 남을 헐뜯고 이간질하는 말을 하지 말아야 한다(28:13). 말 때문에 사람이 죽기도 하고(28:21), 실패하기도 한다(28:26). 말 때문에 평화가 깨어지기도 하고(28:13), 주님의 진노를 받기도 한다(5:6).

매에 맞으면 매 자국이 날 뿐이지만
혀에 맞으면 뼈가 부서진다.
칼에 맞아 죽은 사람이 많지만
혀에 맞아 죽은 사람이 더 많다.
혀의 공격을 당하지 않는 사람,
그 광분을 겪지 않는 사람,
혀의 멍에를 지지 않고
그 사슬에 묶이지 않는 사람은 행복하다(28:17-19).

사회정의

가난한 사람을 보살펴 주어야 한다(4:10). 빈궁한 사람을 착취하지 말아야 한다(4:2). 뇌물을 거부하고 공정한 재판을 하여 억울한 일이 없게 해야 한다(35:11-12). 학대받는 사람을 구해 주고 딱한 처지에 있는 사람을 도와주어야 한다(4:3, 9).

고아들을 아비처럼 대하고

과부들을 남편처럼 보살펴 주어라.
그러면 지극히 높으신 분께서 너를 아들처럼 여기실 것이요
너의 어미보다 더욱 너를 사랑하리라(4:10).

가난한 사람들에게는 빵 한 조각이 생명이며
그것을 빼앗는 것이 살인이다.
이웃의 살길을 막는 것은 그를 죽이는 것이며
일꾼의 품값을 빼앗는 것은 그의 피를 빨아 먹는 것이다(34:21-22).

참된 친구

성실한 사람을 친구로 사귀어라(6:14). 나쁜 친구는 행복한 동안만 네 편이지만(12:15), 좋은 친구는 언제나 안전한 피난처가 되어 준다(6:14). 주님을 두려워하는 사람만이 진실한 친구를 얻을 수 있다(6:16-17).

될 수 있는 대로 많은 사람들과 사귀어라.
그러나 네 마음을 털어 놓을 친구는 한 사람만 택하여라(6:6).

행복할 때에 친구를 알아보기는 힘드나
불행할 때 원수를 알아보기는 쉽다(12:8).

겸손

오만은 죄의 시작으로(10:13) 하나님과 사람들이 미워하는 것이다(10:7). 주님은 오만한 자를 벌하시고 멸망시키신다(10:13). 그러나 겸손은 하나님과 사람들이 사랑하는 것이다(3:17-18).

오만은 주님을 저버리는 데서 시작되고
사람의 마음이 창조주에게서 멀어질 때 생긴다(10:12).

주님께서는 오만한 민족을 뿌리째 뽑아내시고
그 자리에 겸손한 사람들을 심으신다(10:15).

세상에는 높고 귀한 사람이 많으나,
하나님은 당신의 오묘함을 겸손한 자에게만 드러내신다(3:19).

절제

절제는 자신에게 해로운 것을 물리치는 것이다(37:27). 지혜로운 자는 정욕, 욕망, 욕심을 다스릴 줄 안다(18:30).

모든 것이 누구에게나 좋은 것은 아니며
모든 사람이 같은 것에 만족하지는 않는다(37:28).

네 정욕을 따라 가지 말고
네 욕망을 억제하여라.
네 욕심을 채우려다가는
원수들의 웃음거리가 되고 만다(18:30).

수치심

사람은 잘못을 했을 때에 수치심을 가져야 한다. 그러나 정당한 일을 했을 때는 부끄러워할 필요가 없다.

부모 앞에서는 음란한 행동에 대하여,
군주나 권력자 앞에서는 거짓말하는 것에 대하여 수치심을 가져라.
재판관이나 법관 앞에서는 범죄 행위에 대하여,
집회나 민중 앞에서는 율법을 어긴 것에 대하여 수치심을 가져라.
친구나 동료 앞에서는 의리에 어긋난 것에 대하여,
동네 사람들 앞에서는 도둑질한 것에 대하여 수치심을 가져라.
하나님의 진리와 그분의 계약을 어겼을 때 수치심을 가지고
……
남 앞에 부끄러워할 필요가 없는 일들이 있다.
지극히 높으신 분의 율법과 계약을 지키는 것과
악인을 공정하게 재판하는 일,
이웃이나 길벗과 셈을 분명하게 하는 것과…(41:17-42:8).

결혼생활

훌륭한 아내와 함께 사는 남편은 행복하다(26:1). 부덕을 갖춘 아내는 남편의 기쁨이며(26:2), 그의 남편은 곱절로 오래 산다(26:26). 하나님을 경외하는 사람들이 이러한 아내를 맞이하는 행운이 있다(26:3). 그러나 고약한 여자의 남편은 이웃 잔치 집에 가서도 나오느니 한숨뿐이다(25:18). 죄인들이 받을 보상은 이런 여자를 아내로 맞는 것이다(25:19). 간음하는 남자와 여자는 하나님의 눈을 피할 수 없으며 벌을 받을 것이다(23:22).

맞아들인 아내가 내조와 의지의 기둥이 되면
그것은 행복의 시작이다(36:24).

아내의 매력은 남편의 기쁨이며
그의 지식은 남편의 힘이다.
말이 적은 아내는 주님의 선물이며
교양 있는 아내는 돈으로도 살 수 없다(26:13-14).

불경스러운 아내는 죄인이 받는 선물이고
경건한 아내는 주님을 두려워하는 사람들이 받는 선물이다(26:23).

용서

이웃에게 원한을 품지 말고 용서하여 주라(28:7). 주님은 보복하시는 자를 보복하신다(28:1).

이웃의 잘못을 용서해 주어라.
그러면 네가 기도할 때에 네 죄도 사해질 것이다.
자기 이웃에 대해서 분노를 품고 있는 자가
어떻게 주님의 용서를 기대할 수 있으랴?
남을 동정할 줄 모르는 자가
어떻게 자기 죄에 대한 용서를 청할 수 있겠는가?(28:2-4).

만찬 예절

만찬에 참여할 때는 예절을 지켜라. 게걸스럽게 먹거나 포식하지 말라(31:16, 20). 꼭 필요할 때에만 말을 하고 함부로 남의 이야기에 간섭하지 마라(32:7-9).

성찬을 차린 식탁에 앉았을 때,
입을 딱 벌리고,
"야, 굉장하구나!" 하고 말하지 마라.
게걸들린 눈초리는 상스럽다는 것을 알아라.
……
네 앞에 놓인 것만 점잖게 먹어라.
게걸스럽게 먹으면 남의 빈축을 산다.
예의 바르게 먼저 숟가락을 놓아라.
포식을 하는 것은 실례가 된다(31:12-17).

연석에서는 마음껏 즐겨라.
그러나 횡포한 언사로 죄를 짓지는 말아라(32:12).

건강

건강은 제일 큰 재산이다. 건강이 없으면 가지고 있는 것을 누리지도 못한다(30:19-20).

병약한 부자보다는
힘세고 건강한 가난뱅이가 낫다.
건강과 체력은 온 세상의 황금보다 낫고
건장한 몸은 큰 재산보다 낫다.
어떠한 재산도 몸의 건강에 비길 수 없고
어떠한 쾌락도 마음의 기쁨에 비할 수 없다(30:14-16).

부자와 빈자

부자는 존경받으나 가난한 자는 무시당한다. 부자와 가난한 자는 평화롭게 살 수 없으며, 후자는 전자의 밥이다(13:18-19). 그러나 지혜가 있는 빈자는 존경을 받는다(10:30-31).

부자는 남을 해치고도 오히려 큰소리를 치지만
가난한 사람은 피해를 입고도 오히려 사과를 해야 한다.
네가 이용가치가 있으면 부자는 너를 쓰지만
잇속이 없으면 너를 버리고 만다(13:3-4).

부자가 미끄러지면 많은 사람이 그를 부축해 주고
허튼소리를 하더라도 오히려 그를 찬양한다.
그러나 가난한 자가 미끄러지면 사람들은 그를 나무라고
이치에 맞는 말을 하여도 아무도 들어 주지 않는다(13:22).

지혜가 있는 사람은 가난해도 존경을 받고
부자는 그 재산 때문에 존경을 받는다(10:30).

부자는 일을 하여 돈을 모으고는
일을 쉴 때에 쾌락에 잠긴다.
가난한 자는 일을 해도 먹고 사는 것이 고작이요
일을 쉬면 궁핍하게 된다(31:4).

죽음

죽음은 모든 사람에게 내리신 주님의 선고이다(41:4). 이 죽음은 누릴 것이 많은 사람에게는 괴로움이지만, 그렇지 못한 사람에게는 반가운 일이다(41:1-2). 사람이 죽으면 슬퍼하고 의식을 지켜 장사지내라(38:16). 그러나 부질없이 슬픔에만 잠겨 있지 말고 네 자신의 앞날을 생각하라(38:20).

> 죽음이 있다는 것을 두려워하지 마라.
> 네 앞에 간 사람들과 네 뒤에 올 사람들이 있음을 생각하여라.
> 죽음은 모든 사람에게 내리신 주님의 선고다.
> 지극히 높으신 분의 뜻의 어찌 거역하려느냐.
> 십년을 살든지 백년을 살든지 천년을 살든지
> 저승에서는 네 수명의 장단이 문제가 되지 않는다(41:3-4).[14]

여행

여행은 많은 것을 경험하게 하고 배우게 한다. 여행 중 하나님은 그를 경외하는 사람을 도와주신다.

> 여행을 많이 한 사람은 아는 것이 많고
> 경험이 많은 사람은 지혜롭게 말한다.
> 경험이 없는 사람은 아는 것이 적고

---

14) 죽음 이후에 대한 벤 시라의 가르침은 구약성서의 전통을 따르고 있다. 그는 죽은 자들이 모두 음부(Sheol)에 머문다고 가르친다. 그의 가르침에는 내세사상이나 영혼불멸사상, 부활사상 등이 없다.

여행을 많이 한 사람은 모든 일에 능숙하다.

……

나는 여러 번 죽을 고비를 당했지만

내가 쌓은 경험의 덕으로 살아났다.

주님을 두려워하는 정신을 가진 사람은 살 것이다.

그들을 도와주신 분이 곧 그들의 희망이기 때문이다(34:9-13).

우주

우주의 피조물은 하나님의 영광을 드러낸다. 해, 달, 별, 무지개, 눈, 번갯불, 구름, 천둥, 바람, 안개, 이슬, 바다, 동물 등 온 우주 만물은 하나님의 위대하심을 찬양한다(42:15-43:33).

푸른 하늘은 지극히 높은 곳의 자랑이며

하늘의 아름다움은 그분의 영광스러운 모습을 나타내고 있다.

태양은 동쪽에서 떠오를 때,

지극히 높으신 분의 업적의 놀라움을 드러내며

중천에 왔을 때에는 땅을 말린다.

……

태양을 만드신 주님은 위대하시며

태양은 그분의 말씀을 따라서 제 궤도를 달린다(43:1-5).

선조들

하나님은 역대 선조들을 통해서 큰 영광을 드러내셨다(44:1-50:21).[15)] 그들 중에는 왕, 지혜로운 조언자, 예언자, 음악가, 대제사장 등이 있다.

그들의 이름은 만대에 살아 있을 것이고, 그들의 후손은 영원히 존속할 것이다(44:13-14).

에녹은 주님을 기쁘게 해 드리고 하늘로 불려 올라갔다.
그래서 후대를 위하여 회개의 모범이 되었다.
노아는 탓할 바 없는 의인으로 인정되어
주님께서 진노하셨을 때 그 화해 자가 되었다(44:16-17).

아브라함은 허다한 민족의 위대한 시조이며
아무도 그 영광을 따를 사람은 없다.
그는 지극히 높으신 분의 율법을 지키고
그분과 계약을 맺었다.
자기 살에 그 계약의 표시를 새기었고
시련을 당했을 때에도 그는 충실하였다(44:19-20).

야곱의 후손에서 하나님의 자비를 받은 사람이 나왔는데
그는 모든 사람의 환영을 받고
하나님과 사람들의 사랑을 받은 모세이다.
주님은 그에게 성인의 반열에 끼는 영광을 주셨고
원수들을 무찌르는 힘을 주셔서 영웅으로 만드셨다(45:1-2).

---

15) 여기에 등장하는 인물들은 벤 시라 당시의 대제사장 시몬을 제외하고 모두 구약성서에 나온다.

주님의 총애를 받은 사무엘,

그는 주님의 예언자로서 왕권을 제정하고

자기 백성을 다스릴 통치자들에게 기름을 부어 축복하였다.

……

그는 잠든 다음에도 예언하여

왕에게 닥쳐오는 죽음을 경고하였다.

또 그는 백성들의 악행을 없애기 위하여

땅 속에서도 소리 질러 예언하였다(46:13-20).

주님께서는 다윗의 죄를 씻어 주셨고

그의 힘을 영원히 높여 주셨으며

그에게 왕통을 약속하시고

이스라엘의 영광스러운 왕좌를 주셨다.

다윗은, 현명한 아들 솔로몬에게 대를 이어 주었고,

솔로몬은 부왕 덕분에 행복하게 살았다.

솔로몬,

……

당신은 여인들에게 몸을 내맡기고

욕정의 노예가 된 적도 있어,

명예를 더럽히고

가문을 욕되게 하여

자식들이 천벌을 받고

후손들이 환난을 당하게 만들었으며,

왕권은 둘로 갈라져

에브라임에서 반역의 왕국이 일어나게까지 되었습니다.
그러나 주님께서는 그 자비를 거두지 아니하시고
약속하신 말씀을 지키시어,
당신께서 뽑으신 사람의 후손을 멸하지 아니하셨고
당신을 사랑한 사람의 혈통을 없애지 않으셨다(47:11-22).

오니아의 아들 시몬은 대제사장으로서
일생 동안 주님의 집을 수리하여,
자기 생애에 성전을 견고하게 만들었다(50:1).

지혜의 추구

집회서는 마지막 결론에서 지혜를 추구하라는 충고를 한다. 지혜는 돈을 주고 살 수 없으며, 추구하고자 할 때에 주님께서 주시는 것이다.

나 이제 결론삼아 말한다.
지혜를 돈으로 살 생각은 말아라.
네 목에 지혜의 멍에를 씌워라.
그리고 네 마음에 지혜의 가르침을 받아라.
지혜는 바로 네 곁에 있다(51:25-26).

| 집회서의 목적 |

집회서의 가르침을 한마디로 요약한다면, 지혜란 하나님을 두려워하는 것이고 지혜의 삶이란 그의 계명을 지킴으로써 이루어진다는 것이다.[16] 벤 시라는 바로 이것을 가르치기 위하여 집회서를 썼다. 즉, 집회서의 저작 목적은 벤 시라의 손자가 쓴 역자 서문에 있는 것처럼, "지혜를 사랑하는 사람들이 자기의 가르침을 아울러 익혀서 율법대로 잘 사는 방법을 터득하게 하려는 것이다." 독자들에게 지혜를 가르쳐 하나님의 말씀대로 살게 한다는 것이다.

벤 시라가 살고 있던 시대는 희랍문화가 거세게 밀려들던 때였다. 당시 희랍문화는 소위 '새로운 문화' 혹은 '선진 외래문화'로 여겨져 많은 젊은이들이 매혹되었다. 더구나 희랍문화를 통하여 자신들의 세력을 확고히 하고자 했던 알렉산더 대왕의 후예들 앞에서, 정치적인 자유가 없었던 팔레스타인 유대인들은 희랍문화에 무방비 상태로 노출되어 있었다. 이것은 곧 전통적인 유대교의 가르침에 대한 위협이었고 위기였다. 즉, 외래문화가 밀려들 때 일어나는 전통적인 신앙관이나 가치관의 붕괴 내지는 위기를 의미했고, 전통적인 사회질서의 변화 내지는 파괴를 의미했다.

이러한 역사의 현장에서, 벤 시라는 희랍문화나 다른 외래문화를 정

---

16) 하스페커와 크렌쇼에 의하면, 집회서의 근본적인 주제는 "하나님을 두려워하는 것"이다 J. Haspecker, *Gottesfurcht bei Jesus Sirach* (Rome: Biblical Institute, 1967), 87-105; James L. Crenshaw, *Old Testament Wisdom: An Introduction* (Atlanta: John Knox Press, 1981), 149-73. 그러나 폰 라드와 제이콥은 "지혜"라고 한다. G. von Rad, *Wisdom in Israel* (London:SCM Press, 1972), 240-62; Edmund Jacob, "Wisdom and Religion in Sirach," in *Israelite Wisdom: Theological and Literary Essays in Honor of Samuel Terrien*, eds., John G. Gammie, et al (Missoula: Scholars Press, 1978), 247-60. 디 렐라(Di Lella)의 견해는 종합적인데 그에 의하면, "벤 시라의 주요 주제는 하나님의 경외로서의 지혜며 집회서의 기본 논제는 지혜는 (율법과 동일시되는데) 하나님을 두려워하여 그의 계명을 지키는 사람에 의해서만 성취될 수 있다는 것이다." Patrick W. Skehan & Alexander A. Di Lella, *op. cit.*, 75-6.

면으로 반박하지 않았고 유대교의 가르침과 부합하는 한 수용했다. 그리고 참된 지혜(소피아)란 희랍문화에 있는 것이 아니고, 예루살렘을 통하여 전승되고 있는 하나님의 말씀에 나타나 있다는 것을 가르쳤다. 이것은 집회서가 희랍문화에 노출되어 있는 독자들에게 — 그들이 유대인이든 호의적인 이방인이든 — 유대교의 신앙과 가치를 존중하고 계승할 것을 가르치기 위하여 쓰였다는 것을 의미한다.

| 주요 신학사상 |

하나님

집회서에 묘사되어 있는 하나님은 첫째, 오직 한 분이시다는 것이다. 그분 외에 다른 신은 없으며(36:4), 혼자만이 전능하신 구세주이시다(24:24). 그분은 영원부터 영원까지 오직 하나이신 하나님이시다(42:21).

둘째, 하나님은 창조주이시다. 그는 지혜를 포함한 모든 만물을 말씀으로 지으셨는데(39:17), 각각 그 목적이 있게 만드셨다(39:21).

> 좋은 것들은 착한 사람들을 위해서 만들어졌고
> 악한 것들은 악인들을 위하여 만들어졌다(39:25).

> 이 모든 것은 그분의 명령을 이행하는 것으로 낙을 삼고
> 그분이 쓰실 때를 위하여 이 세상에 마련되어 있다가
> 때가 되면 그분의 분부를 따른다(39:31).

피조물들은 그의 말씀에 순종하여 그의 심판이나 구원의 도구가 된다는 것이다.[17)]

셋째, 하나님은 보응하시는 분이시다. 그는 자신을 두려워하고 계명을 지키는 사람들에게는 번영과 행복을 베푸시지만, 율법을 지키지 않는 자들에게는 불행과 고통과 일찍 죽음을 맞게 하신다. 그러나 하나님은 죄인이 회개할 때에 용서를 베푸신다(17:24).

넷째, 약자를 긍휼히 여기시는 분이시다. 그는 궁핍하고 가난한 자들의 소리에 귀를 기울이시고(4:6; 35:16). 그들에게 자비를 베푸는 자들을 사랑하신다.

> 고아들을 아비처럼 대하고
> 과부들을 남편처럼 보살펴 주어라.
> 그러면 지극히 높으신 분께서 너를 아들처럼 여기실 것이요
> 너의 어미보다 더욱 너를 사랑하리라(4:10; 17:22).

다섯째, 이스라엘을 선택하시고 그들과 계약을 맺으신 분이시다(44:20-21). 하나님은 이스라엘과 맺은 계약에 성실하시며 이스라엘을 영원히 지켜주시고 구원해 주시는 분이시다(50:24). 즉, 하나님은 역사 안에서 활동하시고 그의 백성을 구원하여 주신다는 것이다.

---

17) 이러한 사상은 솔로몬의 지혜서에서도 발견된다(16:24; 19:6). 크렌쇼는 이것을 집회서가 솔로몬의 지혜서에 영향을 준 것이라고 한다. James L. Crenshaw, "The Problem of Theodicy in Sirach: On Human Bondage," *JBL* 94 (1975), 47-64.

인간

집회서의 인간관은 구약성서와 유사하다. 벤 시라에 의하면, 인간은 하나님께서 자기 형상대로 지으신 피조물이다(17:3). 이 피조물은 흙으로 만들어졌으며 죽은 후 다시 흙으로 돌아가야 할 존재이다(17:1). 인간은 처음 창조될 때부터 자유의지를 가진 존재로 만들어져서 스스로 선악을 구별할 줄 안다(15:14).

> 또한 주님께서는 사람들에게 지식과 분별력을 풍성하게 주시고 선과 악을 분간할 수 있게 해 주셨다(17:7).

이것은 인간의 책임성을 의미한다. 즉, 인간은 선한 행동을 할 수도 있고, 악한 행동을 할 수도 있는데, 하나님으로부터 자기 행동에 따른 보응을 받는다는 것이다. 따라서 벤 시라에게 악은 인간 행동의 결과이다. 인간은 하나님을 두려워하여 그의 계명을 지킬 때 번영과 행복을 누릴 수 있다.

인간은 자연을 다스리기 위해서 창조되었다. 하나님은 "모든 생물에게 사람을 무서워하는 본능을 넣어 주셔서 사람으로 하여금 짐승이나 새들을 지배하게 하셨다"(17:4). 인간은 또한 하나님을 찬양하기 위하여 창조되었다. 하나님은 인간에게 마음의 눈과 지능과 말을 주셨는데 이것은 그의 위대하신 일들을 알아보고 찬양하게 하기 위함이다(17:5-8).

예배

벤 시라의 예배관은 한마디로 "순종이 제사보다 낫다"(삼상 15:22)는 것이다. 그에 의하면 하나님의 계명을 거역한 자가 드리는 예배는 용납되지 않는다. 오직 의인의 예배만이 주님께서 받으신다(35:6).

> 불의하게 얻은 것을 제물로 바치는 것은 부정한 일이므로
> 악인들이 바치는 제물은 용납되지 않는다.
> 지극히 높으신 분은 불경한 자들이 바치는 제물을
> 기뻐하지 않으시며,
> 제물을 많이 바친다고 해서 죄를 용서받는 것도 아니다.
> 가난한 사람들의 재산을 빼앗아 제물로 바치는 것은
> 남의 자식을 제물로 바치려고 그 아비를 앞에서 죽이는 것과 같다
> (34:18-20).

벤시라에 의하면, 하나님의 계명을 지키는 것이 곧 최상의 예배요 주님께서 기뻐하시는 것이었다. "말씀을 따르는 것이 숫양의 기름보다 낫다"(삼상 15:22)는 것이다.

> 율법을 지키는 것은 곧 많은 제물을 바치는 것이며
> 계명을 지키는 것은 곧 평화의 제물을 바치는 것이다.
> 남의 은혜에 보답하는 것은 고운 밀가루 제물을 바치는 것이며
> 남에게 자선을 베푸는 것은 찬미의 제사를 드리는 것이다.
> 악을 물리치는 것은 주님을 기쁘시게 해 드리는 것이며
> 불의를 멀리하는 것은 속죄의 제사를 드리는 것이다(35:1-3).

그렇다고 벤 시라가 예배를 드리지 말라고 한 것은 아니다. 그는 계명을 지키고 정성껏 예배를 드리되 빈손으로 하지 말고 아낌없는 예물 ─

수고의 첫 열매와 십일조 — 과 함께 드리라고 가르친다. 왜냐하면 하나님은 언제나 일곱 배로 갚아 주시기 때문이다(35:7-10).

벤 시라에게 율법의 준수는 사회정의의 실현을 의미했다. 그리고 그것은 곧 온전한 예배를 위한 전제 조건이었다. 이것은 예배가 의식을 위한 예배, 예배 자체를 위한 예배, 예배자만을 위한 시간이 아니라, 사회정의의 실현을 위한 행위라는 것을 의미한다. 그에 의하면, 사회정의가 무시된 예배, 계명의 실천이 없는 예배는 공허한 것이다.

여자

집회서에는 아내, 딸, 어머니, 간부姦婦, 창녀 등 여자에 대한 언급이 많이 있다(3:2-6; 7:19, 24-26; 9:1-9; 19:2-4; 22:3-5; 23:22-26; 25:1, 8, 13-26:18; 28:15; 33:20; 36:26-31; 40:19, 23; 42:6, 9-14). 그러나 대부분의 언급들은 여자에 대해서 매우 부정적인 견해를 내포하고 있다. 그 실례를 들자면, 여자는 죄의 근원이고 남자에게 복종해야만 하는 존재이다.

> 죄는 여자로부터 시작하였고
> 우리의 죽음도 본시 여자 때문이다.
> 저수지의 둑을 터주지 말 것이며
> 고약한 여자에게 자유를 주지 말 일이다.
> 시키는 대로 하지 않는 여자는
> 인연을 끊고 보내 버려라(25:24-26).

또한, 선한 여자보다도 오히려 악한 남자가 더 낫고, 여자는 남자로 하여금 죄를 짓게 하기 때문에 함부로 동석하지 말아야 한다.

그 누구든 아름다운 용모에 홀리지 말고
함부로 여자들과 동석하지 마라.
옷에서 좀이 나듯이
여자에게서는 여자의 심술이 나온다.
여자의 친절보다는 차라리 남자의 심술이 낫다.
여자는 치욕과 비난을 자아낼 뿐이다(42:12-14).

이러한 벤 시라의 여자에 대한 부정적인 가르침은 자신이 경험했을지도 모르는 불행한 결혼생활을 반영한 것인지 아니면 자신의 여자에 대한 독특한 편견을 반영한 것인지 알 수 없지만, 당시 사회에서 벤 시라 자신만이 독특하게 가지고 있었던 특수한 견해인 것 같지는 않다.[18] 벤 시라가 살고 있었던 사회는 남녀평등을 추구하고 여성을 비하하는 태도를 신랄하게 비판하는 오늘날과는 달리, 남성 중심의 가부장적 사회였다. 이러한 사회에서 여자는 남성의 소유물로 취급되었고 여성의 인권이나 사회적 권리는 무시되었으며, 남자는 여자를 공공연히 비하할 수 있었다. 또한 남성의 여성에 대한 부정적인 표현은 비판을 받거나 양심이나 도덕적인 문제가 되지도 못했다. 이러한 사회에 살고 있는 벤 시라 역시 예외는 아니었다. 따라서 벤 시라의 여자에 대한 가르침은 바로 이러한 당시 사회의 일반적인 경향을 반영한 것이라고 할 수 있다.[19] 여성에 대한

---

18) W. C. Trenchard, *Ben Sira's View of Women: A Literary Analysis* (Chico: Scholars Press, 1982).

19) 벤 시라의 여자에 대한 태도에 대해서는 다음 문헌들을 참고하라: Patrick W. Skehan & Alexander A. Di Lella, *op. cit.*, 90-2 그리고 거기에서 인용된 문헌들; Claudia V. Camp, "Understanding a Patriarchy: Women in Second Century Jerusalem Through the Eyes of Ben Sira," *WLT* (1991), 1-39.

부정적인 묘사는 당시 사회상을 반영한다는 것이다.

| 성서 및 신구약 중간시대 문헌과의 관계 |

집회서는 팔레스타인에 살고 있던 유대인들에게 적어도 주전 1세기부터 널리 알려져 있었고, 많은 사랑을 받았다. 이 책은 주후 1세기에도 계속 읽혔는데, 이러한 사실은 쿰란 동굴과 마사다 요새에서 발견된 집회서 사본들을 통해서 알 수 있다.[20] 또한 더 후대에 유대교 랍비들도 이 책을 즐겨 읽었으며, 탈무드 등에 인용하기도 했다. 이와 같이 유대인들은 집회서를 유익한 책으로 받아들였다. 그러나 그들은 이 책에 정경의 권위를 부여하지는 않았고 경전화를 시도하지도 않았다. 단지 교육적인 책으로 받아들여 애용했을 뿐이다.

초대 교회 역시 집회서를 즐겨 읽었다. 라틴어 사본에서 이 책의 명칭을 "에클레지아스티쿠스Ecclesiasticus", 즉 '교회의 책' 혹은 '교회에 속한 책'이라는 뜻이라고 붙였다는 것은 집회서가 교회에서 널리 사용되고 읽혀졌다는 것을 말해 준다. 신약성서에는 집회서의 본문을 직접 인용한 곳이 없지만, 신약성서 저자들 역시 집회서의 영향을 많이 받았다.[21] 그중에서도 특히 야고보서에 대한 집회서의 영향은 두드러진다.

---

20) Y. Yadin, *The Ben Sira Scroll from Masada* (Jerusalem: Israel Exploration Society, 1965). 마사다 요새는 주후 73년 5월 로마에 의해 함락되었다.

21) 이에 대해서는 G. H. Box & W. O. E. Oesterley, *APOT* 2, 294-6을 보라.

집회서	야고보서
2:1-2 15:11-12, 15 38:9 내 아들아 네가 아플 때, 지체하지 말고 주님께 기도하라. 그러면 그가 너를 고치시리라.	1:2-3 1:13-14 5:14-15 너희 중에 병든 자가 있느냐? 저는 교회의 장로들을 청할 것이요 그들은 주의 이름으로 기름을 바르며 위하여 기도할지니라.

또한 집회서 11:18-19은 누가복음 12:16-21에 나오는 어리석은 부자에 관한 예수의 비유와 매우 유사하다. 그리하여 후자가 전자를 이용한 것으로 보인다.

> 어떤 사람이 근검절약하여 부자가 되었다면,
> 그에게 할당된 보상이라고 하는 것은 바로 이것이다.
> 그는 "나는 이제 편안히 쉬며
> 내 재산으로 잔치를 벌일 것이다"고 말하겠지만,
> 그것이 얼마나 오래갈지 알지 못하며,
> 결국에는 자기 재산을 남에게 남겨 놓고 죽을 것이다(집회서 11:18-19).

이 밖에도 "다음에는 명성 높은 사람들과 우리의 역대 선조들을 칭송하자"로 시작되는 이스라엘의 영웅들에 대한 찬양(집회서 44-55장)은 그 문학적인 양식과 인물 찬양 방법에 있어서 히브리서 11장과 상응한다. 즉, 이 두 본문 모두 희랍의 수사학에서 영웅들을 찬양하는 수사학적 기법을 도입하고 있다.[22] 집회서가 야고보서보다 먼저 쓰였기 때문에, 아마도 집회서가 믿음의 선조들을 찬양하는 히브리서의 모델model 역할을 한 것으로 여겨진다.

22) 그 수사학적 기법이란 엔코미움(encomium) 혹은 에피데익틱 장르(epideictic genre)이다. 이 기법은 장례식 등에서 영웅들을 칭송하기 위하여 사용되었다. 이에 대해서는 천사무엘, "집회서의 이스라엘 영웅 찬양시,"「한국기독교신학논총」40 (2005), 29-51을 보라.

2. 솔로몬의 지혜서

솔로몬의 지혜서The Wisdom of Solomon는 간략하게 "지혜서The Book of Wisdom"라고도 불린다.[1] 집회서처럼 지혜문학으로 분류되는 이 책은, 그 제목이나 내용을 고려해 볼 때 이스라엘 전승에서 최고의 지혜자로 여겨지는 솔로몬이 저자라는 것을 암시하고 있지만, 지혜의 왕 솔로몬이 죽은 지 약 10세기 후에 쓰였다. 솔로몬의 지혜서의 실제 저자가 누구인지는 구체적으로 알려지지 않고 있지만, 이집트의 알렉산드리아에 살았던 익명의 디아스포라 유대인이었을 것으로 추정된다. 익명의 저자는 제2성전시대에 유행하던 책의 명명법을 따랐다. 당시 유대교에서는 역사적으로 유명한 인사들의 이름을 따서 자기가 쓴 책의 이름을 짓는 경우가 많았는데, 거의 대부분의 위경에서 그 실례를 찾아볼 수 있다.[2]

---

1) 전자는 희랍어 원본에서 사용되었고, 후자는 라틴어 역본에서 사용되었다.

2) 지혜문서의 저자들은 책의 명칭을 대부분 솔로몬과 연관시켰다. 지혜전승과 솔로몬의 관계에 대해서는 다음 문헌들을 참고하라. R. B. Y. Scott, "Solomon and the Beginnings of Wisdom in Israel," in *Studies in Ancient Israelite Wisdom*, Ed., James L. Crenshaw (New York: KTAV, 1976), 84-101 and in the same book, Albrecht Alt, "Solominic Wisdom," Trans. Douglas A. Knight, 102-12; Roland E. Clements, "Solomon and the Origins of Wisdom in Israel," *Perspectives in Religious Studies* 15/4 (1988), 23-36; Walter A Brueggemann, "The Social Significance of Solomon as a Patron of

당시 희랍문화의 중심지 알렉산드리아에 살고 있던 익명의 저자는, 책의 문학적인 스타일이나 사상적 특성이 보여주는 것처럼, 유대교식 교육과 희랍식 교육을 모두 높게 받은 사람이었다. 그리하여 그는 구약성서뿐만 아니라 희랍의 수사학과 철학 등을 매우 잘 알고 있었던 엘리트 계층에 속해 있었다. 즉, 솔로몬의 지혜서 저자는 유대문화와 희랍문화 모두에 익숙해 있었다는 것이다. 그러나 그는 무조건 희랍문화를 수용하지는 않았다. 신구약 중간시대에 많은 디아스포라 유대인들이 그러했던 것처럼 유대교의 바탕 위에서 희랍문화를 수용했다. 즉, 헬라적 유대주의자Hellenistic Judaist였던 것이다.

솔로몬의 지혜서는 로마 황제 가이우스 칼리굴라(주후 37-41년) 치하인 주후 38년경 알렉산드리아에서 희랍어로 쓰였다.[3] 당시 이집트의 알렉산드리아에서는 반反유대인 폭동으로 인하여 많은 유대인들이 박해를 당했다. 이것은 로마에 있는 황제에 의한 것이 아니라, 유대인들의 사회적 권리의 인정 여부로 인한 유대인들과 비유대 알렉산드리아인들non- Jewish Alexandrians 간의 증대되는 반목의 결과였다. 솔로몬의 지혜서에 반영된 이집트인들에 대한 극심한 적대심(11-19장)은 그러한 당시

Wisdom," in *The Sage in Israel and the Ancient Near East*, Eds., John G. Gammie & Leo G. Perdue (Winona Lake: Eisenbrauns, 1990), 117-32.

3) 솔로몬의 지혜서가 주후 38년경에 쓰였다는 구체적인 이유를 몇 가지 들자면 다음과 같다. (1) 14:16-20의 멀리 있는 왕의 숭배에 대한 언급은 아우구스투스 황제 이후의 로마시대의 상황을 반영한다; (2) 솔로몬의 지혜서에 사용된 많은 단어들이 주후 1세기 초 이전에는 사용되지 않았다; (3) 19:13-17은 가이우스 황제 치하 때 알렉산드리아에서 유대인들의 권리로 인하여 생긴 사회적 갈등상황을 반영한다; (4) 11-19장에 반영된 분위기는 필로(*In Flaccum* 121-124)가 보고하는 당시 상황과 매우 유사하다. 천사무엘, "Examining the Date of the Wisdom of Solomon,"「구약논단」1 (1995), 259-71. 당시의 역사적 상황에 대해서는 천사무엘, "알렉산드리아 유대인 공동체 형성과 박해의 역사,"「신학사상」23/1(1995), 162-6을 보라.

상황을 반영하고 있다.[4] 이것은 솔로몬의 지혜서가 주후 1세기 초에 쓰인 유대인 디아스포라의 박해문학이라는 것을 의미한다.

| 솔로몬의 지혜서의 구조 |

솔로몬의 지혜서는 크게 세 부분으로 나눈다. 첫째 부분(1:1-6:21)은 의인에게 주어지는 지혜의 선물로서의 영혼 불멸에 대해서 다루고 있는데 교차대구구조를 이루고 있다.[5] 둘째 부분(6:22-10:21)은 지혜의 본성과 기능에 대하여 다루고 있으며, 마지막 셋째 부분(11-19장)은 출애굽 사건에 나타난 하나님의 은혜와 심판을 다루고 있는데, 여기에는 긴 여담(digression or excursus)이 포함되어 있다(11:15-15:19). 이 여담은 둘로 나눌 수 있는데 첫 번째 여담(11:15-12:22)은 하나님의 자비에 대해서, 그리고 두 번째 여담(13-15장)은 우상숭배에 대해서 설명하고 있다.

첫째 부분: 지혜의 선물인 영혼 불멸(1:1-6:21)

A. 통치자들에게 정의와 지혜를 구하라는 권고(1:1-15)

B. 심판 전의 악인들(1:16-2:24)

---

4) 솔로몬의 지혜서의 사회학적 연구에 대해서는 Harold Van Broekhoven, "A New Social Model for Discerning Wisdom: The Case of Sirach and Pseudo Solomon," in *New Perspectives on Ancient Judaism*, Vol. 5, Ed., Paul V. M. Flesher (Lanham: University Press of America, 1990), 3-46 참조.

5) James M. Reese, "Plan and Structure in the Book of Wisdom," *CBQ* 27 (1965), 391-9. 길베르에 의하면, 7-9장과 10-19장에서도 교차대구구조를 찾을 수 있다고 한다. M. Gilbert, "Wisdom Literature," in *JW*, 301-6.

C. 의인들에 대한 보상과 악인들에 대한 징벌(3-4장)

B′ 심판 후의 악인들(5장)

A′ 통치자들에게 정의와 지혜를 구하라는 권고(6:1-21)

둘째 부분: 지혜의 본성과 기능(6:22-10:21)

A. 지혜의 본질과 추구방법(6:22-8:21)[6)]

B. 지혜를 구하는 기도(9장)

C. 이스라엘 역사에서의 지혜의 역할(10장)

셋째 부분: 출애굽 사건에 나타난 하나님의 은혜와 심판(11-19장)

A. 첫 번째 대조(antithesis): 물로 인한 이스라엘의 갈증 해소와 이집트인들의 목마름(11:1-14)

B. 첫 번째 여담: 하나님의 자비(11:15-12:27)

C. 두 번째 여담: 우상숭배(13-15장)[7)]

D. 두 번째 대조: 동물로 인한 이집트인들의 굶주림과 이스라엘의 배부름(16:1-4)[8)]

E. 세 번째 대조: 동물 재앙에서의 이집트인들의 죽음과 이스라엘의 생존(16:5-14)

F. 네 번째 대조: 이집트인들에 내린 뇌우와 이스라엘에 내린 만나(16:15-29)

---

6) 라이트에 의하면 7-8장은 교차대구법을 이루고 있다. A. G. Wright, "The Structure of the Book of Wisdom," *Biblica* 48 (1967), 168.

7) 13-14장은 교차대구법을 이루고 있다. *JL*, 183.

8) 16:1-4은 이집트인들과 이스라엘이 각각 반복되어 언급된다.

G. 다섯 번째 대조: 이집트인들의 어둠에 대한 공포와 이스라엘을 인도한 불기둥(17:1-18:4)

H. 여섯 번째 대조: 이집트의 맏아들들의 죽음과 죽음의 재앙에서 살아남은 이스라엘(18:5-25)

I. 일곱 번째 대조: 홍해에서의 이집트인들의 죽음과 이스라엘의 통과(19:1-17)

J. 하나님의 심판과 구원의 도구인 피조물의 변형(19:18-21)

K. 송영(19:22)

| 솔로몬의 지혜서의 내용 |

솔로몬의 지혜서는 지혜의 왕 솔로몬이 지상의 통치자들에게 훈계하는 형식으로 되어 있다. 정의와 지혜의 삶을 추구할 때는 영원불멸의 삶을 누릴 수 있지만, 사악한 삶을 계속할 때에 하나님의 징벌을 면치 못한다는 훈계다. 이것은 솔로몬의 지혜서가 지상의 통치자들을 위해서 쓰였고 그들에 의해서 읽혔다는 것을 의미하지 않는다. 단지 저자가 책을 쓰기 위하여 선택한 문학적인 표현 방법일 뿐이다.

솔로몬의 지혜서는 지상의 통치자들[9]에 대한 권고로 시작한다.

> 지상의 통치자들이여 정의를 사랑하라.[10]

9) 이들은 이방나라의 통치자들을 의미한다.

10) 희랍어 원문은 명령법 과거형을 사용하고 있다. 이것은 "너희는 전에 정의를 사랑하지 않았지만, 이제부터는 사랑하라"는 것을 뜻한다. 이것은 또한 지상의 통치자들이 정의를

정직한 마음으로 주님을 생각하고
순진한 마음으로 주님을 찾아라(1:1).

세상을 다스리는 통치자들은 이제 불의를 버리고 정의를 사랑해야 한다(1:1).[11] 왜냐하면 지혜는 간악한 마음속에 들어가지 않으며 죄로 물든 몸 안에는 머물지 않기 때문이다(1:4). 오히려 그러한 사악한 자들은 하나님의 심판의 대상이 된다. 하나님은 온 세상에 편재되어 있는 지혜를 통해 사람들이 하는 모든 불의를 다 알고 계시며 심판하신다(1:6-9). 즉, 악인들에게 영혼의 죽음이라는 징벌을 내리셔서 파멸 당하게 하신다(1:11-12).

거짓을 말하는 입은 영혼의 죽음을 가져온다.
빗나간 생활을 함으로써 죽음을 초래하지 말고
그릇된 행위로 파멸을 초래하지 말라.
하나님은 죽음을 만들지 않으셨고[12]
산 자들의 멸망을 기뻐하지 않는다.
……
의인은 죽지 않는다(1:11-15).

게 통치하지 않는, 악한 자들이라는 의미를 내포하고 있다.

11) 솔로몬의 지혜서에서 "정의", "선", "주님의 영", "지혜", "성령", "주님의 힘" 등은 동의적으로 사용된다.

12) 솔로몬의 지혜서에서 죽음은 두 가지다. 첫째는 아담 이후 이어져 온 육적인 죽음으로 피치 못하는 것이다(7:1, 6). 둘째는 영적인 죽음으로 악인들만 경험하는 것이다. 의인들은 영혼불멸의 삶을 계속하지만, 악인들은 영혼의 죽음을 당한다. 여기에서 말하는 죽음(1:13, 15)은 "영적인 죽음"이다.

그렇다면, 어떠한 사람들이 사악한 자들인가? 저자는 악인들이 하는 말을 길게 나열함으로써 구체적인 악인의 모습을 보여준다(2:1-20). 첫째로, 악인들은 육적인 죽음과 함께 모든 것이 끝난다고 믿는다(2:1-5). 즉, 그들은 영원불멸의 삶이 있다는 것을 믿지 않는다. 그들에게는 단지 현세만이 있을 뿐이다.

> 우리가 이 세상에 태어난 것도 우연이었고
> 죽고 나면 태어나지 않았던 것이나 마찬가지다.
> 우리의 코로 쉬는 숨은 연기와 다름이 없고,
> 우리의 생명이란 심장의 고동에서 나오는 불꽃에 불과하다(2:2).

둘째로, 악인들은 그렇기 때문에 현세의 삶을 즐기기 위해서 산다(2:6-9). 그들은 죽음 이후에 더 이상의 삶이 없다고 믿기 때문에 죽기 전에 세상의 것들을 마음껏 누리기를 원한다. 셋째로, 악인들은 의인들을 박해하는 자들이다(2:10-20). 그들은 의인들의 충고를 자신들에 대한 책망으로 오해하여 폭력과 고문으로 핍박하며, 그들이 정말 하나님의 계명을 준수하는 하나님의 자녀들인지 시험한다.

> 의인은 우리를 방해하고 우리가 하는 일을 반대하며
> 율법을 어긴다고 우리를 책망하고
> 배운 대로 하지 않는다고 나무라니 그를 함정에 빠뜨리자(2:12).
> 입만 열면, 주님이 자기를 도와주신다고 말해 왔으니
> 그에게 아주 수치스러운 죽음을 안겨 보자(2:20).

그러나 이러한 악인들의 생각은 그들의 마음이 악하여 하나님의 신비로운 뜻을 깨닫지 못하기 때문에 생긴 것이다(2:21-22). 즉, 그들이 거룩한 생활로 인하여 받는 하나님의 상급을 믿지 않기 때문에 나타나는 결과다. 이들에게는 악마의 시기 때문에 이 세상에 들어온 죽음[13]만이 있을 뿐이다(2:24).

저자는 이제 의인들과 악인들이 받는 응보에 대해서 말한다. 첫째로, 의인들이 당하는 고통과 죽음은 악인들에게는 재앙으로 보이지만, 사실상 그들은 하나님의 시험을 받고 있는 것이며, 육적인 죽음 이후에 평화롭고 영광스러운 영혼 불멸의 삶을 누린다(3:1-7). 그러나 악인들에게는 미래가 없으며 그들의 후손들은 저주를 받는다(3:11-12).

둘째로, 아이를 낳지 못하나 흠 없는 여자와, 고자이나 죄를 짓지 않은 자 등, 자식이 없는 의로운 사람들은 하나님으로부터 위로와 보상을 받는다(3:13-4:2). 하나님은 그들의 믿음을 보시고 큰 상을 내리시며 주님의 성전에서 제일 좋은 자리를 주신다(3:14). 그러나 악인들은 자손들이 아무리 많아도 소용이 없다(4:3). 왜냐하면 그들의 삶은 무의미하며 하나님의 심판의 대상이 되기 때문이다.

셋째로, 의인은 자신의 명命을 다하지 못하고 일찍 죽는다 할지라도 안식을 얻는다(4:7). 왜냐하면 인생은 사는 햇수로 판단되는 것이 아니라 지혜의 정도로 평가되기 때문이다. 오히려 하나님은 사랑하는 의인을 안전한 곳으로 일찍 데려가신다. 왜냐하면 그가 죄인들과 함께 악의 소굴에 있는 것을 바라지 않기 때문이다(4:13). 그러나 악인들은 오래 살았다고 해도 영예를 누리지 못하며, 오히려 죽은 자들 가운데서 영원히 멸시를

---

13) 1:13, 15에서처럼 영적인 죽음을 뜻한다.

받아 지옥 바닥에 내팽개쳐지는 수모를 당한다(4:19).

저자는 이제 의인과 악인이 죽은 뒤에 구체적으로 어떠한 결과를 맞게 되는지에 대해서 말한다(5장). 의인이 받을 영혼 불멸의 삶은 무엇인가? 악인이 받는 심판은 무엇인가? 의인과 악인은 심판대 앞에 선다. 의인은 악인의 고발자로, 악인은 죄인으로 하나님의 심판대 앞에서 만난다. 이 때 악인은 의인을 보고 무서워하며, 자신이 멸시하고 핍박한 의인이 구원받은 것을 보고 지난날의 잘못을 후회한다(5:4-13).[14] 자신은 악한 삶을 살다가 파멸에 이르렀지만, 의인은 주님이 제시한 길을 따라 하나님의 자녀가 되고 성도의 반열에 끼게 된 것을 깨닫게 된다는 것이다. 이것은 악인들이 비웃던 사람을 악인 자신들의 입으로 의인이라 인정하는 것이며 스스로를 죄인이라 자인하는 것이다. 이에 대한 하나님의 심판의 결과는 명약관화하다. 의인은 영원한 삶을 누리게 되지만, 악인은 하나님의 정벌을 받게 된다(5:15-23).

저자는 1:1-14에서처럼 다시 지상의 통치자들을 부르며 지혜를 추구하라고 권고한다(6:1-21). 하나님은 자기의 뜻에 맞지 않게 통치하는 자들을 심판하시는데, 정의로운 통치를 하기 위해서는 지혜를 배워야 한다는 것이다. 그러나 지혜를 배운다는 것은 어려운 일이 아니다. 배우고자 하는 마음만 있으면 된다.

> 지혜를 배우려고 원하는 마음이
> 지혜를 얻는 진정한 시작이다.
> 지혜를 배우려는 갈망이 곧 지혜를 사랑하는 것이며

14) 5:4-13에 있는 악인의 후회는 2:1-20에 있는 악인의 오만과 대응된다.

지혜를 사랑하는 것은 곧 지혜의 법을 지키는 것이고
지혜의 법을 지키는 것은 불멸의 보증을 얻는 것이며,
불멸은 하나님 곁에서 살게 한다.
그러므로 지혜를 원하는 사람은 하나님 나라로 인도된다(6:17-20).[15]

그러면 구체적으로 어떻게 지혜를 얻을 수 있는가? 지혜의 왕 솔로몬이 지혜를 가장 소중히 여기고 하나님께 간구하여 얻은 것처럼, 인간은 누구나 기도를 통해서 얻을 수 있다(7:1-14). 지혜를 홀과 왕좌보다도 더 낫게 여기고, 간절히 구하면 하나님께서 선물로 주신다는 것이다.

저자는 기도의 내용(9장)을 말하기 전 지혜가 어떠한 본성과 기능[16]을 가지고 있는가에 대해서 소개한다. 먼저, 다음 인용구는 지혜의 본성을 잘 나타내 주고 있다.

지혜 속에 있는 정신은 영리하며 거룩하고,
유일하면서 다양하며 정묘하다.
그리고 민첩하고 명료하며 맑고
남에게 고통을 주지 않으며
자비롭고 날카로우며
강인하고 은혜로우며 인간에게 빛이 된다.
항구하며 확고하고 동요가 없으며

---

15) 6:17-20에서 사용된 논리는 희랍의 수사학에 나오는 연역법(syllogism)으로 연쇄식 궤변법(sorites or logical chain)이라 불린다.

16) 솔로몬의 지혜서에 나타나 있는 지혜의 본성과 기능에 대한 묘사는 희랍철학과 종교의 영향을 강하게 받고 있다.

전능하고 모든 것을 살피며
모든 마음과 모든 영리한 자들과
모든 순결한 자들과 가장 정묘한 자들을 꿰뚫어 본다.
지혜는 모든 움직임보다 빠르며
순결한 나머지 모든 것을 통찰한다.
지혜는 하나님의 떨치시는 힘의 바람이며
전능하신 분께로부터 나오는 영광의 티 없는 빛이다(7:22-25).[17]

지혜는 하나님으로부터 방출emanation된 하나님의 바람으로 빠르게 움직이면서 모든 것을 통찰하고 인간의 삶을 돕는 빛이 된다. 이러한 지혜는 첫째로, 자연의 질서를 알게 해준다(7:15-21). 둘째로, 하나님의 친구와 예언자가 되게 해준다(7:27). 셋째로, 인간의 덕목인 절제, 현명, 정의 그리고 용기[18]를 가르쳐 준다(8:7). 넷째로, 인간을 불멸하게 하고 후세에게 영원히 기억하게 한다(8:13). 이렇게 훌륭한 지혜를 하나님께 어떻게 간구해야 되는가? 지혜를 얻기 위해서 어떻게 기도해야 하는가? 이에 지는 내용은 지혜를 얻기 위한 기도이다(9장).

우리 조상들의 하나님이시며 자비로우신 주님,
당신은 말씀으로 만물을 만드셨고,
당신 손에서 생명을 받은 모든 피조물을 지배하게 하셨습니다.

---

17) 7:22-23에서 지혜의 본성을 21개의 형용사를 사용하여 묘사하고 있다. 21이란 숫자는 다음과 같은 의미의 숫자로 구성된다. 즉, 7(완전 숫자) × 3(신적인 숫자) = 21(절대적 완전 숫자). 이것은 지혜가 완전하다는 것을 의미한다.

18) 이것은 플라톤 철학에서 가르치는 네 가지 덕목이다.

또 인간으로 하여금 세상을 거룩하고 의롭게 다스리게 하시고
정직한 마음으로 통치하게 하셨습니다.
나에게, 당신 왕좌에 자리를 같이한 지혜를 주시고
나를 당신의 자녀들 축에서 빼놓지 마소서.
……
당신께서 주시는 지혜를 받지 않고,
당신께서 하늘에서부터 보내시는 성령을 받지 않고
누가 당신의 의도를 알 수 있겠습니까?
이렇게 해서 지혜는 이 세상에 사는 사람의 길을 곧게 만들어 주었고
사람들에게 당신을 기쁘게 해드리는 일을 가르쳐 주었으며
사람들을 구원해 주었습니다(9장).

지혜의 본성과 기능은 구체적으로 이스라엘 역사에서 입증된다(10장). 저자는 구약성서에 나오는 이스라엘의 초기 역사를 지혜의 관점에서 재해석함으로써 지혜가 어떻게 하나님의 구원사역에 참여하면서 기능했는지를 설명한다. 지혜는 아담이 죄를 지었을 때 구해 주었으며 그에게 만물을 지배할 힘을 주었다(10:1-2). 지혜는 가인이 동생을 죽였을 때 그를 떠났으며, 노아를 통하여 세상을 구원해 주었다(10:3-4). 또한 아브라함이 이삭을 바칠 수 있게 용기를 주었고 롯을 안전하게 인도해 주었다(10:5-8). 지혜는 야곱이 형을 피해 도망갈 때 길을 인도해 주었고, 그가 원수들을 물리치며 부자가 되게 해주었다(10:9-12). 지혜는 팔려간 요셉도 지켜 주어 죄를 짓지 않게 해주었으며 거짓을 폭로하게 하고 영광을 얻게 하였다(10:13-14). 지혜는 이스라엘을 이집트의 압박에서 구하여 주었고 홍해를 건너게 했으며 광야에서 불기둥과 구름기둥으로 인도하

여 주었다(10:15-21).

솔로몬의 지혜서 나머지 부분(11-19장)은 지혜에 대한 관심이 별로 없고, 처음 부분(1:1-6:21)에서처럼 의인과 악인에 대해서 말하고 있다. 즉, 출애굽 사건에서의 이스라엘과 이집트인들을 의인과 악인으로 각각 묘사하면서 하나님께서 그들을 어떻게 구원하시고 징벌하셨는지를 이야기하고 있다. 이 이야기는 광야에서 이스라엘이 경험한 사건들과 열 가지 재앙에서 이집트인들이 받은 징벌들을 서로 대비시키면서 전개된다.

이스라엘은 광야에서 진군하던 중 물이 없어 갈증으로 고통받은 적이 있는데 이때 그들은 하나님께 기도했다. 그리고 하나님은 단단한 바위에서 물이 나오게 해주셨다(11:1-4). 이 기적 사건은 무엇을 의미하는가? 저자는 이 사건의 의미를 밝히기 위하여 하나님께서 나일 강 물을 피로 되게 하신 첫 번째 재앙 사건과 대비한다. 첫째로, 바위에서 물이 나온 사건은 하나님께서 이집트인들을 물로 징벌하셨지만, 이스라엘에게는 물로 은혜를 베푸셨다는 것을 보여주는 것이다(11:5-7). 즉, 악인들에게는 물이 재앙이 되었지만 의인들에게는 똑같은 물질이 유익이 되었다는 것을 보여주기 위함이다. 둘째로, 이 사건은 하나님께서 첫 번째 재앙에서 이집트인들을 어떻게 징벌하셨는가를 그의 백성들에게 가르치는 것이다(11:8-10).

> 이렇게 그들은 자기들이 물을 마시지 못하는 고통을 겪음으로써 원수들에게 내린 갈증이 얼마나 가혹한 것인가를 알 수 있었다(11:8).

셋째로, 이 물의 사건을 통하여 이집트인들은 이스라엘의 하나님과 그의 종 모세가 누구인지를 알게 되었다(11:11-14).

여기에서 저자는 의인인 이스라엘과 악인인 이집트인들에 대한 이야기를 잠시 중단하고 두 개의 여담을 이야기한다(11:15-15:19). 먼저, 그는 하나님의 자비와 오래 참으심에 관하여 설명한다(11:15-12:22). 이집트인들은 동물을 숭배하였기 때문에 하나님은 동물들을 보내셔서 징벌하셨다(11:15-16). 그러나 하나님은 자비로우셔서 악인들을 징벌할 동물들을 보내실 때 훨씬 더 무섭고 사나운 종류를 보내어 단번에 멸하지 아니하셨다(11:17-20). 이것은 죄인들에게 회개할 기회를 주기 위함이었다. 즉, 하나님은 인간이 죄를 지을 때 단번에 징벌하지 않고 회개할 기회를 주어 악에서 벗어나게 하신다는 것이다(11:21-12:2). 이러한 실례는 가나안 사람들에 대한 징벌에서도 찾아볼 수 있다(12:3-11). 그들은 가증스러운 우상숭배를 하였는데, 하나님은 이들을 당장에 없애 버리실 수도 있었지만 회개할 기회를 주기 위하여 말벌을 선발대로 보내어[19] 조금씩 처벌하셨다(12:8). 하나님은 신중하게 벌을 주기 때문에 먼저 회개하게 하신다는 것이다. 그럼에도 불구하고 복종하지 않을 때에 가장 무거운 형벌을 내리신다(12:27).

이어지는 여담은 우상숭배에 관한 것이다(13-15장). 자연을 숭배하는 어리석은 자들이 있는데 이것은 그들이 피조세계를 보고도 하나님을 알지 못하기 때문이다(13:1-9). 또 사람이 만든 여러 가지 형상을 숭배하는 자들도 있는데(13:10-14:11) 이것은 하나님을 배신한 인간의 허영심 때문에 생겨난 것이다(14:12-14). 이것은 형상 숭배의 처음이 어떠했는지를 보면 알 수 있다. 사람들은 왕이 멀리 있거나 죽어서 직접 경배할 수 없을 때 왕의 초상을 만들어 경배했다(14:15-20). 얼마 전까지만 해도 인간이

19) 출 23:28.

었던 자들의 형상을 만들어 신으로 경배한 것이다(14:20). 그들은 왕에게 아부하기 위하여 왕을 알지 못하던 사람들까지도 부추겨 그 형상을 숭배하도록 선전했다(14:18). 그리고 우상을 숭배하면서 온갖 부도덕한 죄악을 저질렀다. 이 우상숭배자들과 우상을 만드는 자들(15:7-13)은 하나님의 징벌을 면치 못한다. 하나님의 자녀들은 우상에 현혹되지 않고 완전한 의를 이루지만, 악을 사랑하는 저들은 하나님의 정당한 벌을 받는 것이다. 그런데 이 우상숭배자들 중 가장 어리석은 자들은 이집트인들이다(15:14-19). 왜냐하면, 그들은 모든 이방인들의 우상을 신으로 생각하였고 동물들까지도 숭배하였기 때문이다.

저자는 이제 의인과 악인에 대한 이야기로 돌아간다. 악인인 이집트인들은 동물을 숭배했기 때문에 수많은 생물들로 인한 징벌을 받고 굶주려야 했으나, 의인인 이스라엘은 광야에서 배고플 때에 하나님께서 보내주신 메추라기로 왕성한 식욕을 채울 수 있었다(16:1-4). 악인들은 동물로 인하여 징벌을 받았지만, 의인들은 동물로 유익을 얻었다는 것이다.

이스라엘이 뱀에 물려 죽어 가고 있을 때 하나님은 구리 뱀을 통하여 구원하셨지만, 이집트인들이 메뚜기와 파리에 물려 죽어 가고 있을 때 어떠한 약으로도 치유되지 않았다(16:5-14). 이것은 오직 하나님만이 구원자이시라는 것을 보여주었다. 그리고 하나님만이 생명과 죽음을 주관하시는 분이라는 것을 가르쳐 주었다.

이집트인들은 하늘에서 떨어지는 괴이한 우박, 폭우와 불의 재앙으로 죽었으나, 이스라엘은 하늘에서 내리는 만나로 배불리 먹었다(16:15-29). 이집트인들과 그들이 심은 곡식은 물속에서도 꺼지지 않는 불에 타 버렸으나, 이스라엘이 받은 눈과 같은 만나는 불로 요리해도 녹지 않고 좋은 양식으로 변하였다. 이것은 피조물들이 하나님께 순종하여, 악인들을 징벌할 때는 공격적이 되고, 의인들에게 유익을 줄 때에는 유순해진다는 것을 의미한다(16:24).

이집트인들은 흑암의 재앙에서 공포에 사로잡혀 혼비백산하며 죽어갔다(17장). 이스라엘에게는 큰 빛이 비치었지만, 이집트인들은 아무 빛도 볼 수가 없었던 것이다(18:1). 이것은 저들이 율법(Torah)이라는 불멸의 빛을 세계에 전해 줄 주님의 자녀들을 포로로 붙잡아 두었기 때문이다(18:4). 반면에, 이스라엘은 깜깜한 밤 광야에서 불기둥으로 인도함을 받았다(18:3). 그 불빛은 마치 따뜻한 태양과도 같이 저들을 인도해 주었다.

이집트인들은 첫아들이 죽는 재앙을 겪어야 했다(18:5-19). 이것은 모세의 어린 시절 저들이 이스라엘의 젖먹이들을 수없이 죽인 죗값이었다(18:5). 이 재앙에서 이스라엘의 자녀들은 모두 안전하여 주님께 찬미를 드렸지만, 이집트인들은 왕의 맏이건 평민의 맏이건 모두 멸망의 천사의 칼날 아래 죽었던 것이다. 반면에, 이스라엘은 광야에서 하나님의 분노를 사, 죽음의 시련을 겪어야 했는데, 이때 아론이 중재함으로 구원받게 되었다(18:20-25). 아론은 속죄 제사를 드려 하나님께서 분노를 푸시게 했는데, 이때 죽음의 천사는 더 이상 사람들을 죽이지 아니하고 물러갔다.

이집트인들은 이스라엘을 추격하다 홍해에 빠져 죽었으나, 이스라엘은 피조물들의 도움으로 홍해를 무사히 건널 수 있었다(19:1-17). 이집트인들이 바다에 빠져 멸망받은 이유는 저들이 자기 나라에 살고 있는 이방 사람들을 미워했기 때문이다. 그들의 이방인 혐오증은 소돔 사람들[20]보

20) 구약성서에서 소돔은 죄악 때문에 하나님에 의해 멸망 받은 도시의 표본이다(신 29:23; 사 1:9; 13:19; 렘 49:18; 50:40; 애 4:6; 암 4:11; 습 2:9).

다 더하였는데, 후자는 처음부터 이방인들을 싫어하였지만, 전자는 처음에 동등한 권리를 주어 받아들인 뒤 노예로 전락시켜 강제노역을 하게 했다(19:14-16). 이와 같은 이들의 사악한 죄는 하나님의 징벌을 받기에 마땅했던 것이다.

솔로몬의 지혜서 저자는 이제 의인과 악인의 이야기를 피조물의 관점에서 요약한다(19:18-21). 피조물들은 악기의 음률이 달라지는 것처럼, 악인에 대해서는 하나님의 징벌의 도구로 변했지만, 의인에 대해서는 하나님의 도움과 구원의 도구로 바뀌어졌다는 것이다. 그리고 하나님께 감사의 기도를 드리면서 이 글을 마친다.

> 오 주님, 당신께서는 모든 면에서 당신 백성을 위대하고 영광스럽게 하셨으며 언제 어디에서나 그들을 돕는 데 주저하지 않으셨습니다 (19:22).[21]

| 솔로몬의 지혜서의 목적 |

솔로몬의 지혜서의 초점은 극명하게 구분되는 두 종류의 삶에 맞추어져 있다. 의인과 악인의 삶이다.

---

21) 솔로몬의 지혜서 9-19장까지는 하나님께 드리는 기도의 형식으로 되어 있다. 특히 19:22은 송영으로 책을 마무리하는데, 이러한 방식은 다른 유대문학에서도 발견된다. 즉, 시 150; 토비트 14:15; 집회서 51:30; 마카비 삼서 7:23; 마카비 사서 18:24 등이다.

의인	악인
박해를 받는 자	박해를 하는 자
정의를 사랑하는 자	불의를 사랑하는 자
영혼 불멸을 얻는 자	영혼의 죽음을 당하는 자
최후 심판을 하는 자	최후 심판을 받는 자
지혜를 사랑하는 자	지혜를 싫어하는 자
하나님의 구원을 받는 자	하나님의 징벌을 받는 자
피조물들의 도움을 받는 자	피조물들의 공격을 받는 자

첫째 부분(1:1-6:21)은 의인이 받는 영혼 불멸과 악인이 받는 최후 심판을, 둘째 부분(6:22-10:21)은 의인이 사랑하고 악인이 싫어하는 지혜를, 그리고 셋째 부분(11-19장)은 의인이 얻는 유익과 악인이 받는 징벌을 다루면서 이 두 종류의 삶의 본질과 결과에 대해서 말하고 있다. 저자는 당시의 청중들에게 이 두 종류의 삶 중 어느 것을 선택해야 하는가에 대해 결단을 촉구하고 있는 것 같지는 않다. 즉, 선생님이 학생들에게 하는 것처럼, 이 두 삶 중 당연히 의인의 삶을 추구해야 한다고 직접적으로 종용하고 있는 것 같지는 않다. 오히려, 저자는 당시의 청중들인 이스라엘 자손들을 박해받는 의인으로, 그리고 그들의 박해자들을 악인으로 규정하고 있다. 그리고 의인의 삶은 이스라엘 전승에 충실한 것이고 결국에 보상과 구원의 결과를 얻는 것이지만, 악인의 삶은 이스라엘의 전승을 무시하고 짓밟는 것으로 하나님의 징벌만이 있을 뿐이라는 것을 논증하고 있다. 이것은 현재 박해받고 있는 청중들의 정체성과 삶의 의미를 신앙의 관점에서 재정립하는 것이다.

솔로몬의 지혜서가 쓰이기 직전인 주후 38년에, 이집트의 알렉산드리아 유대인 공동체는 비유대인들로부터 극심한 박해를 받았다. 그들의 회당과 가게, 집 등은 불타고 약탈당했으며, 많은 사람들이 살해되었고 전통적으로 누려 오던 사회적 지위도 상실되었다. 또한 유대교의 율법을 어기도록 강요받았고 공동체의 지도자들은 투옥되었으며 길거리에서 테러를 당해도 호소할 곳이 없었다. 박해자들은 말 그대로 악을 일삼는 나쁜 사람들이었고, 신실한 유대인들은 이들 앞에서 죽을 수밖에 없는 억울한 처지에 놓여 있었다. 이러한 상황에서 유대인들에게 제기되는 문제는 신앙의 전통을 이어 가는 것은 과연 의미가 있는가, 현재 받고 있는 고통의 의미는 무엇인가, 하나님의 구원은 과연 있는 것인가 등이었다. 솔로몬의 지혜서는 바로 이러한 질문에 대한 긍정적인 응답이라고 할 수 있다. 즉, 청중들을 유대교의 전승에 충실한 의인으로 규정하면서, 그들이 현재 받고 있는 고통은 일시적인 하나님의 시험으로 장차 그들에게 주어질 하나님의 보상과 그들의 원수들이 받을 심판은 분명하고 공정하게 이루어질 것을 보여주고 있다는 것이다. 이러한 긍정적인 해답이 박해를 경험한 이들에게 큰 위로와 희망을 주었을 것은 분명하다.

한마디로, 솔로몬의 지혜서는 주후 38년에 극심한 박해를 받은 이집트의 알렉산드리아 유대인 공동체에게 위로와 희망을 주기 위해 쓰였다고 말할 수 있다.

| 주요 신학사상 |

영혼 불멸

솔로몬의 지혜서는 의인에게는 영혼 불멸의 삶이 있다고 가르친다.

이에 의하면, 하나님의 형상으로 창조된 인간은 육체와 영혼을 가지고 있는데, 육체는 수명을 다한 후 죽어서 썩어 없어지게 되지만, 영혼은 육체와 분리되어 살아남게 된다. 그리고 이 영혼은 하나님의 심판대 앞에서 의인과 악인으로 구별되는데, 오직 전자에게만 영혼 불멸이 주어지고 후자의 영혼은 죽음의 징벌을 받게 된다. 영혼 불멸의 사후세계는 모든 인간에게 주어지는 것이 아니라 오직 의인만이 경험한다. 육체의 죽음은 아담 이후 모든 인간이 다 겪는 것이지만, 그 뒤에 이어지는 영혼의 죽음은 하나님의 심판에 의하여 판단된 악인에게만 주어진다. 이것은 의인은 한 번 죽지만, 악인은 두 번 죽는다는 것을 의미한다. 즉, 의인에게 죽음은 육적인 것으로 끝나지만, 악인은 두 번째 죽음인 영혼의 파멸이라는 고통을 받아야 한다는 것이다.

솔로몬의 지혜서에서의 영혼 불멸은 개인의 말과 행실의 결과로 주어지는 보상이다. 이 보상의 삶을 사는 의인은 평화를 누리면서 하나님의 심판대에서 악인을 고발하기도 하고 주님의 성전에서 제일 좋은 자리를 차지하게도 되며 하나님의 통치에 참여하기도 한다. 사후에 대한 이러한 견해는, 죽은 자들은 모두 스올Sheol로 내려간다는 구약성서의 사상과 다른 것으로, 희랍철학에 있는 영혼불멸사상의 유대교적 변형 혹은 토착화라 말할 수 있다.

의인의 고통

솔로몬의 지혜서에 의하면, 의인의 고통은 두 가지 원인에 의해서 야기된다. 즉, 악인의 박해나 하나님의 시험으로 인한 고통이다. 첫째로, 의인은 결백함에도 불구하고 악인이 가하는 박해로 인하여 시련과 죽음을 당하게 된다. 악인들의 불의한 행동으로 인하여 당하는 희생이다. 하나님은 이에 대해 악인을 징벌하심으로 의인을 대신해서 보복하신다. 그리고 의인에게는 현세에서 적절한 보상을 해주시거나 사후에 영혼 불멸의 상급을 주신다. 이것은 하나님은 악인으로부터 받는 의인의 고통이 무의미하지 않게 하신다는 것을 의미한다.

둘째로, 의인은 하나님의 시험으로 인해 고통을 당한다. 이 시험은 일시적인 것으로 두 가지 교육적인 의도가 내포되어 있다. 먼저, 이 시험은 의인을 단련하고 가르치기 위한 것이다.

> 이렇게 그들은 자기들이 물을 마시지 못하는 고통을 겪음으로서 원수들에게 내린 갈증의 징벌이 얼마나 가혹한 것이었는가를 알 수 있었다(11:8).

또한, 하나님의 의인에 대한 시험은 때로 의인을 박해한 악인을 교육하기 위하여 의도되었다.

> 한편 이것은 우리의 원수들에게 모든 악에서 구원하시는 분은 주님이시라는 것을 보여주었다(16:8).

비슷한 동물 재난의 상황에서 의인들은 하나님의 치유를 받고 살아났지만, 악인 자신들은 어떠한 치료약을 써도 회복되지 않는 것을 보고 이스라엘의 하나님이 참 구원자이시라는 것을 깨닫게 되었다는 것이다. 이것은 악인이 회개할 수 있도록 기회를 부여하는 것으로, "눈에는 눈, 이에는 이"[22]라는 인과응보의 사상을 넘어선 것이며 악을 선으로 갚는다는 개념이 내포되어 있다. 솔로몬의 지혜서에 의하면, 악인들은 이러한 하나님의 배려에도 불구하고 그들의 사악함으로 인하여 파멸당한다.

창조

솔로몬의 지혜서에 의하면, 이 세상은 하나님께서 창조하신 것이다. 하나님은 "무형無形의 물질"(11:17)로부터 이 우주를 창조하셨고 계속해서 사랑하시며 관여하신다.[23] 하나님이 창조하신 이 우주의 피조물들은 악인들과 같이 타락했거나 하나님으로부터 포기되어진 존재가 아니다. 오히려 하나님의 명령에 순종하며 의인들을 구원하고 악인들을 심판하는 도구로 사용된다.

창조물들이 하나님의 구원과 심판의 도구로 사용될 때 그들의 본성은 그 대상에 따라 변화한다. 즉, 의인들에게는 유익을 주고 악인들에게는 해를 주기 위하여 필요에 따라 모양을 바꾼다. 이것은 하나님의 창조물들이 이 우주에서 정의를 회복하고 불의를 파멸시키기 위하여 일한다는 것을 의미한다. 그리고 하나님은 이 세계와 역사를 정의롭고 평화롭게 유지시키기 위하여 활동하신다는 것을 뜻한다.

이 우주에 속한 모든 창조물들은 하나님께서 만드신 것이기 때문에 숭배의 대상이 되어서는 안 된다. 이것들은 하나님의 위대하심을 나타내는 존재이지 세상을 지배하는 신이 아니다. 그러나 하나님을 모르면 매력적인 자연을 신으로 숭배하는 어리석음을 범하게 된다.

---

22) 출 21:23 이하; 레 24:18 이하; 신 19:21.

23) 솔로몬의 지혜서의 창조론에 대해서는 David Winston, *op. cit.*, 38-40; "The Book of Wisdom's Theory of Cosmogony," *HR* 11 (1971), 185-202을 참조하라. 윈스턴에 의하면, 무로부터의 창조(*creatio ex nihilo*) 개념은 희랍의 철학사상이나 유대적 희랍사상 혹은 랍비사상 등에는 나타나 있지 않으며, 2세기 기독교 문헌에서 처음으로 분명하게 나타난다.

그들은 하나님의 업적 가운데에서 살면서 열심히 모색하다가
눈에 보이는 것들이 하도 아름다워서
그 겉모양에 마음을 빼앗기고 마는 것이다(13:7).

아름다운 자연을 숭배하는 것은 하나님의 업적을 깨닫지 못하는 어리석은 자들의 잘못이지 창조주인 하나님이나 마음을 빼앗은 창조물들의 책임이 아니다. 그러므로 인간이 창조물을 숭배하면, 하나님의 징벌을 받는다. 그리고 그 징벌은 숭배한 것과 같은 종류의 창조물들을 통하여 이루어진다. 인과응보의 법칙이 징벌의 방법에도 철저히 적용되는 것이다.

그들이 악하고 어리석은 생각에 미혹되어
이성 없는 뱀들과 추한 짐승을 경배하기에 이르렀을 때,
주님은 그들을 벌하시기 위해서 이성 없는 생물들의 떼를 보내셨다.
그래서 그들에게 사람이 죄를 지으면
쓴 것으로 벌을 받는다는 사실을 가르치셨다(11:15-16).

| 성서 및 신구약 중간시대 문헌과의 관계 |

솔로몬의 지혜서 저자는 구약성서를 매우 잘 알고 있었다. 그는 출애굽기와 신명기뿐만 아니라 시편과 위경 등에 나오는 출애굽 전승에도 익숙해 있어서, 출애굽 사건을 자기 나름대로 재해석하고 재구성할 수 있을 만큼 구약성서와 유대교 전승에 정통해 있었다. 그는 또한 창세기,

이사야, 전도서, 잠언 그리고 구약의 역사서에 나오는 솔로몬 전승 등에 대해서도 해박한 지식을 가지고 있었다. 이것은 그가 알렉산드리아의 필로Philo of Alexandria나 집회서의 저자인 벤 시라Ben Sira처럼, 구약성서를 연구하고 가르쳤던 사람이었다는 것을 보여준다.

솔로몬의 지혜서는 신약성서와도 관련이 매우 깊다. 아마도 이 책은 구약 외경 중 신약성서와의 관계에 대해 가장 많이 연구된 책일 것이다. 유창한 희랍어로 쓰인 이 책에는 신약성서와 매우 유사한 구절과 사상, 주제들이 많이 내포되어 있기 때문에 일찍부터 신약성서 학자들의 관심을 끌기에 충분했을 것이다. 그러나 솔로몬의 지혜서가 신약성서에서 직접 인용되지는 않았기 때문에, 전자의 후자에 대한 영향을 증명할 수는 없지만, 아마도 많은 신약성서의 저자들이 당시에 베스트셀러 중의 하나였던 솔로몬의 지혜서를 알고 있었을 것이라는 추측은 가능하다. 다른 한편, 솔로몬의 지혜서의 저자와 신약성서의 기자들이 모두 공통된 자료들을 사용했다고도 볼 수 있다. 당시에 잘 알려진 자료들은 그들이 글을 쓸 때 자연스럽게 이용될 수 있었을 것이다.

솔로몬의 지혜서와 유사한 신약성서의 구절들은 먼저, 바울의 로마서에서 찾아볼 수 있다. 로마서 1:18-27에 나오는 이방인들의 하나님을 알지 못하는 죄에 대한 바울의 주장은 솔로몬의 지혜서 13-15장에 나오는 이방인들의 우상숭배에 관한 비판과 유사하다.

솔로몬의 지혜서 13:5	로마서 1:20
피조물의 우대함과 아름다움으로 미루어 보아 우리는 그들을 만드신 분을 알 수 있다.	이 세상 창조 때로부터, 하나님의 보이지 않는 속성, 곧 그분의 영원하신 능력과 신성은 그 지으신 만물을 보고

깨닫게 되었습니다. 그러므로 사람들은 핑계를 댈 수 없습니다.

솔로몬의 지혜서 13:1
하나님을 모르는 자들은 모두 태어날 때부터 어리석어서 눈에 보이는 좋은 것을 보고도 존재하시는 분을 알아보지 못하였고 업적을 보고도 그것을 이룩하신 분을 알아보지 못하였다.

로마서 1:21
사람들은 하나님을 알면서도, 하나님을 하나님으로 영화롭게 해드리거나 감사를 드리기는커녕, 오히려 생각이 허망해져서, 그들의 지각없는 마음이 어둠으로 가득 차게 되었습니다.

또한 창조주 하나님의 고유한 권한을 도공이 진흙을 빗는 것과 비교하면서 묘사하고 있는 솔로몬의 지혜서 15:7과 로마서 9:21의 내용은 역시 매우 유사하다(렘 18:1-11 참조).

둘째로, 마태복음 27:43에 있는 십자가상의 예수에 대한 모욕은 솔로몬의 지혜서에서 박해받는 의인이 악인에게서 조롱당하는 것(2:13, 18)과 상응한다.

솔로몬의 지혜서 2:17, 18
의인은 자기가 하나님을 안다고 큰 소리치고 주님의 아들로 자처한다(17). 의인이 만일 하나님의 아들이라면 하나님이 그를 도와서원수의 손아귀에서 구원하시겠지

마태복음 27:43
그가 스스로 하나님의 아들이라고 했으니까, 그가 하나님을 의지하고 있으니, 하나님이 원하시면, 이제 그를 구원하시겠지.

셋째로, 솔로몬의 지혜서 11-19에 나오는 7개의 대주, 즉 이집트인들

이 출애굽 때에 받은 징벌과 이스라엘이 광야와 출애굽에서 받은 은혜에 대한 7개의 대조는 요한복음서에 나오는 예수의 7가지 기적과 비교해 볼 때 유사성이 있다.[24] 예를 들면, 솔로몬의 지혜서에서 출애굽기에 나오는 10가지 재앙이 7가지로 줄여져서 묘사되고 있는 것처럼, 요한복음에서 예수의 기적은 7가지만 묘사되어 있다. 또한, 둘 다 물의 모티브로 시작되며, 나머지 여섯 가지도 순서대로 비교해 볼 때, 내용과 주제에 있어서 매우 유사하다.

솔로몬의 지혜서	요한복음서	공통주제
1. 첫째 대조 11:1-14	첫째 기적 2:1-11	물의 변화
2. 둘째 대조 16:1-4	둘째 기적 3-4장[25]	음식(요 3:31-38)
3. 셋째 대조 16:5-14	셋째 기적 5:1-17	치유
4. 넷째 대조 16:15-29	넷째 기적 6:1-66	하늘로부터의 양식
5. 다섯째 대조 17:1-18:4	다섯째 기적 9:1-14	흑암과 빛
6. 여섯째 대조 18:5-2	여섯째 기적 11:1-44	죽음과 생명
7. 일곱째 대조 19:1-9	일곱째 기적 18-20장	죽음에서의 구원

이상과 같은 비교는 요한복음서의 저자가 솔로몬의 지혜서를 본보기로 하여 예수의 기적을 재구성했을 것이라는 추측을 하게 한다. 이 외에도 요한복음의 로고스 개념과 솔로몬의 지혜서에서 묘사되는 지혜 개념의 유사성을 지적할 수 있을 것이다.[26]

---

24) Douglas K. Clark, "Signs in Wisdom and John," *CBQ* 45 (1983), 201-9.

25) 둘째 기적은 실제에 있어서는 4:46-54에 나오지만, 여기에서는 3-4장을 하나의 문학단위로 보았다. 그리하여 4:46-54에서는 솔로몬의 지혜서 16:1-4와 공통점을 찾을 수 없지만, 4:31-38에서는 음식에 관한 공통주제를 찾을 수 있다.

마지막으로, 에베소서 6:13-17과 솔로몬의 지혜서 5:17-20에서 전투무장을 비유한 신앙인의 삶의 자세에 대한 묘사는 매우 유사하고, 또한 고린도후서 5:1-4와 솔로몬의 지혜서 9:15에서 나오는 영과 육의 관계에 대한 표현 역시 비슷하다. 이와 같은 유사성은 아마도 공통된 자료의 사용에서 기인된 것 같다.

26) 이에 대해서는 천사무엘, 『지혜전승과 지혜문학』(서울: 동연, 2009), 128을 보라.

구약 외경의 이해 04

Understanding the Old Testament Apocrypha

역사서

구약 외경에는 세 권의 역사서가 있다. 에스드라스 일서, 마카비 일서, 마카비 이서이다. 이 책들 중 마카비 일서와 마카비 이서는 주전 2세기 중엽에 일어난 마카비 혁명시대에 관한 역사를 서술하고 있고, 에스드라스 일서는 요시야 왕 시대부터 에스라 시대까지의 역사를 기술하고 있다. 이들 중 마카비 일서는 사건을 묘사하는 방법에 있어서 다른 두 권보다 역사서로서의 가치가 비교적 더 있으며, 마카비 이서는 역사적 사건들을 드라마화하면서 독자들의 감성에 호소하는 방식의 역사를 기술하고 있다. 또한 에스드라스 일서는 성서의 내용과 매우 중복되는 부분들이 많은데, 교훈적인 목적을 위하여 비역사적인 이야기가 포함되어 있기도 하다.

1. 마카비 일서

"마카비"(Maccabee 혹은 Maccabeus; 복수형은 Maccabees 이다)란 말의 뜻은 여러 가지로 추측되어 왔지만, 그 의미는 아직까지 불분명하게 남아있다. 이 말은 '망치hammer', '망치 모양의 머리를 한 사람the hammer-headed', '대장장이hammerer', '하나님에 의해서 임명된 자one designated by God', '불을 끄는 사람extinguisher' 등으로 다양하게 해석되어 왔지만, 그 의미가 무엇인지에 대하여 일치된 견해는 없다. 마카비란 말의 의미가 무엇이든 간에, 이 말은 원래 주전 2세기 유다 독립전쟁을 주도했던 제사장 마따디아Mattathias의 다섯 아들 중 셋째인 유다의 별명이었다. 그러나 시간이 지남에 따라 마카비란 말은 유다의 형제들이나 가문 그리고 그 당시의 유대인 애국 영웅들을 부르는 데 사용되었다.

마카비란 말은 구약 외경과 구약위경에 속하는 네 권의 이름에서도 찾아볼 수 있다. 마카비 일서, 마카비 이서, 마카비 삼서, 마카비 사서[1]이다. 처음 두 권은 구약 외경에 속한 책들로 마카비 혁명을 다루고 있지만,

---

1) 마카비 삼서와 마카비 사서에 대해서는 H. Anderson, "3 Maccabees" and "4 Maccabees," in *OTP* 2, 503-64을 참조하라.

나머지 두 권은 구약위경에 속한 책들로 마카비 혁명과 관계가 없으며 이집트의 알렉산드리아 유대인 공동체에서 쓰였다.

마카비 일서는 역사서로 마카비 이서와 함께 마카비 혁명에 관한 매우 중요한 자료이다. 연대순으로 사건들이 배열된 이 책은 주전 175년부터 주전 134년까지 팔레스타인에서 일어났던 역사를 주로 기술하고 있다. 즉, 안티오쿠스의 통치 시작부터 유다의 형제 시몬의 죽음까지 약 40년간의 유대 민족 독립운동의 역사를 주로 다루고 있다.

마카비 일서의 역사 서술 방법은 구약성서의 그것과 매우 유사하다. 저자는 마카비 혁명에 참여했던 마카비 가문家門의 영웅들에 대한 이야기를 사무엘서나 열왕기서의 저자가 위인들을 묘사하는 것처럼 기술하고 있다. 인물 중심으로 역사를 서술하고 있다는 것이다. 또한 신명기 사가처럼, 역사를 통해서 나타나는 하나님의 섭리를 찾아내려 하고 있다. 이러한 유사성은 마카비 일서의 저자가 구약성서의 역사서를 모델로 하여 마카비 혁명에 관한 역사를 서술하고 있다는 것을 말해준다.

마카비 일서의 저작 연대는 요한 힐카누스John Hyrcanus(주전 134-104년)의 통치기간 혹은 그 직후로 추정된다.[2)] 저자는 팔레스타인에 살았던 친親마카비가家의 유대인으로 마카비 혁명에 직접 참여하여 전쟁을 목격

---

2) 골드슈타인(Goldstein)은 알렉산더 얀네우스(Alexander Janneus, 주전 103-76년) 대제사장의 통치 기간의 초기(늦어도 주전 90년 이전)에 쓰였다고 주장했다. Jonathan A. Goldstein, *I Maccabees* (Garden City: Doubleday, 1976), 62-4. 나이켈스버그(Nickelsburg)는 마카비 일서 16:23-24이 요한 힐카누스의 죽음 이후에 쓰였다는 것을 의미한다고 보고 또한 이 책에 로마에 대한 적대심이 나타나 있지 않는 것으로 보아 주전 104-63년 사이에, 특히 알렉산더 얀네우스 때 기록되었다고 보았다. *JL*, 117. 그러나 콜린스(Collins)는 마카비 일서 16:23-24은 요한 힐카누스의 죽음을 필연적으로 전제하지 않는다고 본다. 그는 주장하기를, 만일 이 책이 알렉산더 얀네우스 대제사장의 시대에 쓰였다면, 요한의 계승자에 대한 언급이 있어야 할 것이라고 했다. John. J. Collins, Daniel, *First Maccabees, Second Maccabees* (Wilmington: Michael Glazier, 1981), 149-50.

했던 인물이었다. 그는 히브리어로 마카비 일서를 기술했는데, 여러 가지 공식 외교문서,[3] 당시 회자되던 시詩나 노래, 대제사장 실록實錄, 구전口傳, 자신의 회상 등의 자료들을 사용했다. 오늘날 히브리어 사본은 남아 있지 않으며, 희랍어 번역본만이 가장 오래된 본문으로 존재한다.

| 마카비 일서의 구조 |

마카비 일서는 크게 다섯 부분으로 나누어진다. 첫째 부분(1장)은 서론으로 마카비 혁명의 원인[4]이 된 안티오쿠스 4세 에피파네스Antiochus

---

3) 마카비 일서에 언급된 주요 공식외교문서와 그 연대는 다음과 같다.

마카비 일서	외교문서	연대
8:23-32	로마의 원로원이 유다에게 보낸 편지	주전 161년
10:3-6	데메드리오 1세가 요나단에게 보낸 편지	152
10:18-20	알렉산더 에피파네스가 요나단에게 보낸 편지	152
10:25-45	데메드리오 2세가 요나단에게 보낸 편지	152
11:30-37	데메드리오 2세가 요나단에게 보낸 편지	145
11:57	안티오쿠스 6세가 요나단에게 보낸 편지	145
12:6-18	요나단이 스파르타인들에게 보낸 편지	144
12:20-23	아레오스가 오니아스에게 보낸 편지	주전 약 300년
13:36-40	데메드리오 2세가 시몬에게 보낸 편지	142
14:20-23	스파르타인들이 시몬에게 보낸 편지	142
15:2-9	아티오쿠스 7세가 시몬에게 보낸 편지	139
15:16-21	루기오가 프톨레미 8세에게 보낸 편지	142

4) 마카비 혁명의 원인에 대해서는 천사무엘, "마카비 혁명의 원인과 결과,"「기독교사상」 447 (1996/3), 90-107을 보라. 이에 대한 학자들의 견해는 다양하지만, 크게 둘로 나누어 진다. 즉, 유대인 공동체 내의 갈등 요인(Bickerman, Tcherikover, Bringmann)과 대외적인 요인(Goldstein)이다. 비커만(Bickerman)은 마카비 혁명이 개혁자들과 정통주의자들 사이에 일어난 종교적 갈등으로 일종의 내전(內戰)이라고 보았다. Elias Bickerman,

IV Epiphanes(주전 175-164년)의 박해와 유대인 헬라주의자들Jewish Hellenizers[5])의 반민족적 행위를 언급하고 있다. 둘째 부분(2장)은 이러한 상황에서 마카비 혁명이 처음에 어떻게 시작되었는지를 묘사하고 있는데, 모데인의 제사장인 마따디아의 박해에 대한 저항과 죽음을 다루고 있다. 셋째 부분(3:1-9:22)은 아버지의 뒤를 이은 유다 마카비Judah the Maccabee의 투쟁과 죽음을 서술하고 있으며, 넷째 부분(9:23-12:53)은 유다를 계승한 요나단의 투쟁과 죽음을, 그리고 다섯째 부분(13:1-16:24)은 요나단을 계승한 시몬의 활약과 죽음을 기술하고 있다.

첫째 부분: 이스라엘의 위기(1장)
둘째 부분: 마따디아의 저항(2장)
셋째 부분: 유다의 투쟁(3:1-9:22)
(1) 유다에 대한 찬양(3:1-9)
(2) 안티오쿠스 4세 부하들과의 싸움(3:10-4:35)

The God of the Maccabees: Studies on the Meaning and Origin of the Maccabean Revolt (Leiden: Brill, 1979). 췌리코퍼(Tcherikover)는 마카비 혁명이 예루살렘의 부유한 귀족층의 희랍화 정책에 맞선 평민계층의 반발이라고 주장했다. Victor Tcherikover, *Hellenistic Civilization and the Jews* (Philadelphia: Jewish Publication Society, 1961). 브링만(Bringmann)에 의하면, 마카비 혁명은 안티오쿠스 4세로부터 대제사장직을 매수한 자들의 경제적 착취에 대한 반발이었다. Klaus Bringmann, *Hellenistische Reform und Religionsverfolgung in Judea. Eine Untersuchung zur Jeudisch-hellenistische Geschichte* (175-163 v. Chr.) (Göttingen: Vandenhoeck & Reprecht, 1983). 골드슈타인(Goldstein)에 의하면, 마카비 혁명은 안티오쿠스 4세의 희랍화 정책 추진과정에서 새로운 제의를 유대인들에게 강요한 것이 원인이 되어 일어났다. Jonathan A. Goldstein, *op. cit.*

5) "유대인 헬라주의자"(Jewish Hellenizer)란 말은 희랍의 문화를 선호하고 따르는 유대인들뿐만 아니라, 때로는 비유대적인(non-Jewish) 문화나 종교를 따르는 유대인들에게도 적용되었다. 이에 대해서는 Lester L. Grabbe, *Judaism from Cyrus to Hadrian, Vol. I: The Persian and Greek Periods* (Minneapolis: Fortress Press, 1992), 256-8을 참조하라.

(3) 예루살렘 성전의 정화와 재봉헌(4:36-61)

(4) 인근 적들과의 전쟁(5장)

(5) 안티오쿠스 4세의 죽음과 리시아와의 싸움(6장)

(6) 데메드리오 1세와의 갈등(7장)

(7) 로마와의 조약(8장)

(8) 유다의 전사(9:1-22)

넷째 부분: 요나단의 투쟁(9:23-12:53)

(1) 바키데스와의 전쟁(9:23-73)

(2) 알렉산더 에피파네스와의 관계(10:1-11:19)

(3) 데메드리오 2세와의 관계(11:20-12:38)

(4) 트리폰과의 전쟁(12:39-53)

다섯째 부분: 시몬의 활약(13장-16장)

(1) 트리폰 및 데메드리오 2세와의 관계(13:1-14:3)

(2) 시몬의 통치(14:4-49)

(3) 안티오쿠스 7세와의 관계(15:1-16:10)

(4) 시몬의 최후와 그의 아들 요한(16:11-24)

| 마카비 일서의 내용 |

마카비 일서에는 네 명의 주요 등장인물이 있다. 마따디아와 그의 세 아들인 유다, 요나단, 시몬이다. 이 책은 먼저, 왜 이들이 역사의 전면에 등장하지 않으면 안 되었는지 그 역사적 배경을 언급하면서 시작한다.

알렉산더는 페르시아의 다리우스 왕을 쳐부수고 대제국을 건설하여

12년을 통치했다. 그는 죽을 때, 그의 부하 장교들에게 자기 왕국을 나누어 주고 통치하게 했다(1:1-7).[6] 알렉산더의 부하들과 그들의 후손들은 대를 이어 분할된 영토를 통치했는데, 그들 중 안티오쿠스 에피파네스[7]라는 악의 뿌리가 돋아났다(1:8-10). 당시에 이스라엘에는 민족반역자들이 많이 생겨나서 유대교를 폐하고 이방 풍습을 받아들이자고 선동했었다(1:11-15).[8] 안티오쿠스는 세력을 넓히려 이집트의 프톨레미를 공격하여 여러 요새들을 점령하고 많은 전리품을 빼앗았다(1:16-19).[9] 그는

---

6) 알렉산더 대왕(Alexander the Great, 주전 336-323년)은 336년 20세 약관의 나이에 아버지의 뒤를 이어 왕위에 오르고, 주전 334년부터 페르시아 원정을 시작하여 페르시아의 왕인 다리우스 3세(Darius III Codomannus, 주전 336-331년)를 폐퇴시켰다. 희랍, 이집트, 페르시아, 인도에 이르기까지 광활한 영토를 정복한 그는 제국 전체를 헬라화하려 했다. 그가 323년 바빌론에서 병사하자 그의 부하들 사이에 패권 다툼이 일어나(주전 323-301년), 영토는 셋으로 분할·통치되었다. 즉, 마케도니아는 안티고니드(Antigonid) 왕조가, 이집트는 프톨레미(Ptolemy) 왕조가, 시리아-페르시아는 셀류시드(Seleucid) 왕조가 각각 다스렸다. 알렉산더가 죽기 전 자기 왕국을 그의 죽마고우 장교들에게 나누어 주었다(1:6)는 것은 사실과 다르며, 그의 계승자들이 통치를 정당화하려고 꾸며 낸 선전의 일부였을 것으로 추정된다.

7) 안티오쿠스 에피파네스(Antiochus IV Epiphanes, 주전 175-164)는 안티오쿠스 3세(Antiochus III the Great, 주전 223-187년)의 아들로 그의 형 셀류쿠스 4세(Seleucus IV, 주전 187-175년)를 계승하여 왕이 되었다. 그의 아버지 안티오쿠스 3세는 주전 190년 마그네시아(Magnesia)에서 로마에 패배하여 엄청난 전쟁 배상금을 물어야 했고, 그는 로마에 볼모로 잡혀갔다가 주전 176/175년경 셀류쿠스 4세의 아들 데메드리오가 대신 볼모가 됨으로 풀려났다. 그의 형이 헬리오도루스(Heliodorus)에게 암살되자 곧 왕이 되어 헬라화 정책을 강력히 추진하고 자신을 신(神)으로 숭배케 했다.

8) 안티오쿠스 4세 때 희랍문화를 팔레스틴 유대인 공동체에 들여오고자 했던 주요인물로 대제사장 야손(Jason, 주전 175-172년)과 메넬라오스(Menelaus, 주전 172-162년)를 들 수 있다(마카비 이서 4장). 야손은 대제사장 오니아스 3세(Onias III, 주전 190-174년)의 동생으로 왕에게 뇌물을 주고 대제사장직을 샀으며, 메넬라오스 역시 왕에게 뇌물을 주고 야손의 대제사장직을 빼앗았다.

9) 안티오쿠스 3세와 로마가 주전 188년 맺은 아파메아(Apamea) 조약에는 로마의 우호국들에 대한 침공을 금하고 있지만, 안티오쿠스 4세는 이집트를 침략했다. 제1차 공격은 주전 170-168년에, 제2차 공격은 주전 168년에 있었다. 그러나 수도인 알렉산드리아를 정복하진 못했다.

귀환 길에 예루살렘 성전을 약탈하고 많은 사람들을 죽였다(1:20-28).[10]

그 후 안티오쿠스는 조공 징수관과 군대를 파견하여 유대인들을 무수히 죽이고 약탈하였으며, 예루살렘에 자기 군대가 주둔駐屯할 요새를 세웠다(1:29-40). 또한 그는 다음과 같은 칙령을 내려 유대교의 율법을 지키는 것을 금하고 우상숭배를 강요했다(1:41-51).

> 유대인들은 이교도들의 관습을 따를 것.
> 성소 안에서 번제를 드리거나 희생제물을 드리거나,
> 술을 봉헌하는 따위의 예식을 하지 말 것.
> 안식일과 기타 축제일을 지키지 말 것.
> 성소와 제사장들을 모독할 것.
> 우상들을 위하여 제단과 성전과 신당을 세울 것.
> 돼지와 부정한 동물들을 희생제물로 잡아 바칠 것.
> 사내아이들에게 할례를 주지 말 것.
> 온갖 종류의 음란과 모독의 행위로 스스로를 더럽힐 것.
> 이렇게 하여 율법을 잊어버리고 모든 계율을 바꿀 것.
> 왕의 이와 같은 명령에 순종하지 않는 자는 사형에 처한다(1:44 하-50).

이러한 안티오쿠스의 강압정책에 호응하는 유대인들도 많았지만(1:52), 박해를 피해 피난을 가거나(1:53) 죽음을 무릅쓰고 율법을 지키는 사람들도 있었다. 그들은 율법을 어겨 하나님과의 거룩한 계약을 파기하

10) 당시 안티오쿠스의 성전 약탈을 도왔던 자는 대제사장 메넬라오스였다. 마카비 이서 5:15-21을 보라.

느니 차라리 죽는 것이 더 낫다고 생각했다(1:54-64).

마카비 일서의 저자는 이상과 같은 역사적 배경을 제시한 뒤, 자기가 말하고 싶은 마카비 가문의 이야기를 시작한다. 안티오쿠스의 박해 때 모데인에 마따디아라는 사람이 있었는데, 그는 사제 가문에 속해 있었고 아들이 다섯 있었다(2:1-5). 즉, 요한, 시몬, 유다, 엘르아잘, 요나단이었다. 그는 박해에 시달리는 조국의 암울한 현실을 매우 한탄했다.

> 아! 슬프도다.
> 나는 왜 태어나서 내 민족의 멸망과
> 이 거룩한 도성의 파괴를 보아야 하는가!
> ……
> 그 모든 화려한 장식품들을 빼앗기고
> 자유의 몸이 이제 노예로 되었도다…(2:7-13).

안티오쿠스의 사신이 모데인에 와서 배교를 강요하고 이교 제사를 강요하자 마따디아와 그의 아들들은 완강히 거부했다(2:15-22). 또한 모데인에 사는 어떤 유대인이 이교 제사를 드리자, 마따디아는 그 배교자와 왕의 사신까지 죽이고 제단을 헐어 버렸다(2:23-26). 그리고 율법을 지키기 원하는 사람들을 모아 자기 아들들과 함께 산으로 피신했다(2:27-28). 많은 사람들이 왕의 명령을 피해 산이나 광야로 숨었는데, 왕의 부하들은 안식일을 골라 그들을 공격하였고 안식일이기 때문에 저항하지 않았던 사람들을 1천 명이나 죽였다(2:29-38). 이 소문을 듣고 마따디아와 그의 동지들은 안식일에도 싸울 것을 결의했다(2:39-41). 그러자 일부 하시딤 사람들[11])도 가세하여 마따디아의 세력은 커졌고 결국 군대를 조직하여 저항할 수 있었다. 그는 동지들과 함께 이교 제단을 헐어 버리고 할례를 받게 했으며, 왕의 군대와 맞서 싸웠다(2:42-48). 그리고 죽을 때 아들들에게 계속 투쟁할 것을 유언했다(2:49-70).

> 지금은 오만과 횡포가 득세하는 멸망과 격렬한 분노의 때이다. 나의 아들들아, 그러므로 너희는 이제 열심히 율법을 지키고 우리 조상들이 맺은 계약을 위하여 목숨을 바쳐 헌신하라(2:49-50).

이어지는 이야기는 아버지 마따디아를 계승하여 투쟁을 계속한 유다 마카비에 관한 것이다(3:1). 유다는 용맹하여서 적은 군대를 가지고도 왕의 부하인 아폴로니우스와 세론에 각각 대항하여 승리했다(3:10-24). 그는 "전쟁의 승리는 군대의 다수에 달린 것이 아니고, 하늘이 내려 주는 힘에 달려 있다"(3:19)고 말하며 그의 부하들을 격려했다. 그의 명성은 널리 퍼져 주위의 이방인들을 공포에 사로잡히게 했으며, 왕에게까지 알려졌다(3:25-26). 안티오쿠스 왕은 리시아에게 군대를 주어 유다의 군대를 쳐부수고 유다 땅을 평정하라고 명령했다. 그리고 자신은 페르시아로 원정을 떠났다(3:27-37). 리시아는 왕의 명령대로 유능한 장군들과 막강한 군대를 유다 땅에 파견했다(3:38-40). 규모에 있어서 유다의 군대는 보잘것없었다. 그리하여 그들은 예루살렘 맞은편에 있는 미스바에 모여 하늘을 우러르며 기도했다.

---

11) "하시딤 사람들"(Hasideans)이란 율법을 철저히 지키고자 했던 경건주의자들로 안티오쿠스 4세의 박해 때 처음에는 무저항하며 죽음을 택했으나 나중에는 마카비가의 무력투쟁에 참여했다.

… 당신의 성전은 짓밟히고 더렵혀졌으며 당신의 제사장들은 굴욕의 슬픔에 잠겨 있습니다. 여기 이방인들은 우리를 멸망시키려고 한데 모여 있고 당신은 저들의 음모를 알고 계십니다. 당신께서 우리를 도와주시지 않는다면 우리가 그들을 어떻게 당해 낼 수 있겠습니까?(3:50-53).

기도가 끝나고 율법대로 전열을 정비한 다음(4:55-60), 유다는 군대를 이끌고 전쟁에 나섰다. 그리하여 리시아의 부하인 고르기아 장군의 군대를 맞아 싸워 이겼다(4:1-25). 그리고 이듬해 다시 침공한 리시아의 군대를 패퇴시키고(4:26-35), 예루살렘 성전을 탈환했다(3:36-37). 유다가 예루살렘에 들어가 보니 이방인들에 의하여 짓밟혀진 성전은 폐허가 되어 있었다.

올라가 보니 성소는 황폐해 있고 제단은 더렵혀졌으며 성전 문들은 타 버렸고 성전 뜰에는 마치 숲이나 산같이 잡초가 우거져 있었으며 제사장들의 방은 산산이 부서져 있었다(4:38).

유다는 성전의 제단을 다시 쌓아 정화하고 성전 기물들을 새로 마련했다(4:41-51). 그리고 이방에 의하여 성전이 더렵혀진 삼 년 전 그날 그 시時에 맞춰 성전을 재봉헌했다(4:52-55).[12] 이 봉헌제는 팔일 동안 계속되었다(4:56). 유다의 성전 재봉헌 소식이 주변의 이방나라들에게 알려지자 그들은 몹시 분개하며 자기네 땅에 살고 있던 유대인들을 죽이기 시작했다(5:1-2). 유다와 그의 형제들은 에돔, 갈릴리, 길르앗, 블레셋 지방

12) 성전 재봉헌은 주전 164년 기슬레우(Kislev)월 25일에 행해졌다.

등에 군대를 이끌고 가 이방인들을 굴복시키고 유대인들을 구출해 내었다(5:3-68) .

한편, 리시아에게 정정政情을 맡기고 페르시아로 원정을 갔던 안티오쿠스는 별다른 성과를 거두지 못하다가 유대인들의 승전보를 접했다. 그는 이 소식에 큰 충격을 받아 병상에 눕게 되었고, 이로 인하여 급기야는 이국땅에서 죽음을 맞이하게 되었다(6:1-13). 그는 죽을 때 그의 아들과 왕국을 친구인 필립보에게 맡겼지만, 리시아가 먼저 왕자를 왕위에 앉혀 버렸다(6:14-17).[13]

성전을 재봉헌한 유다는, 기회가 있을 때마다 유대인들을 괴롭히면서 예루살렘 요새에 거주하고 있던 반민족주의들을 소탕하기 위하여 진을 쳤다. 그러나 포위망을 뚫고 나간 자들이 왕에게 자신들의 정황을 알려 왕의 군대가 출동하게 되었다(6:18-31). 유다는 왕의 군대를 맞아 벳즈가리야에서 싸웠는데, 이때 유다의 동생 엘르아잘이 중무장한 적군의 코끼리의 배를 칼로 찔러 죽이다 자신도 깔려 전사했다(6:32-47). 이 전쟁에서 왕의 군대가 우세하여 유다의 군대가 퇴각했지만, 유다를 돕는 요인이 있었다. 그것은 안티오쿠스 4세의 임종을 지켜봤던 필립보가 군대를 이끌고 정권을 잡으러 진격해 오고 있다는 전갈이었다(6:55-56). 이 소식을 듣고 다급해진 리시아는 유다와 화평할 것을 제안하고 조약을 맺어 유대인들의 종교적인 자유를 인정했다(6:57-62).

리시아와 왕은 수도인 안디옥으로 돌아와 필립보를 물리치고 도시를 장악했다(6:63). 그러나 또 다른 피치 못할 위협이 그들을 기다리고 있었다. 그것은 로마에 볼모로 잡혀 있다가 풀려난 데메드리오가 스스로 왕이

---

13) 이때 왕위에 오른 자는 안티오쿠스 5세(Antiochus V Eupator, 주전 164-162년)이다.

라 선포한 것이었다(7:1).[14] 그들은 데메드리오의 군대에 체포되어 처형 당했다(7:2-4).

데미드리오가 왕위에 오르자 유대인 알키모스가 찾아와 유다와 그의 형제들을 고발했다(7:5-7). 왕은 알키모스를 대제사장에 임명하고,[15] 바키데스와 함께 유다 땅에 보내 마카비 형제들을 제거하게 했다(7:8-9). 알키모스는 거짓 화평을 제안하고 유대인들을 속여 많은 사람들을 살해했다. 그리고 대제사장직의 수행을 계속하려 했다. 그러나 유다의 군대가 더 강해졌기 때문에 왕에게 돌아가서 그들을 고발하지 않을 수 없었다(7:10-25). 왕은 니카노르를 보내 유다 땅을 평정하라고 했다(7:26). 그러나 거만한 니카노르는 유다 군대와의 싸움에서 제일 먼저 죽었고, 그의 부하들은 도망쳐 버렸다(7:27-47). 그 뒤 유대 땅은 얼마 동안 평화로웠다(7:50). 이때 유다는 로마에 외교사절단을 보내 로마인들과 우호동맹조약을 맺었다(8장).[16] 이것은 시리아의 속박에서 완전히 벗어나려는 정책이었다(8:18).

데메드리오의 유대 평정 정책은 계속되었다. 그는 니가노르의 패전 소식을 듣고 바키데스와 알키모스를 다시 유대 땅으로 보내 마카비 군대와 싸우게 하였다(9:1). 그러나 이번에는 유다 군대가 패배하였으며, 유다

---

14) 데메드리오(Demetrius I Soter, 주전 162-150년)는 셀류쿠스 4세의 아들이며 안티오쿠스 5세의 사촌으로 안티오쿠스 4세 대신 로마에 볼모로 잡혀 있었다.

15) 요세푸스에 의하면, 안티오쿠스 5세는 대제사장 메넬라오스를 처형하고 알키모스(Alcimus, 주전 162-159년)를 대제사장으로 임명했다. 대제사장 오니아스 3세의 아들 오니아스 4세는 대제사장이 되기를 바랐지만, 비(非)대제사장 가문에서 대제사장으로 임명되자 이집트로 이주했으며 거기에서 레온토폴리스(Leontopolis)에 성전을 짓고 대제사장이 되었다. 요세푸스, 『유대고대사』 12.9.7을 보라.

16) Wolf Wirgin, "Judah Maccabee's Embassy to Rome and the Jewish-Roman Treaty," *PEQ* 101 (1969), 15-20.

는 불행하게도 전사하고 말았다(9:2-18). 유대인들의 영웅이 죽은 것이다. 유다의 형제들은 그의 시신을 모데인에 있는 선조들의 묘지에 묻고 동포들과 함께 통곡했다.

온 이스라엘 사람들은 그를 애통해 했다. 그들은 여러 날 동안 그의 죽음을 슬퍼하면서, '이스라엘의 위대한 구출자가 죽다니 웬일인가' 하고 울부짖었다(9:20-21).

유다 땅에는 다시 반역자들이 들끓었고 유다의 동조자들에 대한 보복이 잇달았다(9:23-27). 그리하여 유다의 동지들은 요나단에게 형을 계승하여 혁명을 계속할 것을 권유하였다(9:28-31).

요나단이 후계자가 되었다는 소식을 듣고 왕의 부하인 바키데스는 그를 제거하려 했다(9:32). 그러자 요나단은 그의 동지들과 후퇴하면서 그의 형 요한을 동지인 나바테아 사람들[17]에게 보내어 짐을 맡기게 했다(9:35). 그런데 도중에 얌브리 사람들이 나타나 물건을 빼앗고 요한을 죽여 버렸다(9:36). 요나단은 얌브리 사람들에게 보복을 감행했다. 그들의 큰 결혼식 행렬을 급습하여 사람들을 죽이고 물건을 빼앗았던 것이다(9:37-42). 이 소식을 들은 바키데스는 군대를 출동시켜 요나단 군대와 요단강가에서 싸웠고 요나단의 군대는 강을 건너 퇴각했다(9:43-49). 바키데스는 예루살렘으로 돌아와 군대와 요새들을 강화했다(9:50-53).

대제사장 알키모스가 성전 벽을 헐다가 죽자,[18] 바키데스는 왕에게 돌아가 버렸다. 그리고 그 후 2년 동안 유대 땅은 다시 평온을 되찾았다

---

17) "나바테아 사람들"(Nabateans)은 요단강의 동편 남쪽 지역에 살고 있던 아랍인들로 유목민들이었다.

18) 대제사장 알키모스가 죽은 후 요나단이 대제사장이 될 때까지, 즉 주전 159-152년 사이에 예루살렘 성전에는 대제사장이 없었는데 이 대제사장 공백 기간을 "인터쌔서토티움"(intersacerdotium=between priesthood)이라 부른다.

(9:54-57). 그러나 헬라주의 유대인들의 반역은 계속되었다. 그들은 왕을 설득하여 바키데스를 다시 유대 땅으로 끌어들여 요나단을 공격하게 했다(9:58-59). 바키데스는 전쟁이 또 다시 실패로 끝나자 유대 반역자들에게 화를 내며 많은 사람들을 죽였다(9:60-69). 그리고 요나단이 제안한 화평을 받아들이고 자기 나라로 돌아갔다(9:70-72). 유대 땅은 다시 평화롭게 되었다.

이스라엘에 다시는 전쟁이 없었으며 요나단은 미그맛에 자리를 잡고 백성을 다스리기 시작했다. 그는 이스라엘에서 하나님을 믿지 않는 사악한 자들을 멸하였다(9:73).

요나단이 유대 땅에서 활약하고 있을 때, 그에 유리하게 작용한 사건이 벌어졌다. 그것은 유대인들을 괴롭히던 데메드리오 왕에게 피할 수 없는 적수가 나타났다는 것이었다. 안티오쿠스 에피파네스의 아들 알렉산더 에피파네스였다.[19] 그는 스스로 왕이라 선포하고 프톨레마이스를 점령하며 데메드리오 왕에게 대항했다(10:1-2). 요나단은 전략적으로 알렉산더 에피파네스를 도울 수 있었기 때문에 데메드리오 왕은 요나단에게 화친을 제의하며 동맹을 맺자고 했다(10:3-14). 이 소식을 들은 알렉산더 에피파네스 역시 요나단에게 편지를 보내 동맹을 제의하고 그를 대제사장으로 임명했다(10:15-20). 요나단은 알렉산더 에피파네스가 보내준 대제사장복服을 입고 대제사장직에 올랐으며 군대를 강화시켜 지위를 공고히 했다(10:21).[20]

---

19) 알렉산더 에피파네스(Alexander Epiphanes, 주전 150-145년)는 알렉산더 발라스(Alexander Balas)라고도 불린다.

20) 요나단이 대제사장직에 오른 것은 셀류시드 왕조 160년 7월 초막절로 주전 152년 10월이었다.

이러한 사실을 안 데메드리오는 더 좋은 조건을 제시하며 요나단의 마음을 돌려놓으려 했다(10:22-45). 그러나 그것은 데메드리오의 행실로 보아 믿기 어려운 제안이었으므로, 요나단은 알렉산더 에피파네스와 동맹관계를 계속 유지했다(10:46-47). 알렉산더 에피파네스는 데메드리오를 쳐서 이기고, 이집트의 공주 클레오파트라[21]를 아내로 맞아 들여 이집트와 우호동맹관계를 맺었다(10:48-58). 이 결혼식에는 요나단도 참석하여 환심을 샀다. 그리고 두 왕으로부터 대제사장으로 인정을 받아 자신의 입지를 강화시켰다(10:59-66). 그러나 삼 년 후, 알렉산더와의 전투에서 전사했던 데메드리오 왕의 아들 데메드리오 — 데메드리오 2세라 칭한다[22] — 가 그레데 섬을 떠나 선조들의 땅에 이르자, 알렉산더 에피파네스는 커다란 정치적 부담을 느꼈다(10:67-68). 데메드리오 2세는 코일레-시리아[23]의 총독인 아폴로니우스를 자기의 사령관으로 임명했다(10:69). 아폴로니우스는 요나단을 굴복시키려고 전쟁을 걸었으나 패배하였다(10:70-87). 자기의 정적이 패퇴되었다는 소식을 들은 알렉산더 에피파네스 왕은 요나단의 승리를 축하하며 왕의 친족에게만 주는 황금띠 죔쇠와 에크론 지역 영도권을 주었다(10:88-89).

---

21) 주전 150년 알렉산더 에피파네스의 아내가 된 공주는 이집트의 왕 프톨레미 6세(Ptolemy VI Philometor, 주전 181-145년)의 딸 클레오파트라 데아(Cleopatra Thea)이다. 그녀는 주전 146년 아버지의 정책에 의해 데메드리오 2세의 아내가 되었고, 데메드리오 2세가 왕위에서 쫓겨나고 페르시아군에 체포된 뒤(마카비 일서 14:1-3), 마카비 일서 15:1에 등장하는 그의 동생 안티오쿠스 7세(Antiochus VII Sidetas, 주전 138-129년)의 아내가 되었다.

22) 데메드리오 2세(Demetrius II, 주전 145-138, 128-125년)는 라스데내스(Lasthenes, 마카비 일서 11:31)와 함께 군대를 이끌고 길리기아(Cilicia)로 왔다.

23) 코일레 시리아(Coele Syria)는 여기에서 시리아-팔레스틴 지역을 가리킨다. 이 용어의 여러 가지 의미에 대해서는 Robert W. Smith, "Coele Syria," *ABD*, Vol. 1, 1075-6을 보라.

알렉산더 에피파네스의 장인인 이집트의 프톨레미 왕은 사위의 영토를 탐내 군대를 주둔시키고 알렉산더 에피파네스의 아내인 자기 딸 클레오파트라를 데메드리오 2세에게 주었다(11:1-13). 알렉산더 에피파네스는 길리기아 원정 중 이 소식을 듣고 돌아와 프톨레미 왕과 싸웠지만, 패배하였고 도망치다가 암살을 당했다(11:14-17). 그리고 삼 일 후 프톨레미 왕도 죽어 데메드리오 2세가 왕이 되었다(11:18-19). 요나단은 데메드리오 2세와 동맹을 맺었고, 군대를 파견하여 안디옥에서 일어난 반란 진압에 가세하기도 하였다(11:20-51). 그러나 사태가 유리하게 되자 데메드리오 2세는 요나단을 괴롭혔다. 그리하여 둘 사이의 관계가 멀어졌을 때, 알렉산더 에피파네스의 부하였던 트리폰이 옛 상전의 아들 안티오쿠스 — 안티오쿠스 6세라 칭한다[24] — 를 왕으로 옹립하고 반란을 일으켜 데메드리오 2세를 몰아냈다(11:52-55). 트리폰의 섭정하에 있는 어린 안티오쿠스 6세는 요나단에게 편지를 보내 대제사장의 지위를 인정해 주고 그의 형 시몬에게도 땅을 주어 영주로 임명했다(11:56-59). 요나단은 영토를 순회하면서, 대항세력을 평정했고 로마 및 스파르타와도 동맹관계를 맺었다(11:60-12:38).

요나단의 힘이 막강하게 되자 왕이 되고 싶어 하는 트리폰의 눈에 거슬렸다. 그래서 트리폰은 자신의 야망을 실현하기 전 요나단을 치려고 군대를 출동시켰다(12:39-40). 그는 요나단을 속여, 자신은 전쟁을 원치 않으며 오히려 영토를 넘겨주기 위해 왔다고 거짓말을 했다(12:41-45). 요나단은 이 말을 듣고 안심이 되어 군대 대부분을 돌려보냈다(12:46-47).

24) 안티오쿠스 6세(Antiochus VI, 주전 145-142년)는 알렉산더 에피파네스와 클레오파트라 데아에 의하여 태어난 아들이다.

그러나 트리폰은 요나단을 프톨레이스로 유인하여 사로잡아 버렸다(12:48-53). 요나단이 잡히자 불안해진 유대인들은 요나단의 형이며 마따디아의 마지막 남은 아들 시몬을 요나단의 계승자가 되게 했다(13:1-9).

시몬은 트리폰의 재침공을 잘 막아 냈지만, 요나단의 목숨은 구해 내지 못했다. 그리고 그의 유골을 모데인에 묻을 수밖에 없었다(13:10-30). 트리폰은 돌아가 안티오쿠스 6세를 살해하고 대신 왕이 되었는데, 이때 시몬은 데메드리오 2세에게 사신을 보내 트리폰의 악행을 고발하고 세금 면제를 요청했다(13:3-40). 트리폰 대신에 데메드리오 2세를 왕으로 여긴 것이다. 데메트리오 2세가 세금을 면제하자 유대인들은 드디어 모든 이방의 속박에서 벗어났다고 여기고, 공식 연호를 "유대인의 대제사장이고 사령관이며 지도자인 시몬 제1년"이라고 쓰기 시작했다(13:41-42).[25]

시몬은 게젤과 예루살렘 요새에 있는 남아 있는 적들을 몰아내고 군대를 강화시켰다(13:43-53). 그리고 로마와 스파르타와의 동맹관계도 갱신했다(14:16-24). 그가 다스리는 동안 유대 땅은 평화로웠고 유대인들의 찬사와 감사를 받았다(14:4-15, 25-49).

> 시몬이 다스리는 동안, 유대 땅은 평온하였다. 그는 자기 민족의 선을 구했고 그의 통치는 그들의 기쁨이 되었다. 그리하여 그가 통치하는 동안, 백성들은 그를 존경했다(14:4).

---

25) 트리폰(Tryphone)의 통치기간은 주전 142-138년이며, 시몬의 연호 제1년은 주전 142년이다. 시몬은 데메드리오 2세가 세금을 면제한 해부터 공식 연호를 쓰기 시작했다. 시몬의 대제사장권에 대해서는 Joseph Sievers, "The High Priesthood of Simon Maccabeus: An Analysis of I Macc 14:25-49," *SBL* (1981), 309-18을 보라.

모든 유대인들과 그들의 제사장들은 진정한 예언자가 나타날 때까지 시몬을 영구적인 영도자, 대제사장으로 삼는다는 결정을 했다(14:41).

데메드리오 2세가 트리폰과 싸우기 위하여 메데에 원조를 요청하다 페르시아와 메데의 왕 아르사케스에게 포로가 된 후(14:1-3),[26] 데메드리오 1세의 아들이며 데메드리오 2세의 동생인 안티오쿠스 — 안티오쿠스 7세라 칭한다 — 는 빼앗긴 왕조를 되찾으려 했다. 그는 진군에 앞서 시몬에게 편지를 보냈다(15:1-9). 그 내용은 매우 호의적이어서 면세 조치를 인정해 주고 화폐 주조를 허락하며 침공하지 않을 것을 약속하는 것이었다. 트리폰을 공격할 때 시몬이 잠잠하기를 원하는 편지였다. 그러나 안티오쿠스 7세는 트리폰을 몰아내고 왕위에 오르자 시몬과의 약속을 깨고 우의를 끊어 버렸다(15:25-27). 그리고 시몬이 그의 무리한 요구를 묵살하자 군대를 보내 양민을 학살하고 시몬을 치러 군대를 보냈다(15:28-41). 시몬은 늙었으므로 그의 아들들에게 맞서 싸우게 하였는데 다행히도 이겼다. 이때 요한의 활약이 매우 컸다(16:1-10).

시몬의 최후는 불행하게도 야심 있던 사위 프톨레매오의 반역에 의하여 끝났다. 여리고 평야의 사령관이었던 이 야심가는 민정시찰을 하던 시몬과 그의 두 아들을 도크라는 요새에서 술에 취하게 한 뒤 살해하였다(16:11-16). 그리고 왕에게 이러한 반란의 사실을 알리려 응원병을 요청했고, 게젤을 지키던 시몬의 아들 요한도 죽이려 군대를 보냈다(16:17-19).

---

26) 데메드리오 2세는 파르티아 제국(Parthian Empire)을 세운 아르사케스 6세(Arsaces VI, 주전 171-138년)에게 포로가 되었다. 아르사케스 6세는 데메드리오 2세를 친절하게 대해 주고 나중에는 그의 누이와 결혼하게 했다. 주전 129년 안티오쿠스 7세가 파르티아에 패하자 데메드리오 2세는 석방되어 시리아의 왕으로 복귀했다.

뿐만 아니라 예루살렘과 성전을 빼앗으려 군대를 보내기도 했다(16:20). 그러나 이 모든 일이 요한에게 먼저 알려졌다. 요한은 프톨레매오의 군대가 자기를 죽이러 오자 그들을 체포해 죽여 버렸다(16:21-22).

마카비 일서의 실제 이야기는 여기에서 끝난다. 저자는 시몬의 아들이며 대제사장이었던 요한[27]의 역사에 대해서는 실록에 기록되어 있다고 말하며 마따디아와 그의 아들들의 유대 민족 독립운동의 이야기를 마친다(16:23-24).

이제 마카비 일서에 나오는 주요 사건들을 연대순으로 배열하면 다음과 같다.

175년: 안티오쿠스 4세의 통치 시작
167년: 예루살렘 성전에서 이교제사가 올려짐. 마따디아의 저항 시작.
166년: 유다 마카비가 마따디아를 계승함.
164년: 성전 재봉헌식 거행. 안티오쿠스 4세 페르시아에서 사망.
162년: 유다 마카비가 종교의 자유를 획득함.
160년: 요나단이 유다를 계승함.
152년: 요나단이 대제사장이 됨.
142년: 시몬이 요나단을 계승함. 시몬이 세금면제 혜택을 얻음.
134년: 시몬이 죽고 요한 힐카누스가 계승함.

27) 요한 힐카누스(John Hyrcanus, 주전 134-104년)는 아버지 시몬의 뒤를 이어 대제사장이 되었다.

| 마카비 일서의 목적 |

마카비 일서는 주전 2세기에 있었던 유대 독립운동의 역사를 마카비 가家의 관점에서 쓴 책이다. 이 책의 저자는 민족 독립운동의 주체를 마따디아와 그의 아들들로 보았다. 그리고 유대 민족이 외세外勢와 반역자들의 박해를 극복하고 독립을 쟁취한 것은 바로 이들이 활약한 결과라고 여겼다. 뿐만 아니라, 이러한 독립운동은 하나님께서 이스라엘을 구원하기 위하여 마카비가라고 하는 특정인들에게 맡겨 준 고유의 임무로 여겼다.

> 이토록 크게 패배한 것은 그들이 유다와 그의 형제들의 말을 듣지 않고 자기들이 큰 공을 세우려고 생각했기 때문이었다. 그러나 그들은 하나님께서 이스라엘을 구원하는 임무를 맡기신 가문에 속하지 아니했던 것이다(5:61-62).

그러기 때문에 마카비 일서는 마카비가를 "참 이스라엘"로 묘사하고 그들을 반대한 유대인들을 반역자나 율법을 저버린 자 혹은 공을 세우려는 자 등으로 단죄한다. 또한 마카비가 이외에 다른 사람들의 성공적인 민족 독립운동 활약상을 말하고 있지 않다. 이러한 "마카비 혁명사"로서의 유대 민족 독립운동사가 하스몬 왕조Hasmonean Dynasty 때에 쓰였다고 하는 것은 매우 중요하다. 왜냐하면, 그것은 곧 민족 독립운동의 주체인 마카비 형제들이 이룩한 이 왕조가 어떻게 그리고 왜 탄생하게 되었는지를 밝혀 주는 것을 의미하기 때문이다. 즉, 왕조 탄생의 정통성과 합법성을 보여주기 때문이다.

하스몬가는 전통적인 대제사장 가문은 아니었다. 따라서 유대 민족의 독립과 종교의 자유를 탈환한 뒤 전통적인 대제사장 가문의 사람으로 하여금 대제사장직을 잇게 하는 것은 유대교에 충실하고 율법을 철저히 지키는 자들이 취할 당연한 도리였을 것이다. 그러나 하스몬가는 대제사장직을 계속 승계하며 왕조를 이어나갔다. 이것은 요나단 이후 대제사장 가문이 된 하스몬 왕조가 약화되거나 정통성에 문제를 제기하는 세력의 저항을 받을 때, 왕조의 뿌리가 합당하다는 것을 보여줄 역사적 근거가 필요하다는 것을 의미했다. 즉, 왕조의 정통성과 합법성을 역사적으로 규정해 줄 수 있는 "왕조 선전dynastic propaganda"이 필요했다는 것이다. 마카비 일서는 바로 이러한 목적을 위해서 쓰였다고 할 수 있다.

| 주요 신학사상 |

율법 준수

마카비 일서에서 제일 강조되는 것은 율법에 대한 준수이다. 저자에 의하면, 마카비 혁명은 율법을 지키기 위하여 일어난 혁명이다. 안티오쿠스가 율법을 지키지 못하게 하고 자신의 명령에 따르도록 할 때 그리고 헬라주의 유대인들이 율법을 저버릴 때, 마따디아는 배교자를 죽이면서까지 자신의 율법에 대한 열성을 과시했다. 그리고 결국에는 율법에 열성적인 사람들을 모아 항쟁을 시작했다.

> 이렇게 해서 마따디아는 전에 비느하스가 살루의 아들 지므리를 찔러 죽였을 때처럼 율법에 대한 열성을 과시하였다. 그리고 마따디아는

거리에 나서, "율법에 대한 열성이 있고 우리 조상들이 맺은 계약을 지키려고 하는 사람은 나와 함께 나섭시다" 하고 큰 소리로 외쳤다(2:26-27).

마따디아는 죽을 때에도 아들들에게 "율법을 굳게 지켜라"(2:64)고 유언을 했으며, 그의 아들들은 아버지의 명령에 따라 전쟁 중에도 율법을 철저하게 지키고자 했다. 율법을 폐지하려거나 지키지 않는 자들은 모두 그들의 적이었으며, 율법을 지키는 자들은 동지였다. 그들은 율법을 지키기 위해 재산을 버리고 고향을 등졌으며, 율법을 어기고 이교도의 관습을 따라 몸을 더럽히느니 차라리 죽음을 택했다. 그들이 율법을 지킬 때 적은 군대로도 강한 적을 물리칠 수 있고, 율법을 지키지 않을 때 하나님의 진노가 있다고 믿었다. 또한 그들은 율법을 어기는 자들에 의해 짓밟혀진 성전을 탈환하기 위하여 투쟁했고, 율법에 따라 성전을 정화하고 재봉헌했다. 이것은 마카비 혁명이 율법을 위하여 일어난 항쟁이며, 율법에 의한 투쟁이라는 것을 의미했다. 그들에게 있어서 율법을 지키는 것은 곧 하나님의 명령에 순종하는 것이었고, 하나님에 대한 신앙 그 자체였다.

마카비 일서는 율법의 철저한 준수를 강조하지만, 특별한 상황에 대해서는 융통성을 보여준다. 예를 들면, 마카비 혁명에 참여했던 자들은 안식일을 철저히 지키지 못했다. 왜냐하면 안식일에 적들이 공격할 때 율법에 따라 싸우지 않는 자들이 몰살당하는 것을 보고, 안식일에 전쟁이 벌어지면 싸우기로 결의했기 때문이었다. 이러한 결의는 혁명의 참가자들이 율법을 저버렸다는 것을 단순히 의미하지 않는다. 오히려, 현실주의자들이었다는 것을 의미한다. 또한, "사람이 율법을 위해 있는 것이 아니라 율법이 사람을 위해서 있다"는 율법정신의 실천자들이었다는 것을 보여준다. 율법은 지키는 사람들이 있을 때만이 존재가치가 있으며, 그렇지 못할 때 그 존재의미는 상실되는 것이다.

예언의 중지

마카비 일서의 저자는 학개, 스가랴, 말라기와 같은 구약성서의 마지막 예언자들 이후 예언이 중지되었다고 보았다. 그의 시대는 예언자가 나타나지 않는 시대요 예언이 없는 시대라는 것이다. 그러므로 참 예언자의 지시가 필요한 사안들의 처리는 그가 나타날 때까지 기다려야 한다고 여겼다.[28)]

> 그래서 그들은 그 제단을 헐어 버리고 그 돌들을 예언자가 나타나 그 처리방법을 지시할 때까지 성전 산 적당한 곳에 쌓아 두었다(4:46).

> 이렇게 하여 이스라엘은 예언자들이 자취를 감춘 후 처음 맛보는 무서운 압박을 받게 되었다(9:27).

> 진정한 예언자가 나타날 때까지 우리는 시몬을 영구적인 영도자, 대제사장으로 삼는다(14:41).

말라기 이후 이스라엘에서 예언이 중지되었다고 하는 것은 마카비 혁명시대에 유대인 공동체에서 일반적으로 받아들여지고 있었던 견해였다.

---

28) 마카비 일서의 저자는 요한 힐카누스의 통치 때 예언이 재등장했다고 믿은 듯하다. Jonathan A. Goldstein, *op. cit.*, 13. n. 13 와 요세푸스, 『유대고대사』 13.10.7을 참조하라.

인과응보(因果應報)

마카비 일서는 원수를 철저히 갚아야 한다는 것을 강조한다. 마카비 가문의 사람들은 율법을 어긴 자들, "참 이스라엘"에게 박해를 가하는 자들, 그리고 자기 형제를 죽인 자들을 적敵으로 간주하고 싸웠다. 그리고 그들에 대한 군사적 행위는 원수에 대한 철저한 응징으로 이해했다. 즉, 그것은 형제나 동포들의 원수를 갚는 것이었고, 경건한 유대인들을 학대한 이방인들에게 복수하는 것이었다. 또한 그것은 정의를 지키는 행위였고 율법을 구하는 신앙의 실천이었다.

적에 대한 응징의 과정에서 행해진 잔악한 모든 행동들은 인과응보의 행위로 정당화되었다. 원수들이 당연히 받아야 하는 죄의 값이라는 것이다. 이것은 "눈에는 눈, 이에는 이"라고 하는 구약성서의 율법을 실천한다는 의미가 내포되어 있었다. 즉, 적에 대한 인과응보의 응징 행위 자체가 율법의 실천으로 이해되었던 것이다.

적敵을 철저하게 응징해야 한다는 마카비 일서의 잔인한 가르침은 원수를 용서하고 사랑하라는 예수의 가르침과는 정면으로 배치된다. 그렇다고 마카비 일서의 종교적 문서로서의 가치를 평가절하하거나 마카비 혁명이 윤리적인 정당성을 결여했다고 일방적으로 판단할 수는 없다. 그러한 판단은 당시의 절박한 역사적 상황을 무시하는 것이다. 마카비 일서에 나타나 있는 인과응보의 사고에는 철저한 응징과 복수가 아니면 자신들이 죽을 수밖에 없고, 결국에는 하나님을 믿는 신앙마저 사라지게 될지 모른다는 절박한 현실이 반영되어 있다는 것을 고려해야 한다. 전쟁이라는 절박한 상황을 감안하여 마카비 일서의 인과응보 사상을 이해해야 한다는 것이다. 이것은 이러한 사상이 당시의 현실을 감안하여 긍정적으로 이해되어야 한다는 것을 의미한다.

2. 마카비 이서

마카비 이서는 주전 180년에서 161년까지, 약 20년간 팔레스티나 유대인들이 겪은 박해와 투쟁의 역사를 기록하고 있는 역사서이다. 대제사장 오니아스 3세의 통치 위기에서부터 유다 마카비에 의한 니카노르 군대의 패배에 이르기까지를 다루고 있는 이 책은 초기 마카비 혁명을 이해하는 데 중요하다. 마카비 이서의 가장 큰 특징 중의 하나는 다른 역사서의 요약집이라는 것이다. 저자는 책의 앞부분에서 이와 같은 사실을 밝히고 있다.

> 키레네 사람 야손이 쓴 다섯 책 속에 다음과 같은 기록이 있다. 유다 마카비와 그의 형제들의 이야기, 위대한 성전의 정결예식과 제단 봉헌에 관한 이야기… 등이다. … 키레네 사람 야손이 이렇게 자세하게 써 놓은 이야기를 우리는 요약해서 책 한 권에 담으려 한다(2:19-23).

저자는 자신이 쓰고 있는 마카비 이서가 키레네 사람 야손Jason of Cyrene의 책을 요약한 것이라고 한다. 야손이 누구인지 그리고 그가 쓴 다섯 권의 역사책이 어떠한지 우리는 알지 못하지만, 이 책이 주전 161년경에 희랍어로 쓰였을 것으로 여겨진다. 이 책에는 마카비 혁명에 관한 자세한 내용이 기록되어 있었던 것 같다.

마카비 이서는 키레네 사람 야손의 역사책을 단순하게 요약하고 있지 않다. 저자는 자기 나름대로의 목적과 방법을 가지고 요약에 임했는데, 원저자를 '건축가'로 그리고 요약자인 자신을 '장식가'로 비유하고 있다.1)

> 우리는 이 책을 읽는 사람들에게 흥미를 주고 그 내용을 기억하려는 사람들이 쉽게 할 수 있으며 모든 독자들에게 유익을 줄 수 있도록 힘쓰겠다. … 집을 새로 지을 때에 건축가는 집 구조 전체를 보살펴야 하지만 납화나 사생화로 장식할 책임을 맡은 사람은 그 집에 알맞은 장식이 되도록 연구해야 한다. 우리의 경우도 이와 마찬가지라고 생각한다. … 요약한 책을 쓰려고 하는 사람은 사건의 세밀한 내용을 피하고 표현을 간결하게 하면 되는 것이다(2:25-31).

저자는 독자들에게 흥미와 감동을 주기 위하여 마카비 이서를 썼다는 것이다. 실제로 마카비 이서를 읽어 보면 저자의 이러한 의도가 반영되어 있다는 것을 알 수 있다. 즉, 저자는 다양한 수사학적 표현들을 사용하면서 사건들을 극적劇的으로 묘사하고 있는데, 이것은 독자들의 상상력과 감성에 호소하면서 감동과 흥미를 자아내기 위한 것이다. 이러한 문학적 특성 때문에 마카비 이서를 '감동적 역사서pathetic history'라고 부르기도

---

1) 마카비 이서 1:1-2:18은 편지이며, 3:24-25, 27-28, 30; 4:17; 5:17-20; 6:12-17; 7:1-42; 9:18-27; 12:43-45; 14:37-46; 15:36-39은 요약자의 글로 여겨진다. 이것들은 야손의 책에는 없었던 것 같다. H. W. Attridge, "Historiography," in *JW*, 178. n. 61.

한다.[2]

마카비 이서는 주전 124-63년경에 쓰였다. 주전 124년을 저작연대의 상한선(*terminus a quo*)으로 잡는 것은 1:1-9에 있는 '이집트의 유대인들에게 보내는 첫 번째 편지'가 셀류시드 해the Seleucid year '백 팔십 팔년'(1:9) 즉, 주전 124년의 것이기 때문이다. 또한 저작연대의 하한선(*terminus ad quem*)을 로마의 폼페이 장군이 팔레스티나를 정복한 주전 63년으로 잡는 것은 로마인들에 대한 적대심이 마카비 이서에 나타나지 않을 뿐만 아니라, 예루살렘이 히브리인들에 의해 장악되고 있다는 15:37의 언급 때문이다. 저자는 이집트의 알렉산드리아에 살았던 유대인으로 수사학에 대한 교육을 받은 자였다. 그는 하스몬 왕조에 대해서는 부정적이었지만, 예루살렘 성전에 대해서는 매우 열정적인 경외심을 가지고 있었다. 그는 희랍어로 쓰인 야손의 책을 역시 희랍어로 요약하면서 이 책을 썼다.

| 마카비 이서의 구조 |

마카비 이서는 크게 네 부분으로 나누어진다. 첫째 부분(1:1-2:18)은 이집트 유대인들이 성전 재봉헌제인 하누카 축제the feast of Hanukkah를 지키도록 권고하는 두 개의 편지로 구성되어 있다. 둘째 부분(2:19-32)은 저자의 서문이며, 셋째 부분(3:1-15:36)은 역사로 예루살렘 성전이 어떻게 짓밟혀지고 다시 회복되었으며 재봉헌 되었는지를 말해주고 있다. 그리고 넷째 부분(15:37-39)은 저자의 맺는말이다. 이 책의 중심이 되는

2) Jonathan A. Goldstein, *I Maccabees* (Garden City: Doubleday, 1976), 34.

셋째 부분의 구조에는 범죄-징벌-회개-심판(악인들에게)과 구원(의인들에게)이라는 신명기 신학적 주제가 사용되어 있다.

첫째 부분: 두개의 권고 편지(1:1-2:18)

(1) 이집트의 유대인들에게 보내는 첫 번째 편지(1:1-9)

(2) 이집트의 유대인들에게 보내는 두 번째 편지(1:10-2:18)

둘째 부분: 저자의 서문(2:19-32)

셋째 부분: 역사(3:1-15:36)

(1) 축복: 대제사장 오니아스 3세 때의 예루살렘(3:1-40)

(2) 범죄: 예루살렘의 헬라화 추진(4:1-5:10)

(3) 징벌: 안티오쿠스의 박해(5:11-6:17)

(4) 전환점: 순교자들의 죽음과 백성들의 기도(6:18-8:4)

(5) 심판과 구원: 유다의 승리(8:5-15:36)

넷째 부분: 맺는말(15:37-39)[3]

| 마카비 이서의 내용 |

마카비 이서는 초기 마카비 혁명에 대한 역사를 주로 이야기하고 있지만, 팔레스티나 유대인들이 이집트 유대인들에게 보낸 두 개의 편지와 함께 시작하고 있다. 주전 124년에 보내진 첫 번째 편지는 이집트 땅에서도 하나님의 계명과 성전 재봉헌 축제를 지키도록 권고하는 것이다

3) *JL*, 118.

(1:1-9). 두 번째 편지는 첫 번째 편지에 바로 이어져 있다. 이것은 첫 번째 편지보다 그 내용이 더 길고 자세하지만, 결국 같은 권고의 내용으로 예루살렘에서 성전 재봉헌 축제를 지키는 것처럼 이집트에서도 그 축제를 지키도록 권하는 것이다(1:10-2:18). 아리스토불루스[4]와 이집트 유대인들이 수신자로 되어 있는(1:10) 이 두 번째 편지는 처음 부분(1:11-17)에서 안티오쿠스 왕이 어떻게 죽었는지를 다루고 있고,[5] 두 번째 부분(1:18-2:18)에서는 성전예배 때 사용되었던 불(火)의 역사[6]에 대해서 이야기하고 있다.

마카비 이서의 저자는 이제 성전 재봉헌 축제 및 그 기원과 밀접한 초기 마카비 혁명의 역사를 소개하려 한다. 그는 이것을 그 축제의 역사적 근거로 말하고 있다. 그러나 저자는 이 역사를 자신이 직접 자료를 수집하여 창의적으로 쓰지 않고, 키레네 사람 야손이 이에 대해서 쓴 다섯 권의

---

4) 이집트의 알렉산드리아에서 활동했던 유대인 궁중철학자 아리스토불루스(Aristobulus)의 연대는 분명하지 않지만, 일반적으로 프톨레미 6세(Ptolemy VI Philometor, 주전 181-145년) 때로 여겨진다. 자세한 것은 *HJP* 3, 579-87을 참조하라.

5) 안티오쿠스 4세의 죽음에 관한 이야기는 마카비 이서 1:11-17과 9장에 언급되어 있는데, 이 둘에서 말하고 있는 독재자의 죽음은 서로 다르다. 전자에 의하면 그는 페르시아의 나네아(Nanea) 여신의 신전을 약탈하다가 그곳의 제사장들에 의해 신전 내에서 살해되었으나, 후자에 의하면 그는 페르시아의 어떤 신전을 약탈하려다 후퇴한 뒤 말에서 떨어져 병고로 죽었다. 전자의 이야기는 허구지만, 후자의 이야기는 마카비 일서 6:1-16과 매우 비슷하여 어느 정도 역사성이 있다고 평가된다. 역사적으로, 페르시아의 수사에 있는 바알 신전을 약탈하다 죽은 희랍 왕은 안티오쿠스 4세의 아버지 안티오쿠스 3세(Antiochus III the Great, 주전 223-187년)였다.

6) 두 번째 편지에서 소개되는 불에 대한 이야기는 역사적인 신빙성이 없는 전설이다. 콜린스에 의하면, 이 전설은 두 가지 이유 때문에 마카비 이서의 처음에 언급되어 있다: (1) 1:18에 언급된 "성화의 축제"(the feast of the fire)를 위한 근거를 부여한다; (2) 솔로몬에서 예레미야, 느헤미야 그리고 희랍시대까지 이어지는 성전예배의 연속성의 근거를 제시한다. 콜린스는 이러한 전설이 바벨론 포로기 이후, 특히 희랍시대에 성전의 정통성에 의문을 제기하는 사람들이 있었기 때문에 생겨났다고 주장했다. John J. Collins, *Daniel, First Maccabees, Second Maccabees* (Wilmington: Michael Glazier, 1981), 274-5.

역사책을 요약하면서 제시한다. 저자는 야손의 책 내용을 간략하게 소개한 다음(2:19-22), 이 책을 기억하기 쉽고 간략하며 흥미 있게 한 권에 요약한다고 밝히고 있다(2:23-32).

마카비 이서의 저자는 대제사장 오니아스[7] 때에 있었던 예루살렘 성전의 위기에 관한 이야기와 함께 마카비 혁명의 이야기를 시작한다.[8] 이것은 안티오쿠스 4세의 통치 이전에 있었던 사건으로, 유대인 공동체 내부의 갈등 때문에 외세가 개입해 일어난 예루살렘 성전의 약탈 위기를 어떻게 잘 극복했는지를 말해 주고 있다.

> 저자는 오니아스와 그 당시의 성전 운영에 대해서 매우 호의적이다. 대제사장 오니아스의 경건 심과 악을 멀리한 덕으로 거룩한 도성에서는 평화가 계속되었으며 율법이 엄격히 지켜졌다. 그 때에 이교도들의 왕들도 성소를 존중히 여기고, 최고의 선물을 바쳐서 성전의 영광을 드러냈다(3:1-2).

오니아스 대제사장시대의 평화는 성전의 경리책임자였던 시몬[9]이

---

7) 오니아스(Onias)는 요하난(Johanan)의 희랍어 표기다. "대제사장 오니아스"는 오니아스 3세(Onias III)로 아버지인 대제사장 시몬(Simon the Just or Simon II, 집회서 50:1-21) — 오니아스 2세의 아들 — 을 주전 190년경 계승했다. 그는 친이집트 사람(pro-Egyptian)으로 극단적 헬라주의자들(Hellenizers)인 친시리아파들(pro-Syrians)과 마찰이 있었다.

8) 마카비 일서는 안티오쿠스 4세에 의한 위기와 함께 시작하지만, 마카비 이서는 셀류쿠스 4세 때 있었던 예루살렘 유대공동체 내의 불화와 함께 시작한다. 유다 통치의 결정적 위기는 외세에 의한 것이라기보다는 내부의 사악한 자들에 의해 자행되었다는 것이 마카비 이서의 관점이다.

9) 시몬은 유대인 재력가 토비아스(Tobias)의 손자로 친시리아 사람이었다. 토비아스는 요단강 동편(Transjordan)에 있는 요새의 소유자로, 대제사장 오니아스 2세(Onias II)의 누이와 결혼했었다.

란 반역자에 의해서 깨졌다. 대제사장과 시몬 사이에 예루살렘 시장의 관리권 때문에 의견 충돌이 생겨 문제가 발생한 것이다(3:4). 이때 시몬은 대제사장을 꺾을 수 없자 당시 팔레스티나 지역을 통괄하고 있던 코일레-시리아Coele-Syria와 페니키아의 총독 아폴로니우스[10]에게 가서 성전 금고에 많은 돈이 있으며 왕은 이것을 가질 수 있다고 모함했다(3:5-6).

아폴로니우스가 왕에게 이 사실을 고하자 왕[11]은 헬리오도로스[12]를 예루살렘으로 보내 그 돈을 몰수해 오라고 명령했다(3:7). 헬리오도로스는 민정시찰로 가장하고 예루살렘에 와, 대제사장 오니아스에게 돈에 대한 사실 여부를 캐물었다(3:8-9). 오니아스는 성전에 어느 정도의 돈이 있지만, 그 돈의 일부는 과부와 고아들을 위한 것이고 또 다른 일부는 히르카노스[13]의 것이며, 시몬의 말은 거짓이라고 대답했다(3:10-11). 그러나 헬리오도로스는 왕의 명령대로 그 돈을 빼앗기 위하여, 돈이 있는 곳으로 들어갔다(3:13-14). 이러한 소식이 알려지자 예루살렘은 큰 근심에 싸였고 제사장들과 백성들은 하나님께 도와달라고 기도했다. 대제사장도 큰 비통에 잠겼다.

> 제사장들은 제복을 입고 제단 앞에 엎드려 하늘을 향하여 율법을 주신 그 분께 맡겨진 돈에 관하여 부르짖으며, 돈을 맡긴 사람들을 위해

10) 아폴로니우스(Apollonius)는 주전 175년 셀류쿠스 4세의 죽음과 함께 총독직을 물러났다.

11) 여기에서 "왕"은 셀류쿠스 4세다. 그는 선왕인 안티오쿠스 3세가 로마와의 전쟁에서 패한 뒤 지불해야 하는 막대한 전쟁 배상금의 상환을 물려받았기 때문에 많은 돈이 필요했다.

12) 헬리오도로스(Heliodorus)는 안티오쿠스 4세의 죽마고우로 시리아의 총리대신에 올랐으나, 왕권을 탐하여 왕을 암살했다. 그러나 왕위에 오르지는 못했다.

13) 히르카노스(Hyrcanus)는 재력가 토비아의 손자이고 요셉의 막내아들이며, 시몬(3:4)의 이복형제로 예루살렘의 장로들과 불화관계에 있었다. 그는 친이집트파였는데, 주전 175년 안티오쿠스 4세의 즉위 후 자살했으며 그의 재산은 셀류시드 왕가에 의해 몰수당했다.

그 돈이 완전하게 지켜지도록 기도했다. … 백성들도 전능하신 주님께 부르짖었다…(3:15-22).

백성들의 합심기도에 대한 하나님의 응답이 나타났다. 성전에 침입한 헬리오도로스와 그의 부하들이 하나님의 힘에 압도되어 기절해 버린 것이다(3:24). 헬리오도로스는 하나님의 천사들에게 호되게 매를 맞고 거의 죽게 되어, 들것에 실려 성전 밖으로 나올 수밖에 없었다(3:25-29). 그는 오니아스가 죄를 범한 자신을 위해 희생제물을 드리자 그를 좋게 생각했다. 그리고 우호관계 속에서 대제사장과 헤어져 왕에게 돌아갔다. 그는 왕에게 자기가 목격한 하나님의 기적을 모두 증언하였다(3:35-36). 이스라엘 백성들은 구원해 주신 하나님께 찬미를 드렸고, 예루살렘 성전은 다시 기쁨과 즐거움으로 가득 차게 되었다(3:30).

그러나 시몬의 반역은 여기에서 끝나지 않았다. 그는 헬리오도로스를 공격한 것은 바로 오니아스라고 모함하였고 그의 심복 중 하나는 많은 유대인들을 살해했다(4:1-3). 오니아스는 총독 아폴로니우스가 이러한 시몬의 악행을 조장만 하고 있는 것을 보고 왕을 찾아갔다(4:4-5). 마카비 이서의 저자는 오니아스가 왕을 방문한 것에 대해 이렇게 평가한다.

그 목적은 자기 동족을 고발하기 위한 것이 아니라 온 백성과 개개인의 이익을 도모하려는 것이었다(4:5).

오니아스가 왕을 방문하여 그 결과 어떠했는지는 마카비 이서에 언급되어 있지 않다. 셀류쿠스 4세는 오니아스가 안디옥에 도착하기 전 헬리오도로스에 의해 암살당했기 때문에 그러한 언급이 없는 것은 당연하다.

안티오쿠스 에피파네스가 셀류쿠스 4세[14]의 뒤를 이어 왕위에 오르자 대제사장이었던 오니아스의 동생 야손은 왕에게 돈을 주고 대제사장직을 매수했다(4:7-9). 야손은 대제사장직에 오르자, 반율법적인 헬라식 생활방법을 도입하고 경기장[15]을 건축하는 등 헬라화 정책을 적극 추진하였다(4:10-12). 이것은 전통적인 유대교를 포기하고 이교 문화를 받아들이는 것으로, 하나님의 율법을 어기는 것이었다. 마카비 이서는 이러한 일이 앞으로 어떻게 하나님의 심판으로 나타날지 다음과 같이 암시하고 있다.

> 신성한 율법을 어긴다고 하는 것은 결코 가벼운 일이 아니다. 이러한 사실은 후대의 사건들이 증명해 줄 것이다(4:17).

야손의 반역적 행위는 오래가지 못하였다. 그는 메넬라오스[16]를 왕에게 특사로 보냈는데, 이 사신이 왕에게 돈을 주고 대제사장직을 매수함으로써 삼 년 동안 누리던 권좌에서 쫓겨나 암몬으로 도망가게 되었다(4:23-26). 다른 한편, 메넬라오스는 대제사장직에 올랐지만, 왕에게 약속한 돈을 바치지 않아서 왕에게 불려가게 되었다(4:27-29). 그러나 이때 길리기아의 도시들Cilician cities에서 폭동이 일어났다. 그 지역이 왕이 첩

---

14) 안티오쿠스 4세 에피파네스(Antiochus IV Epiphanes, 주전 175-164년)는 셀류쿠스 4세(Seleuchus IV, 주전 187-175년)의 동생이다. 그는 문화적 통일성을 이룩하여 왕국을 강화하려고 헬라화 정책을 적극 추진하였다. 이것은 반이집트적인 동시에 친시리아적 정책이었지만, 유대인들에게는 이방 종교의 강요를 의미했다.

15) 경기장(gymnasium)은 스포츠뿐만 아니라 정치교육과 문화교육의 중심지였으며, 안디옥의 시민권자들만이 참여할 수 있었다.

16) 메넬라오스(Menelaus)는 오니아스를 모함한 시몬의 동생으로(3:1-6), 주전 172-162년까지 대제사장직에 있었다.

인 안티오키스에게 선물로 주어졌기 때문에 일어난 반발이었다(4:30).[17] 왕은 안드로니쿠스에게 왕실을 위임하고 폭동 진압에 나섰는데, 이때 메넬라오스는 안드로니쿠스에게 뇌물을 바쳤다(4:31-32). 그러나 그 뇌물은 성전의 금 그릇을 훔친 것이었다. 그는 이전에도 성전의 기물을 팔아먹은 적이 있었다(4:32).

메넬라오스의 비행을 알게 된 오니아스는 안디옥 근처 다푸네[18]에서 그를 매우 비난했다(4:33). 그리하여 메넬라오스는 안드로니쿠스에게 다푸네에 있는 오니아스를 살해하게 했다(4:34). 이와 같이 부당한 사건은 많은 사람들을 분노케 했고 왕은 결국 안드로니쿠스를 죽여 버렸다(4:38). 저자는 이것을 주님께서 가해자에게 내리신 마땅한 벌이라고 평가한다(4:38).

메넬라오스가 대제사장으로 있는 동안 성전 기물 도난사건이 빈번하자 군중들이 분노했고 급기야는 폭동이 일어나 많은 사상자들이 나왔다(4:39-42). 그 도난사건은 메넬라오스의 묵인 하에 일어난 것이었기 때문에 유대인들의 의회[19]는 세 명의 대표를 왕에게 보내 호소하였다(4:43-44). 그러나 메넬라오스는 다른 사람을 통하여 왕을 설득시켜 오히려 그 대표들을 처형하게 만들었는데, 이것은 많은 사람들 분개하게 했다(4:45-50).

이 무렵 안티오쿠스 왕은 제2차 이집트 원정[20]을 개시했다(5:1). 이때

---

17) 첩에게 어떤 지역이나 도시를 선물하는 것은 희랍 왕들의 관습이었다.

18) 다푸네(Daphne)는 안디옥에서 약 5마일 떨어진 곳으로 거기에 있는 아폴로 신전은 신성불가침의 장소였다. 이곳에서 살인이 일어나는 것을 희랍인들은 용납하지 않았다.

19) 유대인 의회는 희랍어로 "게루시아"(Gerousia)라 불리는 장로 회의로 대제사장이 사회를 했다. 게루시아는 후대의 산헤드린(Sanhedrin)에 해당한다(막 14:55).

20) 안티오쿠스는 주전 169년 이집트를 침공하여 멤피스에서 이집트의 왕으로 즉위했으나

하늘에는 이상한 징조가 나타났다. 완전무장한 기병대가 예루살렘 상공을 거의 사십 일간 두루 다니며 서로 싸우는 것이었다(5:2-3).[21] 사람들은 이것이 좋은 징조이기를 바랐다(5:4). 그러나 사람들의 바람과는 달리 이어지는 역사는 예루살렘에서의 분쟁과 대학살에 관한 것이다.

안티오쿠스 왕이 죽었다는 헛소문이 떠돌자 야손은 군대를 이끌고 예루살렘을 장악했다(5:5). 메넬라오스를 몰아내고 대제사장직을 탈환하기 위한 것이었다. 그러나 그는 목적한 일을 이루지도 못했고 무자비하게 많은 사람들을 죽여, 오명汚名만 얻은 채 다시 암몬으로 도망가야 했다. 그리고 거기서 다시 이집트로 쫓겨 가고, 다시 스파르타로 도피해 거기서 죽었다(5:8-9). 타국 땅에서 죽은 민족의 반역자 야손의 시체는 장례식도 치르지 못하고 마구 버려졌다(5:10).

한편 이 일이 이집트에 원정해 있던 안티오쿠스에게 알려지자, 그는 이것을 유대인들의 반란으로 오인하여 예루살렘을 공격, 점령했다(5:11). 그리고 단 사흘 만에 팔만 명이나 살해하고 많은 사람들을 노예로 잡아갔다(5:12-14). 뿐만 아니라 대제사장 메넬라오스의 인도로 성전을 약탈해 갔다(5:15-16). 이것은 이스라엘 사람들의 죄 때문에 당해야 하는 수난이었다.

> 안티오쿠스는 의기양양하여서, 이곳 사람들이 죄를 지었기 때문에 주님께서 분노하시어 잠시 동안 그 성전을 돌보아 주시지 않고 있음을 알지 못했다(5:17).

로마인들의 반대로 물러나야 했다.

21) 이것은 야손과 메넬라오스의 분쟁(5:5-7)에 대한 징조로 해석된다.

안티오쿠스는 예루살렘을 떠나기 전 팔레스티나 지역을 통치할 총독들을 요소요소에 배치하여 박해를 계속하였다(5:21-26). 이때에 유다 마카비[22]는 동지들과 함께 광야에 머물러 있었다(5:27).

얼마 후 안티오쿠스는 아테네의 원로 한 사람을 유다 땅에 보내 희랍의 종교와 문화를 강요하였다(6:1).[23] 그리고 예루살렘 성전을 더럽히고 그 성전을 올림피아의 제우스신[24]에게 봉헌하게 했으며, 사마리아 지역에 있는 그리심 산의 성소[25]는 그 지방 사람들의 소원대로 나그네의 수호신인 제우스[26]에게 봉헌하게 하였다(6:2). 안식일과 유대교 축제는 폐지되었고 유대인들은 디오니소스[27] 축제에 참여하도록 강요되었다(6:3-7). 그리고 유대교의 율법을 지키는 자들은 비참하게 살해되었다(6:3-11). 이것은 자기 백성을 사랑하시는 하나님의 심판이었다(6:12-17).

---

22) 유다 마카비(Judah the Maccabee)는 마따디아의 셋째 아들로(마카비 일서 2:4), 셀류시드 왕조에 대항해 유다 독립운동을 하였다.

23) 주전 167년의 일이다. 유대인들이 자발적으로 시행했던 헬라화 정책이(4:7-20) 이때부터 강압적으로 행해졌다.

24) 이제 예루살렘 성전에서 올림피아의 제우스(Olympian Zeus)는 이스라엘의 하나님과 동일시되었다. 안티오쿠스 4세는 자신을 제우스의 현현으로 여겼기 때문에 제우스에 대한 제의는 곧 안티오쿠스 4세를 예배하는 것이었다. 다른 한편, "올림피아의 제우스"를 번역하면 "하늘의 신"(heavenly god)으로, 제우스란 말은 일반적으로 "신"을 뜻하는 보통명사였다. Jonathan A. Goldstein, *II Maccabees* (New York: Doubleday, 1983), 272-3.

25) 사마리아인들의 성전인 세겜의 그리심 산의 성소는 예루살렘 성전에 대항하도록 하기 위한 페르시아의 정책에 의해 주전 380년경 세워졌다.

26) "나그네의 수호신 제우스"(Zeus Xenios=protector of the rights of strangers)는 "떠돌이들의 권리를 보호하는 신"이란 뜻이다.

27) 디오니소스(Dionysus)는 포도주와 포도수확의 신(god of wine and the grape harvest)이다.

이 징벌은 우리 민족을 멸망시키려는 것이 아니라 오히려 채찍질하시려는 것이었다. 악한 행동을 오랫동안 그냥 내버려 두시지 않고 즉시 징계하신다는 것은 하나님께서 지극히 인자하시다는 표시이다(6:12-13).

이러한 하나님의 심판의 때에 율법을 고수하는 고결한 순교자들이 있었다. 그중 한 사람은 엘르아잘[28]이라는 노인으로 뛰어난 율법학자였는데, 박해자들은 그에게 율법에서 금지된 돼지고기를 먹으라고 강요했다(6:18-21). 그러나 그는 율법을 범하느니 차라리 죽음 택하겠다고 결심하고 태형대에서 순교했다(6:22-31). 그의 죽음은 많은 동포들에게 용기의 모범과 덕행의 본보기가 되었다(6:31).

또 다른 순교자들이 있었다. 그들은 한 어머니와 일곱 아들이었다.[29] 그들은 혹독한 고문 속에서도 율법 지키기를 고수하며 맏형부터 차례대로 죽어 갔다. 그리고 마지막에는 어머니까지 순교했다(7:1-42). 그들이 죽을 때 한 말들을 몇 가지 든다면 다음과 같다.

이 우주의 왕께서는 당신의 율법을 위해 죽은 우리를 다시 살리셔서 영원한 생명을 누리게 할 것이다(7:9).

나는 지금 사람의 손에 죽어서 하나님께 가서 다시 살아날 희망을 품고 있으니 기꺼이 죽는다. 그러나 너에게는 생명의 부활이 없을 것이다(7:14).

---

28) 엘르아잘(Eleazer)의 순교 이야기는 마카비 사서에서 더욱 자세하게 묘사되고 있다.
29) 이들의 이야기는 마카비 사서의 주요 내용이다.

하늘과 땅을 바라보아라. 그리고 그 안에 있는 모든 것을 살펴라. 하나님께서 무엇인가를 가지고 이 모든 것을 만들었다고 생각하지 마라(7:28).[30]

살아 계시는 우리 주님께서 우리를 채찍으로 고쳐 주시려고 잠시 우리에게 화를 내셨지만, 하나님께서는 끝내 당신의 종들인 우리와 화해하실 것이오(7:33).

우리 민족 전체에게 내리셨던 전능하신 분의 정당한 노여움을 나와 내 형들을 마지막으로 거두어 주시기를 하나님께 빌 따름이오(7:38).

그들은 하나님의 계명인 율법을 지키면서 당당하게 죽어 갔고, 이스라엘에 대한 하나님의 분노가 속히 거두어지길 빌었다. 다음에 전개되는 이야기를 읽어 보면, 이들 순교자들의 기도가 응답되었다는 것을 알 수 있다. 하나님께서 이제 그의 백성들에게 구원의 손길을 보내신다는 것이다. 이것은 유다 마카비와 그 동지들의 승리를 통해서 나타났다.

---

30) 이 말은 어머니가 순교하는 아들들에게 한 말인데, 무로부터의 창조(*creatio ex nihilo*)를 의미한다고 여겨져 왔다. 즉, 초대교회의 교부인 오리겐(Origen, *Commentarius in Johannem* 1.17.103; *De principiis* 2.1.5) 이래, 마카비 이서 7:22-29은 무로부터의 창조 사상을 내포하고 있다고 보았다. 그러나 최근 학자들은 이러한 견해에 대해 회의적이다. 이에 대한 자세한 내용은 David Winston, "The Book of Wisdom's Theory of Cosmogony," *HR* 11(1971), 186-7; Jonathan A. Goldstein, "The Origins of the Doctrine of Creation Ex Nihilo," *JJS* 35(1984), 127-35; *II Maccabees* (New York: Doubleday, 1983), 307-11; "Creation Ex Nihilo: Recantations and Restaterments," *JJS* 38(1987). 187-94을 보라. 윈스턴에 의하면, 무로부터의 창조사상은 2세기 기독교 문헌에서 처음으로 분명하게 형성되어 나타나고 있다. David Winston, *The Wisdom of Solomon* (Garden City: Doubleday, 1979), 39.

유다 마카비와 그 동지들은 군대를 조직하고 하나님께서 예루살렘 성전과 유대 민족을 지켜주실 것을 기원했다. 그리고 그들은 벌어지는 전투에서 승리를 거듭하였다. 하나님께서 유대인들에 대한 진노를 푸시고 그들에게 자비를 베푸셨던 것이다(8:5). 마카비의 군대가 곳곳에서 승리를 거두자 왕은 니가노르에게 군대를 주어 유대 땅에 보냈다(8:8-9). 이러한 소식을 들은 마카비는 부하들과 함께 하나님께 기도를 올렸다(8:12-14).

> 그들은 자기네 공로를 생각해서 이렇게 기도한 것이 아니라, 하나님이 자기 조상들과 맺으신 계약과, 거룩하고 영광스런 하나님께서 자기 자신들을 당신의 백성이라고 불러 준 사실을 생각하고 이렇게 기원했다(8:15).

기도가 끝나자, 마카비는 하나님의 힘을 믿고 싸우자고 부하들을 격려했다(8:16-20). 그리고 "하나님의 도우심"이라는 표어를 내걸고 니카노르와 싸워 이겨 많은 전리품을 획득했다(8:24-25). 니카노르는 패배하여 안디옥으로 도망갈 수밖에 없었다(8:34-36). 마카비 군대는 하나님께 감사의 기도를 드리고 안식일을 지켰으며, 가난한 자들에게도 전리품을 나누어 주었다(8:27-28). 이어 벌어진 전투에서도 마카비 군대는 디모테오 군대와 바키데스 군대에게 승리를 거두었다(8:30-33).

이 무렵 안티오쿠스 왕은 페르시아 원정에서 패배하여 철수하다, 어느 도시의 신전을 약탈하려 했다(9:1-2). 그러나 그곳 주민들의 저항 때문에 후퇴할 수밖에 없었다(9:2). 그는 유대 땅에 보내진 자기 군대의 패전보를 듣고 화가 치밀어 예루살렘으로 진격하려 했다(9:3-4). 그러나 하나님의 심판이 그를 따라다니고 있었다(9:4). 그는 하나님의 보이지 않는 치명적인 타격을 맞자 심한 복통이 일어나 진군하는 병거에서 떨어지고 말았다(9:5-7). 이로 인하여 그의 뼈가 부서지고 살이 썩어 들어가 심한 고통을 느꼈다(9:8-10). 오만한 왕은 이제 자신이 하나님의 벌을 받고 있다는 것을 깨달았다(9:11-12). 그리고 유대인들에게 자유를 주고 성전에서 약탈한 기물을 배상하며 성전예배에 사용되는 비용을 자기가 대겠다고 맹세했다(9:13-17). 이러한 맹세에도 불구하고 그의 병세는 호전되지 않아 결국 이국땅의 병상에서 죽었다(9:28).

마카비와 그의 동지들은 성전과 예루살렘 성을 탈환했다(10:1).[31] 그들은 이방인에 의해 더럽혀진 성전을 정화하고 새로 제단을 쌓았다(10:2-3). 그리고 이 년[32]동안 중단되었던 희생제물을 기슬레우월 25일 다시 드리며 팔 일 동안 축제를 열었다(10:3-7). 그리고 나서, 포고령을 내려 유대인은 누구든지 해마다 이 축제를 지키라고 명하였다(10:8).

유다 마카비의 군대는 안티오쿠스 에피파네스의 아들 안티오쿠스 유파톨[33] 치하에서도 계속 승리를 거두었다. 그들은 유대인들을 괴롭히는 이두매인들의 요새를 점령했다(10:15-17). 그리고 전에 패배하여 도망한 디모테오 군대가 전열을 가다듬어 다시 진격해 오자 맞서 싸워 이겼다

---

31) 마카비 일서에 의하면, 안티오쿠스 4세 에피파네스의 죽음 전에 성전 정화와 재봉헌이 있었다(4:36 이하와 6장). 그러나 마카비 이서의 기록이 맞는다는 것이 일반적으로 받아들여지고 있다. 즉 안티오쿠스 4세는 성전 재봉헌 전에 죽었다는 것이다. Harold W. Attridge, "Jewish Historiography," in *Early Judaism and Its Modern Interpreters*, eds., Robert A. Kraft & George W. E. Nickelsburg (Philadelphia: Fortress Press, 1986), 318-20.

32) 마카비 일서 1:54과 4:52에 의하면 삼 년이다. 예루살렘 성전에서 희생제물이 삼 년만에 다시 드려졌다는 마카비 일서의 견해가 옳다.

33) 안티오쿠스 5세 유파톨(Antiochus V Eupator, 주전 164-162년)은 데메드리오 1세(Demetrius I, 주전 162-150년)의 명령으로 살해되었다(마카비 일서 7:2-4).

(10:24-38). 또한 코끼리 부대까지 동원한 리시아의 군대도 패퇴시켰다(11:1-12). 이때 리시아는 자신의 패배가 하나님 때문이라는 것을 알고 왕을 설득하여 유대인들과 평화협정을 맺게 했다(11:13-38).

평화협정이 체결된 뒤에도 마카비의 군대는 활동을 계속했다. 왜냐하면 곳곳에서 유대인들이 박해를 받았기 때문이었다. 그들은 배를 침몰시켜 유대인들을 몰살시킨 요빠 사람들을 습격하여 보복했다(12:1-12). 또한 자신들에게 치욕을 준 카스핀이라는 도시 사람들을 공격하여 응징하였다(12:13-16). 카락스에 있는 디모테오 군대의 잔당들을 소탕하기도 했다(12:17-25). 카르나임과 아테르가티스의 신전도 공격하였고(12:26-28), 고르기아스 군대와 싸워 이기기도 했다(12:32-37). 그는 하나님의 도움을 간구하면서 이 모든 전투에 임했다. 그러나 스키토폴리스 사람들에게는 오히려 감사했다. 왜냐하면 그곳에 사는 유대인들이 그들로부터 좋은 대우를 받았기 때문이었다(12:29-31).

유다의 군대는 안식일을 지키고, 율법에 따라 전사자들을 장례하여 주었다(12:38-39). 그런데 장례식 때에 그 시체 하나하나의 옷을 들쳐보니 이방인들이 가지고 있는 우상을 부적으로 가지고 있었다(12:40). 이것은 율법에서 금하는 것이었기 때문에 유다는 그들의 죄를 용서해 달라고 위해서 기도하고 예루살렘 성전에서 속죄제를 드리게 했다(12:40-43).

> 그가 이와 같이 숭고한 일을 한 것은 부활에 대해서 생각하고 있었기 때문이었다. 만일 그가 전사자들이 부활할 수 있다는 희망을 가지고 있지 않았다면 죽은 자들을 위해서 기도하는 것이 허사이고 무의미한 일이었을 것이다. … 그가 죽은 자들을 위해서 속죄의 제물을 바친 것은 그 죽은 자들이 죄에서 벗어날 수 있게 하려는 것이었다(12:43-45).

안티오쿠스 유파톨이 유대 땅을 침공한다는 소식이 들리자 대제사장 메넬라오스는 자기의 지위를 유지하기 위해 왕과 합세하였다(13:1-3). 그러나 하나님께서 왕의 마음에 분노를 일으키시자 왕은 메넬라오스가 모든 화의 원인이라는 리시아의 말을 듣고 그 민족반역자를 죽이라고 했다(13:4-8). 한편 안티오쿠스가 진격해 오자 유대인들은 금식기도를 하며 하나님께 도움을 청했다(13:9-12). 유다는 '승리는 하나님의 것'이라는 표어를 내걸고 이 전투에 임했는데 적진을 밤에 기습하여 승리했다(13:13-17). 안티오쿠스는 또 다시 공격을 계속했지만 결국 패하여 유대인들과 평화조약을 맺고 왕이 있는 안디옥으로 퇴각하였다(13:18-26).

삼 년 후 셀류쿠스의 아들 데메드리오[34]가 왕위에 오르자 대제사장이었던 알키모스가 유다 마카비 군대를 해산시켜 달라고 왕에게 호소했다(14:1-10). 왕은 이 호소를 받아들여 유다의 군인들을 해산시키고 알키모스를 대제사장으로 삼으라고 니카노르에게 명령했다(14:11-14). 이방인들의 지지를 받은 니카노르 군대는 유다 땅으로 진격했지만 마카비와 전쟁하는 대신에 평화협정을 맺고 가까이 지냈다(14:15-25). 이것을 본 알키모스는 왕에게 일러바쳐 니카노르를 소환하게 했다(14:26-27). 왕의 명령을 거역할 수 없는 니카노르는 계략을 써 유다를 냉대했고 이것을 알아차린 그는 몰래 잠적해 버렸다(14:28-30).

기선을 빼앗긴 니카노르는 제사장들에게 유다를 찾아내라고 명령하고, 만일 그렇지 않을 경우 성전을 헐고 디오니소스 신전을 세우겠다고 위협했다(12:31-36). 이즈음 누군가 니카노르에게 애국자이며 원로인 라

---

34) 데메드리오 1세(Demetrius I Soter, 주전 162-150년)는 셀류쿠스 4세(Seleuchus IV, 주전 187-175년)의 아들이다.

지스를 모함했다(14:37). 니카노르는 유대인에 대한 증오심을 드러내기 위해 군대를 파견하여 라지스를 체포하려 했다(14:39). 그러나 라지스는 악인들에게 치욕적으로 죽느니 차라리 깨끗하게 자결하겠다고 마음먹고 성벽에서 뛰어내려 죽었다(14:41-46).

니카노르는 마카비 군대가 사마리아 지방에 있다는 소식을 듣고 안식일에 습격하려 했다(15:1). 이것을 안 유대인들이 안식일은 거룩한 날이므로 존중히 여겨야 된다고 말하자 니카노르는 무엄하게도 다음과 같이 지껄였다(15:2-5).

> 지상의 지배자는 나다. 나는 너희에게 싸우러 나가라고 명령할 수 있고 그 밖에 어떤 왕명이든지 수행하라고 명령할 수 있다(15:5).

그는 극도의 허영과 교만에 빠져 있었던 것이다. 그러나 유다는 부하들을 율법서와 예언서의 말씀으로 격려하고 용기를 북돋아 주었다(15:6-11). 그리고 자기가 본 환상을 이야기해 주었다. 그 환상은 오니아스가 유다를 위해 기도하고 있고, 예레미야가 적군을 쳐부술 거룩한 검을 주는 것이었다(15:12-16).

하나님께 기도하면서 전투에 임한 유다의 군대는 니키노르의 군대와 용감하게 싸워 이겼다(15:17-27). 그들은 하나님께서 "이렇게 능력을 나타내 주시는 것을 크게 기뻐하였다"(15:27). 또한 그들은 철군하다가 니가노르가 갑옷을 입은 채 죽어 있는 것을 발견하고 주님께 감사와 찬양을 드렸다(15:28-29). 그리고 니카노르의 목과 한쪽 팔을 잘라 예루살렘으로 가지고 가 어리석은 자의 최후가 어떠하다는 것을 사람들에게 보여주었다(15:30-35). 그들은 모르드개일의 전날인 이날을 기념하여 매년 지기도록 했다(15:36). 니가노르가 죽은 후로 예루살렘은 유대인들이 장악해 왔다(15:37). 마카비 이서의 저자는 다음과 같은 자신의 변과 함께 글을 마친다.

> 포도주만 마시거나 물만 마시거나 하면 맛이 없지만 포도주에다 물을 섞으면 맛이 나고 마시는 사람에게 큰 즐거움을 가져다준다. 이와 마찬가지로 요령 있게 짜인 이야기는 독자들에게 기쁨을 준다. 이상으로 내 글을 마치려 한다(15:39).

이제 마카비 이서에 나오는 주요 사건들을 연대순으로 열거하면 다음과 같다.

175년: 안티오쿠스 4세의 통치 시작. 야손의 대제사장직 매수.
172년: 메넬라오스의 대제사장직 매수.
167년: 예루살렘 성전에서 이교의식 행해짐.
164년: 유다 마카비의 성전 탈환과 정화 및 재봉헌. 안티오쿠스 4세 죽음.
163년: 안티오쿠스 5세와 리시아의 침입.
161년: 니카노르의 패배.
124년: 이집트 유대인들에게 성전 재봉헌제를 지키라는 편지가 보내짐.

| 마카비 이서의 목적 |

마카비 이서의 주된 관심은 예루살렘 성전이다. 저자는 성전이 어떻게 악인들에 의해 짓밟혀졌고 의인들에 의해 정화되었는지의 관점에서 초기 마카비 혁명의 역사를 서술하고 있다. 그에 의하면, 성전은 백성들이 죄를 범할 때에 수난당했고 회개와 기도를 하며 하나님과 화해할 때에 영광을 되찾았다.

> 주님께서는 성전을 유지하기 위해 백성을 선택하신 것이 아니라 백성의 복리를 위해 성전을 택하셨던 것이다. 그래서 성전 자체도 백성들에게 닥쳐 온 재난을 함께 입었고 후에 그들의 행운도 함께 나누었다. 전능하신 주님께서 노하셨을 때 버림을 받았던 성소가 그 위대하신 주님과 화해하게 되었을 때 다시 그 모든 영광을 되찾았던 것이다(5:19-20).

유대인 헬라주의자들이 이방 종교와 문화를 장려하고 하나님의 율법을 폐지코자 할 때에 하나님은 백성들과 함께 성전을 재난당하게 하셨다. 그러나 율법에 충실한 자들이 하나님께 의지할 때에 하나님은 백성들의 구원과 함께 성전의 영광도 회복시켜 주셨다. 하나님의 율법이 지켜지지 않고 악인들이 득세할 때는 성전이 수난을 당했지만, 의인들이 율법을 지키며 하나님께 부르짖을 때에는 예루살렘 성전이 영광 중에 있었다는 것이다. 그러기 때문에 마카비 이서의 저자에게 유다 마카비의 항쟁은 결국 성전과 성전을 보호하고 있는 예루살렘 성을 지키기 위한 투쟁이었다.

성전에 대한 이와 같은 긍정적인 이해는 희랍시대에 매우 중요했다.

왜냐하면 이것은 성전이 비록 외세에 의해 짓밟혀지고 대제사장직이 반역자들에 의해 매수되었지만, 성전에 대한 하나님의 사랑과 관심은 아직도 계속되고 있다는 것을 보여주기 때문이다. 특히 이집트의 레온토폴리스Leontopolis에는 대제사장 오니아스 3세의 아들 오니아스 4세가 세운 유대교 성전이 있었다. 그리고 그는 거기에서 대제사장직을 수행하고 있었다.[35] 대제사장직의 계승이라는 관점에서 볼 때, 하스몬 왕조가 유지하고 있는 대제사장직보다 오히려 오니아스 4세의 대제사장직에 정통성의 무게가 더 실려 있었다고 볼 수 있었다.

사실 마카비 이서의 저자는 대제사장직을 수행하지 않은 유다 마카비에 대해서는 호의적이지만, 하스몬 왕조의 공식 연호를 쓰기 시작한 그의 형제 시몬의 활약에 대해서는 부정적이다(10:20-22; 14:17). 이것은 저자가 비록 정통성을 결여한 대제사장들에 대해서는 부정적이었지만, 예루살렘 성전의 정통성에 대해서는 매우 열정적으로 옹호하고 있다는 것을 의미한다. 그리고 마카비 이서를 읽는 독자들이 성전에 대해 이렇게 긍정적이고 열정적인 이해를 가질 때만이 마카비 혁명 이후 예루살렘에서 지켜지는 성전 재봉헌 축제의 의미를 찾을 수 있었을 것이다.

요약하자면, 마카비 이서는 예루살렘 성전이 아직도 하나님의 관심 아래 있다는 것을 보여주기 위해 쓰였다. 저자는 독자들로 하여금 성전에 대한 열정을 갖게 하려는 의도로 이 책을 썼다는 것이다. 이런 의미에서 마카비 이서를 '성전 선전temple propaganda'[36]이라고 평가할 수 있다.

---

35) 골드슈타인은 두 번째 편지(1:10-2:18)가 레온토폴리스에 있는 오니아스 성전의 불법성을 가르치고 있다고 한다. Jonathan A. Goldstein, *I Maccabees* (Garden City: Doubleday, 1976), 36. 그러나 필자는 이 편지를 포함하여 마카비 이서 전체의 내용에는 오니아스의 성전을 직접적으로 반박하는 내용이 없다고 생각한다.

36) Robert Doran, *Temple Propaganda: The Purpose and Character of 2 Maccabees* (Washington, D.C.

| 주요 신학사상 |

하나님의 심판과 구원

마카비 이서를 구성하고 있는 신학적 주제는 신명기 신학적이다. 즉, 하나님은 그의 백성이 죄를 범할 때 이방인을 도구로 삼아 심판하시지만, 회개하고 하나님의 계명에 충실할 때 신앙의 영웅들을 통하여 구원하여 주신다는 것이다. 마카비 이서에 의하면, 성전이 이방인에 의해 더렵혀지고 많은 백성들이 박해를 당한 것은 반역자들이 율법을 어기고 이방인의 길을 걸었기 때문이다. 즉, 시몬, 야손, 메넬라오스 등이 하나님의 법을 어겼기 때문이다. 그들이 죄를 범하지 않았다면 예루살렘을 침범한 이방인들, 특히 성전을 약탈한 안티오쿠스는 오히려 하나님에 의해 벌을 받았을 것이다.

> 만일 이곳 백성들이 많은 죄를 짓지 않았다면 전에 셀류쿠스 왕의 파견으로 성전 금고를 조사하러 왔던 헬리오도로스와 마찬가지로 안티오쿠스도 성전에 들어가자마자 채찍에 얻어맞아 그런 방자한 행동은 하지 못하였을 것이다(5:18).

마카비 이서에 의하면, 하나님의 심판은 이스라엘을 버리신 행동이 아니라 오히려 그의 백성을 채찍질하셔서 고쳐 주시기 위한 인자한 행동이다. 그리하여 그의 백성이 율법에 충실한 행동을 할 때 노여움을 푸시고 자비를 베푸신다. 즉, 이때에는 하나님의 백성에게는 구원의 시대이지

: The Catholic Biblical Association of America, 1981).

만, 오만하고 방자하게 하나님의 백성을 박해했던 적들에게는 심판의 때이다. 심판의 대상이었던 자들이 심판의 도구가 되고 심판의 도구였던 자들이 심판의 대상이 된다는 것이다.

마카비 이서는 이방인들에 대한 하나님의 심판은 돌이킬 수 없다는 것을 보여준다. 자기 백성에 대한 심판은 잠정적이지만, 이방인들에 대한 심판은 영원하다는 것이다. 예를 들면, 안티오쿠스는 죽기 전 하나님을 인정하고 하나님의 백성에 대한 자기의 잘 못을 뉘우쳤지만, 죄의 값인 비참한 죽음을 당했다(9장). 이것은 하나님은 자기 백성에게는 희망이지만 다른 사람들에게는 심판이라는 것을 의미한다.

순교

마카비 이서에서 순교殉教는 종교적인 자유를 억압하는 세력에 대해 죽음으로 맞서는 것이다. 이것은 하나님의 명령을 지키기 위한 것이었고, 하나님을 경애하기 때문에 스스로 선택한 고통이었다. 또한, 이것은 하나님의 명령을 거역하고 몸을 더럽히느니 차라리 고결한 죽음을 선택하는 것이 더 낫다는 것을 표현한 인간의 권리였다. 다른 한편, 이러한 신앙적 순교는 인간의 자유를 짓밟은 불의에 대하여 항거하는 것이었다. 그리고 인간의 존엄성을 모독하는 억압의 세력에 대항하는 투쟁이었다. 왜냐하면 그것은 인간의 참된 자유를 보장하는 하나님의 계명을 지키고자 하는 의지였기 때문이다.

순교에 직면한 사람은 자신의 신앙적 의지를 잠시 유보함으로써 죽음을 면할 수도 있었다. 또한, 겉으로 드러나는 자신의 행동과 속으로 믿고 있는 자신의 신앙을 이원화함으로써 목숨을 건질 수도 있었다(6:21). 그러나 그러한 가장된 행동은 마카비 이서에 등장하는 순교자에게는 용납

될 수 없는 것이었다. 당장에는 인간의 벌을 피해 목숨을 건지는 것이 될 수 있을지 몰라도, 영원하신 하나님의 눈을 피하거나 속일 수는 없는 것이었다(6:26). 이것은 순교가 영원한 하나님을 믿기 때문에 가능하다는 것을 보여준다. 또한, 짧은 인생보다도 하나님과 함께 할 영원한 생명을 더 소중히 여기기 때문에 순교가 가능하다는 것을 보여준다. 마카비 이서에 의하면, 이러한 순교자의 신앙자세와 죽음은 젊은이들에게뿐만 아니라 대부분의 사람들에게 용기의 모범과 덕행의 본보기가 되었다(6:28, 31).

부활

마카비 이서에는 죽음 이후에 부활이 있다는 신앙이 분명히 나타나 있다. 부활은 하나님께서 의인들을 다시 살리셔서 영원한 생명을 누리게 하는 것이다. 그것은 몸의 회복을 수반했고, 부활한 몸은 헤어졌던 가족들을 다시 만날 수 있었다. 그러나 이 몸의 부활은 율법을 위해 죽은 자들이나 경건하게 죽은 자들에게만 있는 것이었다. 율법을 저버린 자나 의인을 죽인 악인들에게는 주어지는 것이 아니었다(7:14). 이러한 부활신앙 때문에 순교자들은 율법을 지키면서 기꺼이 죽음을 선택할 수 있었다.

마카비 이서에 의하면, 비록 죄를 범하고 죽었지만 살아 있는 사람들이 죽은 자들을 위해 속죄제를 올리면 죽은 자들이 죄에서 벗어날 수 있었다. 예를 들면, 유다 마카비는 이방인의 우상을 가지고 있다가 전쟁에서 죽은 자들의 사죄를 위하여 속죄제를 올리도록 예루살렘 성전에 돈을 거두어 보냈다(12:43). 이러한 속죄제에 의하여 죄가 사해진 사람들은 경건하게 죽은 자들로 여겨졌다. 그리고 이들에게도 부활이 있다고 간주되었다. 이것은 죽은 자에 대한 산자의 기도가 죽은 자에게 영향력이 있다는 것을 의미했다. 그러나 이러한 사상은 구약성서에 나타나지 않으며, 신약성서에서도 받아들여지지 않았다.

3. 에스드라스 일서

칠십인역 구약성서(LXX)에는 에스드라스Esdras[1]서가 두 권으로 되어 있다. 첫 번째 책인 "에스드라스 알파Esdras A"는 현재 우리가 다루고 있는 에스드라스 일서를 지칭하며, 두 번째 책인 "에스드라스 베타Esdras B"라는 명칭하에는 에스라와 느헤미야가 배열되어 있다. 다른 한편, 라틴어 성서인 불가타Vulgate에는 에스드라스서가 네 권으로 되어 있는데, 에스드라스 일서는 에스라를, 에스드라스 이서는 느헤미야를, 에스드라스 삼서는 현재 우리가 다루고 있는 구약 외경 에스드라스 일서를, 에스드라스 사서는 구약 외경 에스드라스 이서를 각각 지칭한다.

영어 성경(NRSV)	칠십인역(LXX)	불가타 성서(Vulgate)
에스라	에스드라스 베타 1-10장	에스드라스 일서
느헤미야	에스드라스 베타 11-23장	에스드라스 이서
에스드라스 일서	에스드라스 알파	에스드라스 삼서
에스드라스 이서	없음	에스드라스 사서

1) 에스드라스(Esdras)는 에스라(Ezra)의 희랍어 형태다.

이것은 에스드라스 일서가 경우에 따라서는 에스드라스 알파 혹은 에스드라스 삼서라고 불릴 수 있다는 것을 의미한다. 이 외에도 이 책은 희랍어 에스라The Greek Ezra라고 불리기도 한다.

에스드라스 일서는 역사서로 요시야Josiah(주전 640-609년) 통치의 중간기인 주전 621년부터 페르시아 시대에 에스라의 개혁이 한창이던 주전 444년까지를 다루고 있다. 이 책은 3:1-5:6에 있는 세 젊은이의 이야기[2)]를 제외하고, 구약성서의 역사서에서 병행구절parallel을 찾아볼 수 있는데, 역대하 35:1-36:23, 에스라, 느헤미야 7:73-8:13이다.

에스드라스 일서		구약성서
1:1-22	=	역대하 35:1-19
1:23-24		병행구절 없음
1:25-58	=	역대하 35:20-36:21
2:1-5a	=	역대하 36:22-23/ 에스라 1:1-3a
2:5b-15	=	에스라 1:3b-11
2:16-30	=	에스라 4:7-24
3:1-5:6		병행구절 없음
5:7-73	=	에스라 2:1-4:5
6:1-9:36	=	에스라 5:1-10:44

2) 세 젊은이의 이야기는 원래 유대인 공동체에서 산출된 것이 아니라, 페르시아 시대에 있었던 지혜 이야기를 개작한 것이다. 이 이야기의 근원에 대해서는 Robert H. Pfeiffer, *History of New Testament Times with an Introduction to the Apocrypha* (New York: Harper & Brothers Publishers, 1949), 251-7; G. W. E. Nickelsburg, "The Bible Rewritten and Expanded," in *Jewish Writings of the Second Temple Period*, ed., Michael E. Stone (Philadelphia: Fortress Press, 1984), 134-5을 참조하라.

9:37-55 = 느헤미야 7:73-8:13a

이러한 병행구절들의 발견은 에스드라스 일서와 구약성서의 관계에 대한 세 가지 주요 가능성을 제시하게 했다. 첫째는 에스드라스 일서의 저자가 역대기와 에스라, 느헤미야를 이용했을 가능성이다. 둘째는 에스드라스 일서가 역대기서와 함께 쓰였으며 에스라, 느헤미야는 더 후대에 쓰였다는 것이다.[3)] 그리고 셋째는 에스드라스 일서가 역대기서의 저자에 의해 쓰였는데, 그 역대기 사가는 에스라, 느헤미야를 이용했다는 것이다.[4)] 이 가능성들 중 어느 것이 가장 신빙성 있는가 하는 문제는 아직 미해결로 남아 있지만, 아마도 에스드라스 일서의 저자가 구약성서를 이용했을 것으로 추정된다.

에스드라스 일서는 적어도 주후 1세기 중엽 이전에 쓰였다. 이것은 유대 역사가인 플라비우스 요세푸스Flavius Josephus(37-약 100년)가 『유대 고대사』(*The Jewish Antiquities* 11.1-5)를 쓸 때 이 책을 이용했다는 사실에서 단정 지을 수 있다.[5)] 다른 한편, 에스드라스 일서는 주전 165년 이후에

---

3) 이 두 가설에 대해서는 K. F. Pöhlmann, *Studien zum dritten Esra. Ein Beitrag zur Frage nach dem ursprunglichen Schluss des chronistischen Heschichtswerkes* (Göttingen: Vandenhoeck & Ruprecht, 1970), 14-26 참조.

4) Tamara C. Eskenazi, "The Chronicler and the Composition of 1 Esdras," *CBQ* 48 (1986), 39-61. 둘째와 셋째 가능성은 역대기서의 저자와 에스라-느헤미야의 저자가 다르다고 전제한다. 역대기서와 에스라-느헤미야의 관계에 대한 학자들의 견해에 관해서는 Peter R. Ackroyd, "The Historical Literature," *The Hebrew Bible and Its Modern Interpreters*, eds., Douglas A. Knight & Gene M. Tucker (Philadelphia: Fortress Press, 1985), 305-8.

5) 요세푸스는 포로기 이후의 이스라엘 역사를 기술할 때 정경 에스라, 느헤미야를 따르지 않고, 에스드라스 일서를 이용하고 있다. 메츠거는 요세푸스가 희랍어의 탁월성 때문에 그렇게 했을 것이라고 추정한다. Bruce M. Metzger, *An Introduction to the Apocrypha* (New York: Oxford University Press, 1957), 민영진 역, 『외경이란 무엇인가』(서울: 컨콜디아

쓰인 것으로 보이는데, 이것은 다니엘서와의 언어적·문체적 유사성 때문이다.[6] 이 책은 아마도 주전 2세기경에 최종 편집된 듯하며,[7] 편집 장소는 아마도 이집트로 추측된다.[8] 현재의 칠십인역 구약성서(LXX)에 있는 에스드라스 일서의 희랍어 본문은 히브리어나 아람어로 된 구약성서에 근거하고 있다고 볼 수 있다.

| 에스드라스 일서의 구조 |

에스드라스 일서는 다섯 부분으로 구분될 수 있다. 첫째 부분(1장)은 유다의 마지막 왕들에 관한 이야기이고, 둘째 부분(2장)은 고레스 칙령으로 돌아온 초기 귀환자들의 이야기이며, 셋째 부분(3:1-5:6)은 다리우스 왕을 호위하는 세 젊은이가 지혜를 겨루는 이야기이다. 넷째 부분(5:7-7:15)은 성전의 재건에 관한 이야기이며, 다섯째 부분(8:1-9:55)은 에스라의 활동에 대한 이야기이다.

첫째 부분: 유다의 마지막 왕들(1장)

사, 1992), 18.

6) 가드너는 에스드라스 일서와 마카비 시대의 위기를 연관시키고 있다. A. E. Gardner, "The Purpose and Date of I Esdras," *JJS* 37 (1986), 18-27.

7) Otto Eissfeldt, *The Old Testament: An Introduction* (Oxford: Basil Blackwell, 1965), 576; Emil Schürer, *The History of the Jewish People in the Age of Jesus Christ*, Vol. III. 2 (Edinburgh: T.&T. Clark Ltd, 1987), 713.

8) *Ibid.*, 714. 마이어스는 주전 2세기 이집트의 파피루스 문서에서 에스드라스 일서의 단어들과 유사한 것들이 발견된다고 한다. Jacob M. Myers, *I & II Esdras* (Garden City: Doubleday, 1974), 13-4.

(1) 요시아의 유월절(1:1-24)

(2) 요시야의 죽음(1:25-33)

(3) 요시야의 계승자들과 예루살렘의 멸망(1:34-58)

둘째 부분: 포로들의 초기 귀환(2장)

(1) 고레스의 칙령(2:1-7)

(2) 성전 재건을 위한 포로들의 귀환(2:8-15)

(3) 성전 재건 중단의 이유(2:16-30)

셋째 부분: 세 젊은이의 지혜 겨루기(3:1-5:6)

(1) 세 젊은이의 토론 계획: 세상에서 가장 강한 것은 무엇인가? (3:1-17a)

(2) 첫 번째 젊은이의 연설: 포도주가 가장 강하다(3:17b-24).

(3) 두 번째 젊은이의 연설: 왕이 가장 강하다(4:1-12).

(4) 세 번째 젊은이인 스룹바벨의 연설: 여자가 가장 강하나 진리가 최고다(4:13-41).

(5) 스룹바벨에 대한 보상: 유대인들의 귀환과 성전 재건을 허락받음(4:42-57)

(6) 유대인들의 감사와 귀환(4:58-5:6)

넷째 부분: 예루살렘 성전의 재건(5:7-7:15)

(1) 귀환자들의 명단(5:7-46)

(2) 성전 재건의 재개(5:47-65)

(3) 방해받는 성전 재건(5:66-73)

(4) 학개와 스가랴의 인도로 성전이 완공됨(6:1-7:15)

다섯째 부분: 에스라의 활동(8:1-9:55)

(1) 에스라의 예루살렘으로의 여행(8:1-67)

(2) 잡혼의 위기(8:68-9:36)

(3) 에스라가 율법을 읽다(9:37-55).

| 에스드라스 일서의 내용 |

에스드라스 일서는 책을 소개하는 서론이나 표제 등이 없이, 요시야 시대에 지켜졌던 유월절 이야기부터 갑자기 시작한다(1:1-22).[9] 요시야 통치 18년(1:22) 첫째 달 14일, 왕은 제사장들과 레위인들에게 모세 율법에서 지시한 대로 유월절 준비를 하게 했다(1:1-9). 그들은 왕이 명령한 대로 희생제물을 드리며 백성들과 함께 유월절을 지켰고, 이어서 이레 동안 무교절도 지켰다(1:10-19). 예언자 사무엘 이후, 이와 같이 유월절을 지킨 예가 이스라엘에 없었다(1:20). 어떠한 왕도 요시야처럼 행하지 않았던 것이다(1:21). 요시야 왕은 하나님 보시기에 옳은 일을 행했다(1:23). 그러나 그의 통치기간 중에 백성들의 죄악이 매우 커서 하나님의 심판의 말씀이 이스라엘에게 내렸다(1:24). 하나님은 어떻게 이스라엘을 징벌하셨는가?

요시야가 이런 모든 일을 마친 후, 이집트의 왕[10]이 유프라테스 강가에 있는 갈그미스로 전쟁을 하러 가고 있었다(1:25). 요시야는 예레미야의 예언을 무시하고 므깃도에 나가서 이집트 왕을 가로 막고 전쟁을 하다

---

9) 에스드라스 일서는 서론이나 결론이 없이 갑자기 시작하고 갑자기 끝나기 때문에, 더 긴 책을 발췌했거나 아니면 이 책의 앞뒤 부분이 상실되었을 것으로 추정된다.

10) 이집트 왕의 이름이 생략되어 있지만, 느고(Neco)다. 에스드라스 일서는 느고를 하나님의 도구로 여긴다. 주전 609년 요시야는 므깃도에서 느고를 맞아 싸우다 전사했는데, 이것은 하나님의 말씀에 귀를 기울이지 않고 느고를 막았기 때문이라고 저자는 이해한다.

가 치명적인 부상을 당했다. 그리고 예루살렘으로 돌아와 죽었다(1:26-31). 유다의 종교를 개혁하고 하나님의 말씀에 충실하고자 했던, 장래가 촉망된 왕 요시아가 죽은 것이다. 모든 이스라엘 백성들은 요시야의 죽음을 슬퍼하며 애가를 불렀다(1:32). 그의 모든 사적은 이스라엘과 유다의 왕조실록에 기록되었다(1:33).

이스라엘 백성들은 요시야의 아들 여고니아[11]를 왕으로 세워 아버지를 계승하게 했다. 그의 나이 23살 때였다(1:34). 여고니아가 삼 개월을 통치하자, 이집트 왕은 그를 폐위시키고 28살인 그의 형 여호야김을 왕으로 세웠다(1:35-38). 그러나 여호야김이 하나님 보시기에 악을 행하자, 바빌론의 느부갓네살은 예루살렘을 침공하여 그를 포로로 잡아갔다(1:39-42). 그의 아들 여호야긴[12]은 18세 때에 왕위를 계승하고 석 달 열흘 동안 예루살렘에서 다스렸으나, 역시 하나님 보시기에 악한 일을 행하였다(1:43-44). 그리하여 일 년 후 느부갓네살이 다시 침공하여 그를 잡아 가고 성전기물을 약탈해 갔다(1:45).

여호야긴을 계승한 시드기야는 21살에 왕이 되어 11년간 통치했다(1:46). 그러나 그 역시 악을 행하였고, 지도자들과 백성들도 죄에 물들어 하나님의 경고를 무시했다. 그러자 하나님은 느부갓네살을 보내어 사람들을 살육하게 하시고 예루살렘과 성전을 황폐케 하셨으며, 살아남은 이스라엘 백성들을 바빌론으로 잡아가게 하셨다. 그리고 성전의 기물들도 바빌론으로 가져가게 하셨다(1:47-56). 70년 동안 땅이 황폐하게 되어 안식을 누리게 될 것이라는 예레미야의 예언이 이루어진 것이다(1:58).

---

11) 요시야를 계승한 왕은 여호아하스(Jehoahaz, 주전 609년)다. 여고니아(Jeconiah)는 여호야긴(Jehoiachin)이라고 불리기도 한다.

12) 희랍어 원문은 여호야긴 대신에 여호야김이라고 읽고 있는데, 이것은 잘못이다.

페르시아의 고레스Cyrus II(주전 539-530년)가 왕위에 오르자 하나님은 예레미야를 통해 하신 예언의 말씀을 이루시려고 그의 마음을 감동시켜 온 나라에 칙령을 공포하게 하셨다(2:1-2). 그 칙령에는 하나님을 섬기는 이스라엘 백성이 예루살렘으로 가서 성전을 지으라는 명령을 포함하고 있었다(2:3-7). 그때에 유다와 베냐민 지파의 지도자들과 제사장들 그리고 레위인들은 성전을 짓기 위하여 예루살렘으로 떠날 준비를 하였다(2:8). 그들의 이웃들은 여러 가지 진귀한 물건들을 내어 주며 그들이 떠날 준비를 도와주었다. 고레스 왕도 느부갓네살이 예루살렘 성전에서 가져온 성물들을 유다 총독 세스바살에게 주어 가져가게 하였다(2:9-15).

고레스 시대에 성전을 재건하기 위하여 귀환하는 포로들의 이야기는 2:15에서 갑자기 끊기고, 2:16부터는 아닥사스다 왕Artaxerxes I(주전 464-424년) 때에 성전 재건이 왜 중단되었는지를 말해 주는 이야기가 이어진다(2:16-30). 이 이야기는 성전 재건을 반대하는 자들이 아닥사스다 왕에게 보낸 상소문과 이에 대한 왕의 회신을 중심으로 쓰여 있다.

사마리아와 시리아 그리고 페니키아에 사는 사람들은 유다와 예루살렘에 사는 사람들을 모함하는 글을 왕에게 보냈다(2:16). 예루살렘은 반역을 일삼고 왕에게 피해를 입혔기 때문에 폐허로 만들었는데, 이제 이 도시에 살고 있는 사람들이 성벽을 재건하고 있는 것은 위험한 일이며, 결국 또 다른 반란으로 이어질 것이라는 내용이었(2:17-24)다. 아닥사스다 왕의 회신은 긍정적인 것이었다. 그들의 말대로, 예루살렘은 한때 강한 왕들이 다스렸고 반역을 일삼은 위험 곳이기 때문에 성읍의 재건을 중단시켜야 한다는 것이다(2:25-29). 왕의 편지를 받고 고무된 이스라엘의 적대자들은 예루살렘으로 가서 무력으로 공사工事를 중단시켰다. 그리고 이후 다리우스 왕Darius I(주전 521-485년) 2년까지 성전 공사는 재개되지 못했다(2:30).

이어지는 이야기는 세 젊은이가 지혜를 겨루는 내용으로, 이 겨룸을 통하여 중단되었던 성전 재건이 다리우스 왕 때에 어떻게 다시 시작되었는지를 말해 주고 있다(3:1-5:6). 페르시아의 다리우스 왕은 인도에서 에티오피아에 이르는 방대한 지역을 다스리고 있었는데, 어느 날 이 지역들을 책임지고 있던 그의 부하들을 불러 대향연을 베풀었다(3:1-2). 모두들 실컷 먹고 마신 후, 왕은 잠자리에 들었다. 그날 밤 다리우스 왕의 경호를 맡고 있던 세 젊은이는 "이 세상에서 가장 강한 것이 무엇인가?"에 대하여 토론을 벌였다. 그들은 이 토론에서 이긴 자에게 왕이 선물을 하사하게 하자고 말했다(3:4-7). 그리하여 세 사람은 이 세상에서 제일 강하다고 생각되는 것을 각각 써서 봉투에 담아 왕의 베게 밑에 넣어 두었다(3:8). 첫 번째 사람은 "포도주가 가장 강하다"고 썼고, 두 번째 사람은 "왕이 제일 강하다"고 썼으며, 세 번째 사람은 "여자가 가장 강하나, 무엇보다도 진리가 승리자이다"라고 썼다(3:9-12).

왕이 잠에서 깨어나자, 세 젊은이는 왕에게 자기들이 쓴 봉투들을 넘겨주며 읽어 보게 했다(3:13). 왕은 모든 부하들을 불러 모으고 세 젊은이의 설명을 듣게 했다(3:14-16). 먼저, 첫 번째 사람이 나와 왜 포도주가 가장 강한지를 변론했다. 그는 포도주에 취하면 세상 어떠한 사람이든 정신이 혼미케 되어 무서움이 없어지고 엄청난 일을 하게 되지만, 취기에서 깨어나면 모든 것을 다 잊어버리기 때문에 포도주가 가장 강하다고 주장했다(3:17-24). 포도주의 취기가 인간의 정신을 정복해 버리기 때문에 세상에서 가장 강하다는 것이다.

두 번째 사람은 왕이 어떻게 세상에서 가장 강한지를 변론했다. 그는 왕이 무한한 능력을 가지고 있어서 세상 어떠한 사람도 굴복시킬 수 있는 유일한 사람이기 때문에 가장 강하다고 주장했다(4:1-12). 세 번째 사람은 스룹바벨인데, 여자와 진리가 어떻게 강한지를 설명했다. 그는 먼저 여자의 강함에 대해서 말했다(4:14-32).

> 여러분, 왕이 위대하지 않습니까? … 술이 강하지 않습니까? 그러나 그들을 지배하고 있는 자는 누구입니까? … 여자가 아닙니까? 여자는 왕을 낳고, 바다와 육지를 다스리는 모든 사람을 낳습니다. … 포도주를 내는 포도나무를 기르는 사람도 바로 여자로부터 태어납니다. … 남자는 여자가 없이 존재할 수 없습니다. 남자가 금, 은, 보석을 모으지만, 아름답고 어여쁜 여자를 보면, 그 모든 것을 버리고 여자를 바라보며, 입을 헤벌리며 여자를 응시할 것입니다. 그는 금, 은, 보석보다도 여자를 더 좋아하게 될 것입니다. 남자는 그를 낳아 준 아버지와 조국을 떠나 그의 아내에게 메어 달립니다. 그는 그의 생애를 마감할 때, 그의 아내와 함께하며, 그의 아버지나 어머니 혹은 조국에 대한 생각은 하지 않습니다. 그러므로 여자가 여러분을 다스리고 있다는 것을 알아야 합니다(4:14-22).

다음, 스룹바벨은 진리의 위대성에 대해서 설명했다(4:33-41).

> 그러나 진리가 위대하며, 모든 것보다 더 강합니다. … 포도주는 의롭지 못하고, 왕도 의롭지 못하며, 여자도 의롭지 못합니다. … 그들 안에는 진리가 없으며, 그들은 자기들의 불의함 때문에 멸망할 것입니다. 그러나 진리는 계속될 것이고, 영원히 강하며, 영원히 존재하고 편만할 것입니다. 진리 안에는 편견이나 편애가 없습니다. … 모든 시대의 강함

과 왕권과 힘 그리고 위대함은 진리에 속해 있습니다(4:35-40).

스룹바벨이 연설을 마치자 모든 사람들은 "진리가 위대하며 모든 것 중에서 가장 강하다"고 외쳤다(4:41). 그의 연설이 설득력이 있고 다른 어떤 사람의 연설보다 더 옳다고 인정하는 것이었다. 이제 다리우스 왕은 스룹바벨이 가장 지혜 있는 사람이라고 지명하면서, 그가 무엇을 원하는지 물었다(4:42). 이때 스룹바벨은 다리우스 왕이 취임했을 때에 했던 약속을 상기시켰다. 그것은 유대인들을 예루살렘에 보내 성전을 재건시키겠다고 하는 것이었다(4:43-46). 그러자 왕은 칙령을 내려 유대인들이 조국에 돌아가 성전을 재건할 수 있도록 조처를 취했다. 그리고 성전 재건에 필요한 재정적인 지원도 하여 주었다(4:47-57). 이에 스룹바벨은 다리우스 왕에게서 물러나와 하늘의 왕께 찬양을 드렸다.

> 승리는 당신에게서 나오며, 지혜도 당신에게서 나옵니다. 그리고 영광은 당신의 것입니다. 저는 당신의 종입니다. 저에게 지혜를 주신 당신께 찬미를 드립니다. 우리 조상들의 주님, 당신께 감사를 드립니다(4:59-60).

스룹바벨이 바빌론의 유대인들에게 왕의 편지를 보여주며 이 모든 것을 말하자, 그들도 하나님께 찬양을 드리며 기뻐했다(4:61-63). 그리고 뽑혀진 각 지파의 지도자들은 다리우스 왕의 도움으로 예루살렘을 향했다(5:1-46). 이 포로들 중, 종들을 제외한 12세 이상의 사람들은 모두 사만 이천삼백 육십 명이었다(5:41). 그리고 남녀종들은 칠천 삼백 삼십칠 명이었으며, 음악과 노래하는 자들은 이백 사십오 명이었다(5:42).

예루살렘에 돌아온 포로들은 모세의 율법에 규정된 대로 제단을 다시 세우고 번제를 드리며 절기를 지켰다. 성전 재건에 앞서 하나님께 예배를 드리는 일부터 다시 시작한 것이다(5:47-55). 그리고 2년 후 성전 재건을 위한 조직을 완료하고, 환성과 기쁨 그리고 슬픔이 교차하는 가운데 성전의 기초를 놓고 공사를 계속했다(5:56-65).

이스라엘 백성들의 함성소리가 커서 이를 들은 이스라엘의 적대자들은 하나님의 백성들이 성전을 재건하는 것을 알고 그들도 함께 참여하자고 제의했다(5:66-69). 그러나 백성들의 지도자들인 스룹바벨과 예수아는 "당신들과 상관없는 일이다"라며 거절했다(5:70-71). 그러자 적대자들은 성전 재건을 방해하여, 고레스의 통치 기간뿐만 아니라 다리우스 통치 2년 때까지 공사를 못하게 했다(5:72-73).

다리우스 통치 2년에, 예언자 학개와 스가랴의 독려 속에, 성전 재건은 속개되었다(6:1-2). 이때 예루살렘 지역을 담당하고 있던 페르시아의 총독이 와서 성전 재건이 누구의 명령으로 행해지고 있는지를 물었지만, 공사를 중단시키지는 않았다(6:3-6). 총독은 다리우스 왕에게 편지를 써서 사실을 알리고, 유대인들이 고레스 왕의 편지에 의해서 성전 재건 공사를 하고 있으니 그 칙령이 사실인지 여부를 확인해 달라고 부탁했다(6:7-22). 다리우스 왕이 확인해 본 즉 사실이므로, 회신을 보내 성전 재건을 계속하도록 하게 했다. 그리고 그 공사를 지원하라고 명령했다(6:23-34). 그리하여 다리우스 왕 6년 아달월 3일에 성전 재건은 완료되고 성전 봉헌식을 올려졌다(7:1-9). 이때 이스라엘 백성들은 유월절도 지키고 무교절도 지켰다(7:10-15).

성전 재건이 완료된 지 약 1세기 후, 페르시아의 아닥사스다 왕[13] 때에, 모세의 율법에 능통한 에스라가 제사장들을 비롯한 많은 유다인 포로들과 함께 예루살렘으로 왔다(8:1-67). 그는 왕의 신임을 받는 자로서 왕의 칙령을 소지하고 있었는데, 그 내용은 에스라가 하나님의 율법을 지키는 감독관의 역할을 수행하라는 것이었다(8:8-24). 예루살렘에 돌아온 에스라는 그곳 백성들이 이방인들과 잡혼을 하며 율법을 범하는 것을 보고 하나님께 회개의 기도를 드렸다(8:68-90). 많은 무리들도 에스라를 따라 죄를 회개하고 슬피 울며 기도했다(8:91). 기도가 끝난 뒤 에스라는 온 백성들을 모이게 하고, 이방인들과 결혼한 것을 꾸짖었다. 그러자 그들은 이방 여자들을 돌려보내고 이혼하겠다고 서약하고, 그렇게 하였다(8:92-9:36).

포로생활에서 돌아온 유대인들이 정착한 뒤, 그들은 에스라에게 율법을 읽어 줄 것을 요청했다(9:37-39). 에스라는 모세의 율법 책을 가져와 큰 소리로 읽고 설명하여 주었다(9:40-48). 이에 백성들이 슬피 울자, 에스라는 그렇게 하지 말라고 타이르며, 오히려 음식을 차려 먹으면서 기뻐하라고 했다. 백성들은 에스라의 권유를 따라 가난한 자들과 함께 먹고 마시며 즐거워했다(9:49-55).

| 에스드라스 일서의 목적 |

에스드라스 일서는 기존해 있던 이스라엘 역사서를 재편집한 것으로, 예루살렘 성전과 제의의 관점에서 편찬한 것이다. 저자는 제1성전시대에 최고의 종교개혁자였던 요시아 왕 시대부터 제2성전시대 최고의 종교

---

13) 아닥사스다 2세(Artaxerxes II, 주전 359/8-338/7년)인 것 같다.

개혁자였던 에스라까지의 역사를 묘사하면서, 요시아 때 정화되었던 제1 성전이 왜 그리고 어떻게 파괴되었으며, 어떻게 다시 재건되었는지를 서술하고 있다. 그리고 제2성전시대에 에스라가 행했던 성전과 제의의 정화에 대해서도 기술하고 있다. 그러나 편집 과정에서 저자는 역사적인 정확성에는 관심이 없다.

왜 저자는 기존해 있던 이스라엘 역사서를 이와 같이 재편집하면서 에스드라스 일서를 썼는가? 현재 있는 대로의 에스드라스 일서는 제2성전의 정통성과 정당성을 보여주기 위하여 편찬되었다고 할 수 있다. 즉, 성전의 정통성이 위기를 맞던 주전 2세기경 희랍시대에, 성전의 회복과 이를 중심으로 행해졌던 종교개혁을 긍정적으로 묘사함으로써, 성전의 권위와 전통의 정당성을 나타내고자 했다는 것이다.[14] 제2성전 재건의 역사적 · 신학적 · 도덕적 당위성을 부여함으로써 당시 예루살렘 성전과 제의, 그리고 성전에 관련된 사람들의 전통적 합법성을 확보하기 위하여 썼다는 것이다. 이런 의미에서 에스드라스 일서는 마카비 이서처럼, '성전 선전temple propaganda'이라고 할 수 있다.

| 주요 신학사상 |

에스드라스 일서의 대부분은 역대기 사가의 내용과 비슷하여, 율법의 철저한 준수와 다윗이 세운 성전 전통 등이 강조되어 있다. 그러나 세

14) 메쯔거는 에스드라스 일서의 저작 목적이 독자들에게 도덕적 교훈을 주려는 데 있다고 한다. Bruce M. Metzger, *op. cit.*, 24.

젊은이의 이야기(3:1-5:6)는 구약성서에서 발견되지 않은 것으로 에스드라스 일서에서만 발견되는 독특한 것이다. 지혜문학으로 분류될 수 있는 이 이야기는 성전 재건의 주요 책임을 맡은 스룹바벨을 지혜자로 표현하고 있고, 제2성전 공사의 재개를 지혜자의 승리의 결과로 묘사하고 있다. 즉, 바빌론에 의해서 파괴된 성전이 페르시아에서 가장 지혜로운 스룹바벨에 의해서 재건되었다는 것을 묘사하고 있다. 이것은 제2성전이 바로 지혜자에 의하여 세워졌다는 것을 의미한다.

다른 한편, 이것은 예루살렘 성전이 율법에 정통한 자에 의해서 재건되었다는 것을 의미한다. 세 젊은이의 이야기에서 지혜자 스룹바벨이 논증하고 있는 세상에서 가장 강한 것, 세상을 지배하는 것은 곧 진리이다. 여기에서 진리란 진실, 의로움, 불변의 사실 등 여러 가지 의미를 내포하고 있지만, 유대인들에게는 궁극적으로 하나님의 말씀인 율법을 의미한다. 이것은 스룹바벨이 율법을 알고 사랑하는 자라는 것을 뜻하는 것으로, 제2성전은 율법을 이해하고 그 위대성을 깨달은 자에 의해서 재건되었다는 것을 말해 준다.

구약 외경의 이해

05

Understanding the Old Testament Apocrypha

기도서

세 청년의 노래와 므낫세의 기도는 기도서로 분류될 수 있다. 후자는 죄를 고백하고 용서를 비는 탄원시편인 반면, 전자는 하나님을 찬미하는 찬양시편이 주요 내용을 구성 하고 있다. 이 둘은 독립적으로 쓰였지만, 후자는 수산나, 벨과 뱀과 함께 다니엘서의 첨가서로 취급되기도 한다.

1. 세 청년의 노래

세 청년의 노래는 "아자리아의 기도와 세 젊은이들의 노래The Prayer of Azariah and the Song of the Three Young Men"라고도 불리는데, "수산나," "벨과 뱀"과 함께 칠십인역 구약성서(LXX)의 다니엘서에 첨가되어 있다. 여기에서 세 청년이란 다니엘서에 나오는 사드락이라고도 하는 하나니아, 메삭이라고도 하는 미사엘, 그리고 아벳느고라고도 하는 아자리아이다(단 1:8).[1] 이들은 바빌론 지방의 행정을 관리했으나, 느부갓네살 왕이 세운 금 신상에 절을 하지 않았기 때문에 불타는 화덕에 던져졌다. 세 청년의 노래는 바로 이 세 젊은이들이 불타는 화덕 속에서 하나님께 드린 기도로, 칠십인역 구약성서에서 다니엘 3:23과 3:24 사이에 삽입되어 있다.

세 청년의 노래는 적어도 세 개의 각기 다른 자료들이 익명匿名의 저자에 의해 결합, 편찬되었다. 아자리아의 노래(1-22절; 공동번역 3:24-45)와 짧은 이야기(23-27절; 공동번역 3:46-50), 그리고 세 젊은이의 노래(28-68

1) 사드락(Shadrach), 메삭(Meshach), 아벳느고(Abednego)는 아람어 이름이고, 하나니아(Hananiah), 미사엘(Mishael), 아자리아(Azariah)는 히브리어 이름이다.

절; 공동번역 3:51-90)이다.[2] 이 세 자료들 중 아자리아의 노래는 안티오쿠스 4세Antiochus IV(주전 175-164년) 때의 극심한 박해 상황을 반영하고 있으나, 나머지에 반영된 역사적 상황은 알 수 없다. 이들은 원래 히브리어로 쓰인, 각기 독립된 글들이었으나, 적어도 주전 100년경, 즉 다니엘서가 칠십인역 구약성서(LXX)에 있는 희랍어 본문으로 번역될 때까지는 현재의 형태로 결합되었다.[3] 아마도 다니엘서의 희랍어 번역자가 세 청년의 노래를 다니엘서에 첨가한 것 같다.

| 세 청년의 노래의 구조 |

세 청년의 노래는 세 부분으로 나뉜다. 첫째 부분(1-22절)은 아자리아의 노래이고, 둘째 부분(23-27절)은 주의 천사가 풀무 불에 있는 세 젊은이를 구해 준 이야기이다. 그리고 마지막 부분(28-68절)은 이들이 불 속에서 구원하여 주신 하나님께 드리는 찬양의 노래이다. 둘째 부분의 이야기는 첫째 부분과 셋째 부분을 연결해 주는 역할을 한다.

첫째 부분: 아자리아의 노래(1-22절)

---

2) 쿨에 의하면, 세 젊은이의 노래에 있는 시 부분(29-68절)은 원래 29-34절과 35-68절로 분리되어 있었다. C. Kuhl, *Die drei Männer im Feuer, BZAW 55* (Giessen, 1930), 99-100. 무어는 쿨의 제안에 동의하면서, 세 청년의 노래 전체는 네 개의 각기 독립된 자료가 결합되었다고 본다: 1-22; 23-28; 29-34; 35-68절. Carey A. Moore, Daniel, *Esther and Jeremiah: the Additions* (Garden City: Doubleday, 1977), 40-9; "Additions to Daniel," *ABD*, Vol. 2, 19-20.

3) Robert H. Pfeiffer, *History of New Testament Times with an Introduction to the Apocrypha* (New York: Harper & Brothers, 1949), 441-2.

(1) 서론(1-2절)

(2) 이스라엘의 죄를 징벌하시는 의로우신 하나님에 대한 찬양 (3-10절)

(3) 하나님의 자비에 대한 간구(11-22절)

둘째 부분: 세 젊은이에 대한 천사의 도움(23-27절)

셋째 부분: 세 젊은이의 노래(28-68절)

(1) 서론(28절)

(2) 하늘 성전에 계신 하나님에 대한 찬양(29-34절)

(3) 하늘에 있는 피조물들아, 하나님을 찬양하라(35-41절).

(4) 하늘과 땅 사이에 있는 피조물들아, 하나님을 찬양하라 (42-51절).

(5) 땅에 있는 피조물들아, 하나님을 찬양하라(52-59절).

(6) 인생들아, 하나님을 찬양하라(60-68절).

| 세 청년의 노래의 내용 |

세 청년의 노래는 아자리아의 노래와 함께 시작된다. 아자리아의 노래 서두에는 이 노래가 불린 상황을 간략하게 설명하는 산문체 이야기가 있다(1-2절).

그들은 불길 가운데를 걸으면서 하나님을 찬양하고 주님께 찬미를 드렸다. 그때 아자리아는 불 속에 우뚝 서서 큰소리로 이렇게 노래하였다(1-2절).

여기에서 '그들'이란 다니엘의 세 친구인 하나니아(=사드락), 미사엘(=메삭), 아자리아(=아벳느고)인데, 느부갓네살 왕이 금 신상을 숭배하라는 명령을 거역하였기 때문에 현재 불타는 화덕에 던져져 있다(단 3:1-23). 저자에 의하면, 그들은 이 화덕 속을 걸으며 하나님을 찬양했다. 그들이 어떠한 노래를 합창하면서 하나님을 찬양했는지는 언급되어 있지 않지만, 저자는 아자리아의 노래를 연결함으로써, 마치 아자리아가 그들을 대표해서 하나님을 찬미한 것처럼 구성하고 있다.

아자리아는 불 속에 있는 자신들을 구원해 달라고 하나님께 애원하지 아니한다. 오히려 이스라엘 백성 전체의 죄를 인정하고, 현재 이스라엘이 받는 고통은 그 죄에 대한 하나님의 정당한 심판이라고 고백한다(3-10절). 그리고 하나님께서 백성들에게 자비를 베푸셔서 죄를 용서하시고 구원해 달라고 간구한다(11-22절).[4] 이것은 아자리아의 노래가 개인 찬양시라기보다는 오히려 전체 이스라엘 백성들의 죄를 고백하는 공동체 탄원시라는 것을 의미한다.[5]

> 주님, 우리는 이제 어떤 민족보다도 더 작은 민족이 되었고
> 오늘날 이 세상 어디에서나 천대받게 되었습니다.
> 이것은 우리의 죄 때문입니다.
> 지금 우리에게는 통치자도 예언자도 지도자도 없으며
> 번제물도 희생제물도 유향도 없고

---

4) 아자리아의 노래는 다니엘 9:4-20에 있는 다니엘의 기도와 바룩 1:15-3:8에 있는 포로들의 기도와 매우 유사하다.

5) 아자리아의 노래의 내용은 아자리아가 처한 상황과 맞지 않는다. 이 노래는 회당의 의식이나 성전에서 행해진 공중예배 때에 사용되었던 공동체 회개기도였을 것으로 추측된다.

당신 앞에 제물을 드리고 자비를 구할 장소조차 없습니다.[6)]

그러나 우리의 회개하는 마음과 겸손하게 된 정신을 받아 주소서 (14-16절).

이어지는 산문체의 짧은 이야기(23-27절)는 아자리아의 기도에 응답하시는 하나님께서 어떻게 그들을 구원하셨는지에 대해서 말해 주고 있다. 이 이야기에 의하면, 느부갓네살 왕의 종들은 불가마에 연료를 집어넣고 불을 더욱 세차게 지폈다. 불길이 얼마나 셌던지 가마 위로 마흔 자나 치솟았고, 가마 주위에 있던 사람들을 태워 버렸다. 그러나 이때 하나님의 천사가 내려와 불꽃을 가마 밖으로 몰아내고 시원한 입김을 세 청년에게 불어 타지 않게 하였다. 그리하여 그들은 이러한 상황 가운데서도 어떠한 고통도 받지 않았다. 그때에 세 젊은이는 노래를 부르며 하나님을 찬양했다. 그 노래(29-68절)는 반복 후렴구를 가지고 있는 교송交誦 성가antiphon이다.[7)] 그들은 먼저 하늘 성전에 계신 하나님께 드리는 영광송을 부르며 찬양했다(29-34절).

---

6) 15절은 아자리아의 노래의 연대 측정을 위해 중요한데, 마카비 혁명 직전 예루살렘 성전이 안티오쿠스 4세에 의해 짓밟힌 상황을 반영한 것 같다.

7) 이 노래는 공동체 예배에서 사용되었던 것으로, 시편의 영향을 받은 것 같다. 그 내용은 시편 148편과, 그리고 그 구조는 시편 136편과 매우 유사하다. Robert H. Pfeiffer, *op. cit.*, 448. 나이켈스버그에 의하면, 이 노래는 토비트 8:5-6과 15-17에 반영되어 있는데, 내용과 스타일을 볼 때 토비트의 저자가 이 노래를 이용했다고 한다. 그는 이러한 제안이 이 노래의 저작 연대를 최소한 3세기까지 거슬러 올라가게 한다고 말한다. G. W. E. Nickelsburg, "The Bible Rewritten and Expanded," in *Jewish Writings of the Second Temple Period*, ed., Michael E. Stone (Philadelphia: Fortress Press, 1984), 151.

성스럽고 영광스러운 성전 안에 계신 주님, 찬미받으소서.
영원무궁토록 모든 것 위에 주님을 높이 받들며 영광을 올립니다.
당신의 보좌에 앉아서 통치하시는 주님, 찬미받으소서.
영원무궁토록 모든 것 위에 주님을 높이 받들며 찬양합니다(31-32절).

이것은 그들이 직접 하나님께 드린 찬양이지만, 이어지는 내용은 피조물들에게 함께 하나님을 찬양하자는 초대이다(35-68절).

주님의 피조물들이여, 주님을 찬미하여라.
주님께 지극한 영광과 영원한 찬양을 드려라.
하늘이여, 모두 주님을 찬미하여라.
주님께 지극한 영광과 영원한 찬양을 드려라.
주님의 천사들이여, 주님을 찬미하여라.
주님께 지극한 영광과 영원한 찬양을 드려라(35-37절).
번개와 구름이여, 주님을 찬미하여라.
주님께 지극한 영광과 영원한 찬양을 드려라.
땅이여, 주님을 찬미하여라.
주님께 지극한 영광과 영원한 찬양을 드려라(51-52절).
사람의 아들들이여, 주님을 찬미하여라.
주님께 지극한 영광과 영원한 찬양을 드려라.
이스라엘아, 주님을 찬미하여라.
주님께 지극한 영광과 영원한 찬양을 드려라(60-61절).

피조물들을 찬양에로 초대한 뒤, 이제 찬양의 이유를 밝힌다.[8)] 그것은 자신들을 불가마에서 구원해 주셨기 때문이라는 것이다.

아나니야와 아자리야와 미사엘이여,
주님을 찬미하여라.
주님께 지극한 영광과 영원한 찬양을 드려라.
주님은 우리를 음부에서 건져 주셨고[9)]
죽음의 손에서 빼내 주셨으며
불타는 가마 속에서 구해 주셨고
불길 속에서 구해 주셨다.
주님께 감사를 드려라.
주님은 선하시고 그분의 사랑은 영원하시다.
주님을 경배하는 모든 이들이여, 모든 신들 위에 계시는
하나님을 찬미하여라.
그분께 찬양의 노래와 감사를 드려라.
그분의 사랑은 영원하시다(66-68절).[10)]

---

8) 찬양의 이유가 찬양에의 초대 혹은 찬양의 권유 다음에 이어지는 것은 구약성서에 나오는 찬양시의 일반적인 특징이다. 찬양시의 구조에 대해서는 김이곤, "찬양시,"『오늘의 시편연구』, 문희석 편 (서울: 대한기독교서회, 1974), 163-77; J. Day, *Psalms* (Sheffield: JSOT, 1990), 39-51을 보라.

9) 이 줄은 다음 줄과 동의적 평행법을 이루고 있다. 즉, "음부에서 건져 주셨고"와 "죽음의 손에서 빼내 주셨으며"는 같은 의미다. 공동번역 성서는 음부를 지옥이라 번역했는데, 여기에 헬라주의적 지옥(hell) 개념은 나타나 있지 않다.

10) 67-68절의 내용은 시편 136:1-3절을 반영하고 있다.

| 세 청년의 노래의 목적 |

세 청년의 노래에 있는 시詩들은 원래 각기 독립된 공동체 기도문이었지만, 다니엘서에 삽입·편찬되면서 그 목적과 기능이 변했다. 산문체의 이야기들이 언급하는 것처럼, 이 시들은 다니엘의 친구들이 부른 노래가 되었다. 저자는 이 기도문을 다니엘서에 첨가함으로서 다니엘서 3장에 있는 이야기를 더욱 자세하고 생동감 있게 했다. 즉, 독자들에게 친밀했을 것이라 추정되는, 공동체 예배에서 사용된 이 기도문을 다니엘서 3장에 첨가함으로 느부갓네살 왕과 그의 박해에 초점이 맞추어진 이야기를 신앙심이 돈독한 박해자들과 그들의 하나님에 초점을 맞춘 예배적인 드라마quasi-liturgical drama로 바꾸었다.[11] 느부갓네살의 활동이 대부분을 차지하였던 짧은 이야기가 경건한 세 젊은이와 그들을 돌보시는 전능하신 하나님이 중심이 되는 드라마로 변했다는 것이다. 단순한 이야기가 여러 개의 무대를 필요로 하는 드라마가 되었다는 것이다. 이를 통하여, 독자들은 혹독한 시련 가운데 있었던 세 청년의 신앙과 마음 상태를 자세히 읽을 수 있고, 하나님께서 그들을 어떻게 도우셨는지 그 과정을 알 수 있게 되었다.

왜 저자는 하필 다니엘 3:23과 3:24 사이에 세 청년의 노래를 삽입함으로 다니엘서 3장의 이야기를 팽창할 필요를 느꼈는가? 그것은 아마도 3:28에 있는 느부갓네살 왕의 고백 때문이었던 것 같다.[12] 세 청년이 불 속에서 무사함을 보고, 느부갓네살은 다음과 같이 하나님을 찬양한다.

---

11) Carey A. Moore, *op. cit.*, 44; G. W. E. Nickelsburg, *op. cit.*

12) Carey A. Moore, *op. cit.*, 60-1.

사드락과 메삭과 아벳느고를 돌보신 하나님을 찬양하여라. 그는 천사를 보내서 그의 종들을 구하셨다(단 3:28).

이것은 독자들로 하여금 세 청년은 불화덕 속에서 하나님을 찬양하지 않았지만, 오히려 이방인인 느부갓네살 왕은 하나님을 찬양했다는 오해를 불러일으킬 수 있다. 이러한 오해는 세 청년의 신앙심보다도 오히려 느부갓네살의 하나님에 대한 경외심이 더 강했을 것이라는 추측을 가능케 한다. 저자는 바로 이러한 오해를 불식시키기 위하여 혹은 느부갓네살보다도 세 청년의 하나님에 대한 경외심이 훨씬 더 강했다는 것을 보여주기 위하여, 세 청년의 노래를 삽입시켜 다니엘서 3장을 팽창시킨 것 같다.

| 주요 신학사상 |

범죄-징벌-회개-구원

세 청년의 노래에는 신명기적 주제가 내재되어 있다. 이 기도서에 의하면, 인간이 받는 고통과 하나님의 심판은 인간의 범죄에 대한 하나님의 정당한 징벌이다. 그리고 이 징벌은 인간이 회개하면서 자비를 베풀어 달라고 간구할 때 거두어진다. 하나님은 참회의 기도에 대한 하나님의 응답으로 구원을 허락하신다. 세 청년의 노래에는 이와 같이 범죄-징벌-회개-구원이라는 신명기적 주제가 있다.

세 청년의 노래에서 이러한 신명기 신학사상은 하나님과 족장들이 맺은 영원한 계약 사상과 결합되어 있다. 이 결합은 회개의 과정에 나타나 있다. 즉, 하나님께서 족장들에게 하신 약속은 그들의 범죄한 후손들이 하나님께 다가가 회개와 자비의 간구를 드릴 수 있는 근거가 된다는 것이다. 죄인들은 하나님께서 족장들과 하신 약속에 의지하며 기도한다는 것이다.

그러나 당신의 이름에 의지하오니
언제까지나 우리를 저버리지 마시고
당신의 계약을 외면하지 마소서.
당신의 친구 아브라함[13]과
당신의 종 이삭과
당신의 거룩한 백성 이스라엘을 보시고
당신의 자비를 우리에게서 거두지 마소서.
당신은 하늘의 별과 같이 무수하고
바닷가의 모래알과 같이 수많은 자손을 약속하셨습니다(11-13절).

이러한 사상적 결합은 포로기 이후 유대교의 신학적 특성 중 하나이다.

역사와 창조

세 청년의 노래에 있는 역사와 창조에 대하여 견해는 매우 긍정적이다. 하나님은 창조주로서 모든 피조물들을 만드셨다. 이 피조물들은 타락하지 않았으며 하나님을 찬양한다. 그리고 하나님의 명령에 복종하여 의인들을 해치지 않는다. 또한 하나님은 역사의 주로서 현재에도 이 역사

13) 약 2:23 참조.

안에서 활동하시며 죄인들을 징벌하시고 의인들을 구원하여 주신다. 현재의 역사는 포기되어진 것이 아니라 하나님께 정의를 세우시기 위하여 활동하시는 무대이다.

2. 므낫세의 기도

므낫세Manasseh(주전 698-642년)는 유다의 왕으로 열두 살 때 등극하여 55년 동안 통치했다. 그는 다윗 왕조의 왕들 중 가장 오랫동안 통치했는데, 구약성서에는 그에 대한 두 가지 평가가 있다. 즉, 신명기 사가와 역대기 사가의 평가이다. 이 두 사가는 므낫세 왕에 대하여 매우 다르게 평가하고 있다.

먼저, 신명기 사가는 그를 유다 역사 중 가장 사악한 왕으로 묘사하고 있다(왕하 21:1-18; 23:26-27).

> 므낫세는 주께서 보시기에 악한 일을 하였다. 그는, 주께서 이스라엘 자손이 보는 앞에서 쫓아내신 이방 사람들의 역겨운 풍속을 따랐다. 그는 아버지 히스기야가 헐어 버린 산당들을 다시 세우고, 바알을 섬기는 제단을 쌓았으며, 이스라엘 왕 아합이 한 것처럼, 아세라 목상도 만들었다. 그는 또 하늘의 별을 숭배하고 섬겼다(왕하 21:2-3).

> 그러나 주께서는 유다에게 쏟으려던 그 불타는 진노를 거두어들이지

않으셨다. 므낫세가 주님을 너무나도 격노하시게 하였기 때문이다. 그래서 주께서는 이렇게 말씀하셨다. "이스라엘을 내가 외면하였듯이, 유다도 내가 외면할 것이요, 내가 선택한 도성 예루살렘과 나의 이름을 둡겠다고 말한 그 성전조차도 내가 버리겠다"(왕하 23:26-27).

므낫세는 산당을 복원하고 예루살렘 성전에 이방인의 제단과 아세라 목상을 세워 우상숭배를 장려했다. 또한 죄 없는 사람들을 너무 많이 죽이고 이방인들보다 더욱 악한 일을 하도록 백성들을 인도했다. 신명기 사가의 평가에 의하면, 이러한 므낫세의 죄악은 하나님의 돌이킬 수 없는 진노를 샀으며, 결국 그 죗값으로 유다 왕국은 멸망했다.

신명기 사가와는 달리, 역대기 사가는 므낫세 왕을 매우 긍정적으로 평가하고 있다(대하 33:1-20).

주께서 므낫세와 그의 백성에게 말씀하셨으나, 그들이 듣지 않았으므로, 앗시리아 왕의 군대 지휘관들을 시켜, 유다를 치게 하시니, 그들이 므낫세를 사로잡아 쇠사슬로 묶어, 바빌론으로 끌어갔다. 므낫세는 고통을 당하여 주 하나님께 간구하였다. 그는 조상의 하나님 앞에서 아주 겸손해졌다. 그가 주께 기도하니, 주께서 그 기도를 받으시고, 그 간구하는 것을 들어 주셔서, 그를 예루살렘으로 돌아오게 하시고, 다시 왕이 되어 다스리게 하셨다. 그제야 므낫세는 주님만이 하나님이시라는 것을 깨달았다(대하 33:10-13).

므낫세의 나머지 일들과, 그가 하나님께 간구하여 바친 기도와, 선견자가 주 이스라엘의 하나님의 이름을 받들고 권면한 말씀은, 모두 '이스라엘 왕 역대지략'에 기록되어 있다. 그가 기도를 드린 것과, 하나님이 그 기도를 받으신 것과, 그가 지은 모든 죄와 허물과, 그가 겸손해지기 전에 산당을 세운 여러 장소와, 아세라 목상과 우상을 세워 둔 여러 곳들이, 모두 '호세의 역사책'에 기록되어 있다(대하 33:18-19).

므낫세는 통치 초기에 우상숭배라는 사악한 죄를 범하고 앗시리아에 포로로 잡혀서 바빌론으로 갔다. 그러나 그는 포로생활의 고통 가운데서 하나님께 회개의 기도를 드리고 은총을 간구했다. 하나님은 그의 기도에 응답하셔서, 은총을 베푸시고 예루살렘으로 다시 돌아오게 하셨다. 포로에서 돌아온 므낫세는 자신이 세운 산당과 이교제단을 헐었으며 예루살렘 성전도 정화했다. 역대기 사가는 므낫세가 드린 기도가 '이스라엘 왕 역대지략'과 '호세의 역사책'에 기록되어 있다고 한다.

역대하 33장에 있는 므낫세에 관한 기록을 알고 있는 사람이 '므낫세의 기도'라는 책의 제목을 처음 대할 때, 그 저자가 므낫세 왕일 것이라는 오해를 할 수도 있다. 즉, 15절로 되어 있는 이 짧은 기도문이, 므낫세 왕이 앗시리아의 포로생활 가운데서 드린 기도일 것이라고 생각할 수도 있다는 것이다. 그러나 이 아름다운 기도문은 므낫세 왕이 드린 회개의 기도가 아니다. 그리고 불행하게도 역대기 사가가 언급하고 있는 두 권의 역사책, 즉 '이스라엘 왕 역대지략'과 '호세의 역사책'도, 또한 거기에 기록되어 있는 '므낫세의 기도'도 남아 있지 않다.

현재 우리가 다루고 있는 므낫세의 기도는 므낫세 왕보다 훨씬 후대에 어느 익명匿名의 저자에 의해 쓰였다. 그는 역대기 사가의 므낫세 왕에 대한 긍정적 평가를 근거로 이 책을 썼다. 그리하여 이 책을 마치 역대기하 33:11-13에 언급된, 므낫세가 앗시리아의 포로로 바빌론에 잡혀갔을 때 하나님께 드린 회개기도인 것처럼 쓰고 있다.[1] 그러나 그 내용이나 형태는 시편 25편, 51편 그리고 103편 등과 같은, 죄를 회개하는 개인 탄원시편과 매우 유사하다.[2] 이 책이 언제, 어디서 쓰였는지는 알 수 없지만, 아마도 주전 2세기경에 팔레스타인 유대인에 의해 희랍어로 쓰였을 것으로 추측된다.[3]

구약 외경 중 칠십인역 구약성서(LXX)에 포함되지 않은 두 권의 책이 있다. 에스드라스 이서와 므낫세의 기도이다. 에스드라스 이서가 칠십인역에 포함되어 있지 않다는 것은 일반적으로 널리 알려져 있지만, 상당수의 학자들은 므낫세의 기도가 칠십인역에 포함된 것으로 잘못 알고 있다. 이러한 오해는 오늘날 출판되고 있는 칠십인역 구약성서(LXX)에 므낫세의 기도가 포함되어 있기 때문에 일어난 것 같다.[4]

---

1) 라틴어 성서인 불가타역은 므낫세의 기도를 다음과 같이 제목을 붙이고 있다: "유다왕 므낫세가 바빌론에 포로로 있을 때 드린 기도" (*Oratio Manassae regis Iuda cum captus teneretur in Babylone*). 쇠러에 의하면, 므낫세의 기도는 역대기 하를 보충하기 위하여 쓰였다. 이것은 다니엘서의 보충으로 아자리아의 기도와 세 청년의 노래가 쓰였고, 에스더서의 보충으로 에스더가 쓰인 것과 같은 방식이라는 것이다. *HJP* 3/2, 730-1.

2) 탄원시편(Lament Psalm)은 탄식시편 혹은 애원시편 등으로도 불리어지는데, 이에 대해서는 김이곤, "탄식시,"『오늘의 시편연구』, 문희석 편(서울: 대한기독교서회, 1979), 178-206; Bernhard W. Anderson, *Out of the Depths* (Philadelphia: Westminster Press, 1983), 63-105; J. Day, *Psalms* (Sheffield: JSOT, 1990), 19-38을 보라.

3) 저작연대와 장소 그리고 원문의 언어(original language)에 대한 학자들의 의견은 분분하다. 저작연대는 주전 1-2세기경으로, 그리고 저작 장소는 이집트의 알렉산드리아로, 원문은 어느 셈족어(히브리어나 아람어)로 주장되기도 한다. 이에 대해서는 J. H. Charlesworth, "Prayer of Manasseh," in *OTP* 2, 625-8.

4) Alfred Rahlfs, ed., *Septuaginta*, Vol. 2 (Stuttagart: Deutsche Bibelgesellschaft, 1979), 180-1; Sir L. C. L. Brenton, ed., "The Apocrypha," in *The Septuagint with Apocrypha: Greek and English* (Peabody: Hendrickson, 1990), 247-8. 찰스워스(J. H. Charlesworth)는 므낫세의 기도가 칠십인역에 포함되어 있지 않기 때문에, 구약 외경으로 분류하지 말고, 위경에 포함시켜야 한다고 주장한다. *OTP* 2, 629.

| 므낫세의 기도의 구조 |

므낫세의 기도는 세 부분으로 나누어진다. 첫째 부분(1-7절)은 서론으로 하나님의 이름을 부르며 그를 찬양하는 내용이며, 둘째 부분(8-10절)은 죄의 고백이다. 그리고 셋째 부분(11-15절)은 죄의 용서를 비는 간구이다.

첫째 부분: 하나님에 대한 찬양(1-7절)

(1) 창조주 하나님에 대한 찬양(1-4절)

(2) 용서의 주 하나님에 대한 찬양(5-7절)

둘째 부분: 죄의 고백(8-10절)

셋째 부분: 용서의 간구(11-15절)

(1) 용서를 비는 애원(11-13절)

(2) 응답의 확신과 찬양에 대한 맹세(14-15a절)

(3) 송영(15b절)

| 므낫세의 기도의 내용 |

므낫세의 기도는 하나님께 회개하고 용서를 비는 짧은 기도문이다. 이 기도문은 기도의 대상인 이스라엘의 하나님을 부르면서 시작한다(1절). 그리고 하나님께서 천지와 바다를 창조하신 일을 찬양한다(2-4절).

오 전능하신 주님,

우리 조상 아브라함과 이삭과 야곱 그리고 그들의 의로운 후손들의 하나님이시여!

당신은 하늘과 땅을 질서 있게 지으셨나이다.

당신은 명령으로 바다의 경계를 정하시고

심연을 막으셨으며

당신의 위엄 있고 영광스러운 이름으로 그것을 봉인하셨나이다.

모든 것들이 당신의 위력 앞에서 떨며 두려워하나이다(1-4절).

또한 회개하는 죄인을 용서해 주시는 하나님의 자비에 대해서도 찬양한다(5-7절).

당신의 영광스러운 광채는 아무도 감당할 수 없으며

죄인에 대한 당신의 무서운 진노 앞에 아무도 설 수 없나이다.

그러나 당신께서 약속하신 자비도 무한하여 헤아릴 수 없나이다.

당신은 매우 온정이 많으시고 오래 참으시며 대단히 자비로우신,

전능하신 하나님이시며,

인간의 고통을 가엾게 여기시나이다.

오 주님, 당신은 매우 자애로우셔서

당신을 거역하여 죄를 짓는 자들에게 회개와 용서를 약속하셨으며

풍성하신 자비로, 죄인들의 구원을 위하여 회개를 정하여 놓으셨나이다(5-7절).

하나님에 대한 찬양에 이어 죄의 고백이 나온다(8-10절). 그러나 10절 마지막에 우상숭배에 대한 암시가 나오지만, 하나님께 어떻게 죄를 지었

는지 구체적인 내용을 묘사하고 있지 않다.

오 주님, 의인의 하나님이시여!

당신은 아브라함과 이삭과 야곱과 같이 당신께 죄를 짓지 않는 의인을 위해서는

회개를 정해 놓지 않으셨지만,

죄인인 저를 위해서는 회개를 정해 놓으셨나이다.

제가 지은 죄는 바다의 모래보다 더 많나이다.

저의 죄악은 늘어가나이다. 오 주님, 늘어가나이다!

저는 높은 하늘을 올려다 볼 자격도 없나이다.

왜냐하면 저의 잘못이 너무 많기 때문이니이다.

저는 많은 쇠사슬에 묶여 괴로움을 당하나이다.

저는 죄 때문에 추방되었고,

위로도 없나이다.

저는 당신의 진노를 유발시켰고

당신의 눈에 악한 짓을 했나이다.

저는 가증스러운 것들을 세우고 범죄하게 하는 것들을 많게 했나이다(8-10절).

죄의 고백에 이어 나오는 것은 당연히 용서를 비는 간구이다. 회개의 기도에서 용서를 비는 내용은 기도의 핵심이라 할 수 있다.

이제 저는 제 마음의 무릎을 꿇고

당신의 자비를 애원하나이다.

저는 죄를 범했나이다. 오 주님, 죄를 범했나이다.
그리고 저의 잘못을 고백하나이다.
제가 진실로 당신께 애원하오니
저를 용서하여 주소서, 오 주님, 용서하여 주소서!
저의 죄로 인하여 저를 멸하지 마소서!
제게 영원히 분노치 마시고, 저에 대한 재앙을 준비치 마소서.
저를 땅 속 깊은 곳으로 떨어지게 마소서.
오 주여, 당신은 참회자의 하나님이시나이다(11-13절).

죄의 고백에 이어, 하나님께서 이 기도를 들어 응답해 주실 것이라는 확신의 고백을 한다. 그리고 그러한 응답 뒤에 어떻게 하나님을 찬양할 것인지에 대해서도 고백한다.

당신은 저 안에서 당신의 선하심을 드러내실 것입니다.
저는 무가치하지만, 당신은 자비가 풍성하셔서 저를 구원해 주실 것입니다.
그리고 저는 당신을 저의 생명이 다하기까지 계속해서 찬양할 것입니다(14-15a절)

므낫세의 기도는 하나님을 찬양하는 송영으로 끝맺는다. 송영과 함께 기도문이나 시편 그리고 책을 마무리하는 것은 유대문학의 특징 중 하나이다.

하늘의 모든 천군이 당신을 찬양하나이다.

영광이 영원토록 당신께 있나이다. 아멘(15b절).

| 므낫세의 기도의 목적 |

므낫세의 기도는 죄를 회개하고 용서를 비는 기도문이다. 이것은 아무리 사악한 죄를 지은 사람이라도 하나님께 자신의 죄를 솔직히 고백하고 용서를 구하면, 자비로우신 하나님께서 은혜를 베풀어 주신다는 것을 보여준다. 이 기도문이 구체적으로 어떠한 역사적 상황에서 쓰였는지는 모르지만, 몇 가지 가능한 목적을 생각해 볼 수 있다.

첫째로, 에스더 첨가서처럼, 구약성서의 내용을 보충·확대하기 위해서 쓰였다고 할 수 있다. 저자는 잃어버린 므낫세의 기도를 복원하기 위하여 이 기도문을 작성하고 마치 므낫세가 직접 쓴 것처럼 했다는 것이다.

둘째로, 이 기도문이 주전 2세기경 신앙심 깊은 유대인에 의하여 쓰였을 것이라는 점을 감안해 보면, 아마도 이방 종교로 인하여 유대교를 배교背教하는 사람들을 위해서 썼다고 볼 수 있다. 즉, 므낫세처럼 이방 종교를 철저히 따랐던 사람도 회개하고 용서를 구할 때 하나님께서 구원해 주셨다는 것을 보여줌으로써, 배교한 유대인들이 다시 유대교로 돌아오도록 했다는 것이다. 또한 일순간의 배교로 인하여 양심의 가책과 죄의식으로 인하여 괴로워하는 신앙인들에게 하나님의 무한하신 자비를 일깨워 주어, 회개와 용서를 비는 기도를 드릴 수 있도록 용기를 주기 위해 썼다고 볼 수도 있다. 이들에게 이 기도문은, 이스라엘의 하나님은 어떠한 인간도 회개와 용서를 주신다는 믿음과 희망을 주었을 것이다. 그리고 용서의 주 하나님을 찬양하게 했을 것이다.

| 주요 신학사상 |

므낫세의 기도에서 가장 강조되는 신학적 주제는 회개와 용서이다. 이 기도문에 의하면, 하나님은 인간이 아무리 사악한 죄를 범했을지라도, 그가 회개할 때 용서하여 주신다. 하나님은 회개하지 않은 자는 파멸하게 하시지만, 회개한 자는 용서하여 주신다. 죄인이 회개할 때 용서하여 주신다고 하는 것은 하나님의 약속이다. 이 약속은 의인들에게는 필요 없지만, 자신이 죄인이라고 인정하는 자에게는 꼭 필요한 것이다.

므낫세의 기도 저자가 제시하는 회개란 무엇인가? 어떤 절차를 통해서 회개가 이루어지는가? 이 기도문에 나타나 있는 회개에는 네 가지 주요 요소가 내포되어 있다.

첫째, 하나님의 무한한 능력을 인정하는 것이다.

둘째, 자기의 죄를 하나님 앞에 온전히 자백하는 것이다.

셋째, 회개할 때 하나님께서 용서해 주신다는 약속을 믿는 것이다.

넷째, 의로운 행동만 하겠다는 결단과 함께 용서의 주 하나님을 찬양하는 것이다.

죄를 범한 자가 이렇게 회개를 하고 용서를 받는다는 것은 죄인까지도 사랑하시는 하나님의 무한한 자비 때문에 가능하다. 하나님의 자비는 어떤 죄인이라도, 비록 므낫세처럼 하나님의 성전을 이방인의 우상으로 더럽히고 무고한 의인들을 수없이 죽인 자라 할지라도 용서해 주실 정도로 무한하다. 유한한 인간의 죄악은 하나님의 무한한 자비로 용서를 받을 수 있다. 이와 같은 회개와 용서의 주제는 바빌론 포로기와 그 이후 유대교 신학에서 매우 중요한 것이었다.

이 밖에도 므낫세의 기도에는 하나님을 창조주, 의인의 주, 하늘의 천군들에 의하여 찬양을 받으시는 분 등으로 묘사하고 있다. 또한 족장들은 죄가 없는 의인이라는 것도 언급하고 있다.

06

묵시문서

1. 에스드라스 이서

구약 외경에 대해서 오해하는 것 중의 하나는 15권의 모든 책이 칠십인역 구약성서(LXX)에 들어 있다는 것이다. 그러나 이것은 잘못된 지식이다. 열다섯 권의 구약 외경 중 열세 권만 칠십인역에 들어 있고, 나머지 두 권은 라틴어 성경인 불가타Vulgate에서만 찾아볼 수 있다. 이 두 권의 책은 므낫세의 기도와 에스드라스 이서이다.

에스드라스 이서의 명칭은 그 번역본에 따라 여러 가지로 불린다. 먼저, 불가타 성경은 이 책을 에스드라스 사서(IV Esdras)로 부른다. 그러나 대부분의 영어 번역본들 — KJV, RSV, NRSV, NEB, REB 등 — 은 에스드라스 이서(II Esdras)라 칭하고 있다. 영어 번역본들이 이렇게 부르는 것은 1560년에 출판된 제네바 성경Geneva Bible을 따르기 때문이다. 또한 에스드라스 이서를 세 부분으로 나누어 각 부분을 각기 다르게 칭하기도 한다. 즉, 3-14장을 에스드라스 사서로, 1-2장을 에스드라스 오서로, 15-16장을 에스드라스 육서로 부르기도 한다. 이렇게 삼등분하여 명칭을 다르게 부르는 것은 이들 각 부분들이 서로 다른 기원을 가지고 있다고 보기 때문인데, 불가타 성경 이후의 많은 라틴어 사본들에서부터 이러한 명칭을 사용하고 있다. 이와 같은 명칭들을 도표로 나타내면 다음과 같다.

영어성경(NRSV/REV)의 명칭	에스드라스서 총서의 명칭
에스라	에스드라스 일서
느헤미야	에스드라스 이서
에스드라스 일서	에스드라스 삼서
에스드라스 이서 3-14장	에스드라스 사서
에스드라스 이서 1-2장	에스드라스 오서
에스드라스 이서 15-16장	에스드라스 육서

에스드라스 이서는 다니엘서나 요한계시록처럼, 묵시문서로 분류된다. 이 책은 신구약 중간시대에 전성기를 누렸던 묵시문학의 특징을 책 전체에 걸쳐서 내포하고 있으며, 적어도 세 개의 서로 다른 문학 단위 — 1-2장; 3-14장; 15-16장 — 로 구성되어 있다. 이 세 부분 중 제일 먼저 쓰인 것은 3-14장이다. 묵시문학의 형태로 되어 있는 이 부분은 에스라의 묵시록The Ezra Apocalypse/The Apocalypse of Ezra이라고 불리기도 하는데, 주후 70년 예루살렘 성전이 로마에 의해서 파괴된 뒤인 주후 1세기 말경에 쓰였다. 아마도 도미티안 황제(주후 81-96년)의 통치 말기에 쓰였을 것으로 추정된다.[1] 원래 쓰인 언어는 히브리어였고 희랍어로 번역되었다. 그러나 지금은 히브리어 사본과 희랍어 사본의 대부분이 전해지지 않고 있으며 라틴어 번역본이 가장 중요한 번역본으로 간주되고 있다. 저자는 팔레스타인에 살고 있었던 유대인이었으며, 아마도 바리새파에 속해 있었던 것 같다.[2]

---

1) 에스드라스 3-14장의 연대측정은 11-12장을 근거로 가능하다. 이에 대한 자세한 것은 다섯 번째 묵시(11-12장)에 대한 설명을 보라.

2) Michael E. Stone, *Fourth Ezra* (Minneapolis: Fortress Press, 1990), 9-11. 3-14장에는

나머지 두 부분인 1-2장과 15-16장은 예언문학의 형식으로 되어 있다. 1-2장은 주후 2세기 중엽 그리고 15-16장은 주후 3세기 말경 각기 다른 그리스도인에 의해 희랍어로 쓰였다.[3] 그러나 현재 남아 있는 가장 오래된 것은 라틴어 번역본이다. 전자는 독립적으로 쓰였다가 나중에 3-14장에 서론 형식으로 덧붙여진 반면, 후자는 3-14장의 보충 형식으로 쓰였다. 이것은 에스드라스 이서가 한 저자에 의해서 쓰인 것이 아니라 여러 저작물들의 편집이라는 것을 의미한다. 익명의 저자들은 각기 페르시아 시대의 예언자 에스라를 주인공으로 하고 있지만, 실제 에스라의 이야기를 쓴 것은 아니며 자신들이 전달하고자 하는 메시지를 이런 형식으로 표현한 것이다. 이러한 저술적著述的 특징은 제2성전시대에 유대인들 사이에서 성행했던 것이다.

에세네파나 다른 유대교 종파의 사상이 나타나 있지 않으며, 랍비전통에 나오는 주제, 사상, 언어, 주석 등이 나온다. 3-14장의 저자는 아마도 랍비 학교에서 교육을 받았던 것 같다. Michael E. Stone, "Apocalyptic Literature," in *Jewish Writings of the Second Temple Period*, ed., M. E. Stone (Philadelphia: Fortress Press, 1984), 383-441; Martin McNamara, *Intertestamental Literature* (Wilmington: Michael Glazier, 198), 79; John J. Collins, *Daniel, First Maccabees, Second Maccabees* (Wilmington: Michael Glazier, 1981), 142.

3) (1) 크래프트는 1-2장이 원래 유대인에 의해 쓰였으나 나중에 그리스도인에 의해 각색되었다고 주장한다. R. A. Kraft, "Towards Assessing the Latin Text of '5 Ezra' : The 'Christian' Connection," *HTR* 79(1986), 158-69. (2) 스톤과 버그렌에 의하면, 15-16장이 유대인에 의하여 쓰였을 가능성도 배제할 수 없다. Michael E. Stone & Theodore A. Bergren, "2 Esdras," *Harper's Bible Commentary* (San Francisco: Harper & Row, 1988), 777.

| 에스드라스 이서의 구조 |

에스드라스 이서는 크게 세 부분으로 나누어진다. 첫째 부분(1-2장)은 하나님의 백성에 대한 심판과 새 백성에 대한 약속을 하나님께서 에스라에게 주는 예언 형식으로 되어 있고, 둘째 부분(3-14장)은 에스라가 본 일곱 개의 환상이며, 마지막 부분(15-16장)은 이 땅에서 곧 일어날 재앙과 하나님에 대한 구원을 첫째 부분과 같은 형식으로 묘사하고 있다.

첫째 부분: 에스라의 예언(1-2장)

(1) 에스라의 족보(1:1-3)

(2) 불순종한 하나님의 백성에 대한 심판의 말씀(1:4-2:9)

(3) 새로 선택된 하나님의 백성에 대한 약속의 말씀(2:10-41)

(4) 시온산에 대한 에스라의 환상(2:42-48)

둘째 부분: 에스라의 묵시록(3-14장)

(1) 첫 번째 묵시(3:1-5:20)

(2) 두 번째 묵시(5:21-6:35)

(3) 세 번째 묵시(6:36-9:26)

(4) 네 번째 묵시(9:27-10:59)

(5) 다섯 번째 묵시(11-12장)

(6) 여섯 번째 묵시(13장)

(7) 일곱 번째 묵시(14장)

셋째 부분: 에스라의 예언(15-16장)

(1) 예언자의 소명(15:1-4)

(2) 세상에 내릴 재앙에 대한 예언(15:5-16:34)

(3) 하나님의 백성에 대한 훈계(16:35-78)

| 에스드라스 이서의 내용 |

1. 1-2장(에스드라스 오서)

에스드라스 이서는 에스라의 족보와 함께 시작한다(1:1-3).[4] 이 족보에 의하면, 에스라는 레위 지파의 아론의 후손으로 스라야의 아들이며 아자리아의 손자인데, 페르시아의 아닥사스다Artaxerxes 왕이 통치하던 때 메대에서 포로로 있었다. 이 에스라에게 하나님의 말씀이 주어졌다.[5] 그 내용은 한마디로, 이스라엘이 하나님의 계속되는 은총에도 불구하고 반역을 일삼으니 이제 하나님께서 심판하실 것이며 그들 대신에 새로운 사람들을 자기 백성으로 삼으실 것이라는 내용이다.

이스라엘의 죄는 무엇보다도 하나님을 잊어버린 것이다. 그들은 이집트에서 이끌어 내시고 그들의 원수들을 흩으신 하나님을 잊어버렸고 그의 율법을 지키지도 않았다(1:4-11). 또한 모세와 아론을 보내시고 광야에서 불기둥과 만나 등으로 인도하여 주신 은혜도 져버렸다(1:12-23). 하나님은 이러한 이스라엘에게 예언자들을 보내시어 아버지가 아들들을 훈계하는 것처럼, 어머니가 딸들에게 호소하는 것처럼 타이르셨지만, 이스라엘은 회개하지 않았다. 따라서 하나님은 이제 이스라엘을 돌보지

---

4) 여기에 제시된 족보의 내용은 에스라(7:1-5)나 에스드라스 일서(8:1-2)의 것과는 다르다.

5) 에스드라스 이서 1-2장과 15-16장에 묘사된 에스라의 모습은 예언자다. 이것은 구약성서에서 에스라를 "모세의 율법을 통달한 서기관"(에 7:6)으로 묘사한 것과 대조된다.

않으시고 이방 나라들에게로 주의를 돌리실 것이다(1:24-32). 이스라엘을 바람에 나는 겨와 같이 심판하시고 이방 나라들에 흩어지게 하실 것이다(1:33-2:7). 앗시리아도 소돔과 고모라처럼 하나님의 심판을 받을 것이다(2:8-9).

에스라에게 주시는 하나님의 말씀은 계속된다(2:10-32). 이 말씀에서 하나님은 심판을 받는 이스라엘 대신에 새 백성을 선택하셔서 이미 준비해 놓으신 예루살렘 왕국을 주실 것이라 선포한다(2:10-14). 또한 예루살렘을 어머니로, 새 백성을 그의 자녀들로 의인화하여 부르면서 하나님이 이 땅에 다시 오실 때까지 예루살렘이 새 백성을 잘 돌보라고 부탁의 말씀을 하신다(2:15-32). 물론 하나님은 예루살렘이 새 백성을 돌볼 수 있도록 지키시고 보호하실 것이다.[6]

하나님께서 에스라에게 주시는 말씀은 여기서 끝나고, 이제 에스라의 선포가 이어진다(2:33-41). 에스라에 의하면, 호렙산에서 하나님을 말씀을 받아 이스라엘에게 갔을 때, 그들은 그와 하나님의 계명을 거부했다. 그래서 그는 그 말씀을, 듣고 이해하는 이방인들에게 선포했다. 즉, 에스라는 하나님께서 말씀하신 대로, 이방인들에게 하나님께서 주실 영원한 안식과 그의 왕국을 기다리라고 선포했다.

이어지는 내용은 에스라가 새 백성이 들어가는 예루살렘 시온산을 환상으로 본 것이다(2:42-48). 이것은 앞서 말한 하나님의 약속에 대한 구체적인 증거로서 제시된 것이다. 이 환상에서 에스라는 많은 무리가 시온산에서 주를 찬양하고 그 가운데는 키가 큰 젊은이가 각 사람에게 면류관을 씌워 주며 종려나무를 나누어 주는 것을 보았다.[7] 에스라가

---

6) 새 백성이란 그리스도인들을 의미하며, 어머니 예루살렘이란 그리스도 교회를 뜻한다.

어떤 천사에게 이것이 무엇인지 물었을 때, 그는 그 젊은이가 하나님의 아들이라고 일러주었다.

> 그는 세상에서 저들이 고백하던 하나님의 아들이다. … 가라, 나의 백성들에게 네가 본 하나님의 놀라운 일들이 얼마나 위대하고 많은지 말하라(2:47-48).

2. 3-14장(에스드라스 사서)

에스드라스 3-14장은 일곱 개의 묵시문학적 환상으로 구성되어 있다. 이 환상들은 비록 바빌론 포로시대를 배경으로 하고 있지만, 실제의 배경은 주후 70년 예루살렘 성전이 로마에 의해서 파괴된 뒤의 상황이다. 그리하여 바빌론은 로마를 상징하며, 587년 바빌론에 의한 예루살렘 성전의 멸망은 주후 70년 로마에 의한 성전의 멸망을 상징한다. 에스드라스 3-14장은 주후 70년 예루살렘 성전의 멸망이라고 하는 충격적인 사건으로 인하여 제기된 여러 가지 종교적인 문제들에 대한 해답을 찾는 데 집중하고 있다. 왜 하나님은 로마의 손에 거룩한 도성 예루살렘을 넘겨주셨는가? 왜 이방인의 손에 그의 선택된 백성이 고통당하도록 허용하셨는가? 어떻게 그러실 수 있는가? 이제 이러한 질문들에 대한 대답을 시도하고 있는 일곱 개의 묵시들을 차례대로 살펴보자.

---

7) 여기에서 젊은이는 예수이며, 면류관과 종려나무를 받은 사람들은 순교자들이다. 계 2:10; 7:9 참조.

1) 첫 번째 묵시(3:1-5:20)[8]

첫 번째 묵시는 에스라의 불평하는 마음 상태를 언급하면서 시작한다. 예루살렘이 멸망된 지 30년째 되는 해 바빌론에 포로로 있는 에스라는 하나님의 성전이 파괴되었으나 바빌론에 있는 사람들이 부요하게 사는 것을 보고 마음이 매우 언짢아, 지극히 높으신 하나님께 불평하는 기도를 드렸(3:1-3). 이 기도에서 에스라는 먼저 역사 안에서 하나님의 사역, 즉 아담의 창조(3:5), 노아를 통한 구원(3:11), 아브라함의 선택(3:13), 출애굽과 시내산 사건(3:17-19), 다윗 시대(3:23)에 이르기까지의 역사를 언급한다. 이것은 역사를 통해서 되풀이되는 인간의 죄악과 하나님의 심판을 언급하기 위해서, 그리고 더 나아가 하나님께 불평을 하기 위해서다(3:28-36). 왜 하나님은 이렇게 반복되는 인간의 사악한 행동을 제거하지 않고 그대로 내버려 두셨는가? 하나님은 왜 그의 선택된 백성의 마음에서 악을 제거하지 않으셨는가? 심판을 받은 이스라엘보다 심판의 도구인 바빌론이 더 옳은 길을 걸었는가? 하나님의 선택된 백성들보다 이방인들이 더 옳았단 말인가? 신정론에 대한 문제들이다.

이에 대한 응답을 하기 위해 천사 우리엘Uriel이 등장하여, 에스라와 논쟁을 벌인다(4:1-25). 우리엘의 대답은 인간이 하나님의 길을 이해하는 것은 불가능하다는 것이다. 그렇지만 분명한 것은 하나님에 의해서 정해진 종말의 때가 되면 모든 것이 분명해지는데, 현재의 때는 종말이 매우 임박한 시대라는 것이다. 이제 우리엘과 에스라가 벌인 논쟁을 대화식으로 요약하면 다음과 같다.

---

8) 첫 번째 묵시의 구조: 서론(3:1-3); 하나님께 드리는 말씀(3:4-36); 천사와의 논쟁(4:1-25); 대화를 통한 예언(4:26-52); 직접적인 예언(5:1-13); 결론(5:14-20).

우리엘: 너는 인간의 마음이 지극히 높으신 분의 일을 이해할 수 있다고 생각하느냐?

에스라: 네.

우리엘: 그렇다면, 불의 무게를 달아 보라. 바람의 무게를 재어 보라. 과거의 날을 되돌려 보라.

에스라: 태어난 사람 중 누가 그러한 질문에 대답할 수 있겠습니까?

우리엘: 네가 경험한 이러한 일들을 모르면서 어떻게 하나님의 일을 알려고 할 수 있겠느냐? 땅의 존재는 땅의 일들은 이해할 수 있지만 하늘의 일들은 이해할 수 없다.

에스라: 저는 하늘 위의 일들을 알고 싶은 것이 아니라, 이 땅에서 왜 이스라엘이 이방인들의 손에 의해 고통을 당해야 하는지를 알고 싶습니다.

우리엘: 현재의 때는 아담 이후 뿌려진 악의 씨로 인하여 야기되는 슬픔과 불행의 시대이다. 이 시대는 속히 끝날 것이다. 이 시대가 가고 의인들이 인정받는 시대가 오면 그 모든 것을 알게 될 것이다.

에스라: 언제 이 시대가 끝날 것입니까? 지난날보다 더 많은 세월이 흘러야 합니까?

우리엘: 그날은 이미 정해져 있어 속히 오며, 결코 지체되지 않으리라.

에스라: 저는 그날까지 살 수 있겠습니까?

우리엘: 너의 생명에 관한 것은 나에게 알려져 있지 않다. 그러나 그날이 오기 전 마지막 때에 관한 징조들, 즉 우주적 질서가 무너지는 혼돈이 나타날 것이다.

천사 우리엘과 대화를 끝낸 에스라가 깨었을 때, 그는 매우 지쳐 있어 천사의 도움을 받아 기력을 회복할 수 있었다(5:14-15). 그리고 우리엘이 말한 대로, 에스라는 칠 일 동안 사람들을 멀리하고 금식하며 슬퍼했다(5:19-20).

2) 두 번째 묵시(5:21-6:35)[9]

두 번째 묵시의 내용은 첫 번째의 것과 매우 유사한데, 새롭게 제시되는 것은 마지막 때가 오기 전에 죽은 자들은 어떻게 될 것인가에 관한 것이다. 이 묵시는 첫 번째 묵시가 있은 지 칠 일 후에, 다시 마음이 불편해진 에스라가 하나님께 불평을 터뜨림으로써 시작된다. 그의 불평의 내용은 이스라엘을 유일한 성민聖民으로 선택하신 하나님께서 왜 자신의 손이 아닌 이방인을 통해서 그들을 심판하셔야만 했는가라는 것이다(5:23-30). 첫 번째 묵시에서와 마찬가지로 천사 우리엘이 나타나서 에스라의 이러한 불평에 대해 응답한다. 이제 그들의 대화 내용을 간략히 표현하면 다음과 같다.

우리엘: 너는 하나님이 이스라엘을 사랑하시는 것보다 더 이스라엘을 사랑하느냐?

에스라: 아닙니다. 저의 마음이 비통하여, 하나님의 일과 그의 심판에 대해 조금이라도 이해하고자 합니다.

우리엘: 너는 이해할 수 없다.

에스라: 왜 아니 됩니까? 그렇다면 삶이 무의미합니다.

---

9) 두 번째 묵시의 구조: 서론(5:21-22); 하나님께 드리는 말씀(5:23-30); 천사와의 논쟁(5:31-40); 대화를 통한 예언(5:41-6:10); 직접적인 예언(6:11-29); 결론(6:30-34).

우리엘: 아직 태어나지 않은 사람들을 세어 보아라. 흩어지는 빗방울들을 모아 보아라. 시든 꽃을 다시 피게 하여 보아라. … 그러면 네가 묻는 것을 설명해 주겠다.

에스라: 제가 어떻게 그러한 질문에 대답할 수 있겠습니까? 저에게는 그럴만한 지혜가 없습니다.

우리엘: 땅의 것을 이해하지 못한다면, 하나님의 심판과 사랑의 목적을 이해할 수 없다.

에스라: 그렇다면 마지막 때 이전에 죽은 자들은 어떻게 됩니까? 왜 하나님은 한 시대 – 마지막 때 — 에 사람들을 창조하셔서 함께 살게 하지 않으시고 서로 다른 세대에 걸쳐서 창조하셨습니까?

우리엘: 하나님은 창조 계획을 가지고 계시다. 마지막 세대에 태어난 자라고 해서 이전의 세대에 난 자보다 더 나은 것은 없다.

에스라: 하나님은 언제 누구에 의해서 마지막 때를 시작하실 것입니까?

우리엘: 그때는 오직 하나님의 계획에 의해서만 시작되는데, 죄악의 시대인 현재의 때와 영광의 시대인 마지막 때는 끊어짐이 없이 이어질 것이다.

에스라: 마지막 때의 표적은 무엇입니까?

우리엘: 책들이 하늘에서 열리고, 모든 사람들이 심판을 볼 것이며, 한 살 된 아이들이 말을 하고 산모가 삼사 개월 만에 미숙아를 나을 것이다. …

에스라는 우리엘 천사와 대화한 뒤, 천사의 말대로 칠 일 동안 금식과 기도를 하였다(6:35).

3) 세 번째 묵시(6:36-9:26)[10)]

세 번째 묵시 역시 에스라와 우리엘의 대화로 구성되는데, 이것은 칠 일 동안의 금식이 끝난 뒤, 다시 마음이 불편해진 에스라가 태초에 있었던 하나님의 창조를 길게 묘사함으로써 시작된다(6:38-54). 이 묵시에서 에스라는 왜 소수의 사람들만 구원을 받고 다수의 사람들은 징벌을 받아야 하는지에 대해서 애통해 하면서 집요하게 질문을 던지지만, 그리고 그들의 구원을 위해 중재의 방법을 강구하지만, 그 뜻을 이루지 못한다.

에스라: 이러한 모든 세계는 이스라엘을 위해서 창조되었다고 주님께서 말씀하셨는데, 그렇다면 왜 이스라엘은 다른 나라들에 의하여 지배를 받고 있으며 유산을 차지하지 못하고 있습니까? 이것은 언제까지 계속될 것입니까?

우리엘: 창조된 세계는 이스라엘을 위해서 만들어졌지만, 아담의 죄로 인하여 상속권이 상실되었다. 아담의 죄로 인하여 야기된 이 세계의 슬픔과 고통은 오고 있는 시대에는 끝날 것이다.

에스라: 오고 있는 시대의 행복은 의인들만을 위한 것입니까? 그렇다면, 악인들은 어떻게 될 것입니까?

우리엘: 하나님의 계명을 무시한 자들은 그들의 행위에 따라 징벌을 받을 것이다. 그러나 구원받은 의인들은 하나님의 아들 메시야의 사백년 통치에 참여할 것이다. 그런 후 메시야와 모든 사람

10) 세 번째 묵시의 구조: 첫 번째 부분(6:35-7:44): 서론(6:35-37); 하나님께 드리는 말씀(6:38-59); 천사와의 논쟁(7:1-25); 직접적인 예언(7:26-44). 둘째 부분(7:45-8:3): 천사와의 논쟁(7:45-74); 대화적 예언(7:75-99); 천사와의 논쟁(7:100-8:3). 셋째 부분(8:4-9:25): 에스라의 독백(8:4-19a); 에스라의 기도(8:19b-36); 천사와의 논쟁(8:37-62a); 직접적인 예언(8:26b-9:22); 결론(9:23-25).

들이 죽을 것이고 세계는 칠 일 동안 태초의 침묵으로 되돌아 갈 것이며, 마지막으로 모든 자들의 부활과 대심판이 있을 것이다. 이 대심판은 하나님이 주재하실 것이며 하나님을 섬기지 않고 그의 계명을 지키지 않은 자들이 징벌을 받을 것이다.

에스라: 모든 사람들이 다 죄를 지었는데 왜 소수만이 구원을 얻습니까?

우리엘: 구원받은 소수의 가치가 다수의 것보다 더 소중하기 때문이다. 하나님은 그들 소수와 함께 기뻐하실 것이고 멸망하는 다수에 대해서는 슬퍼하지 않으실 것이다.

에스라: 죽음과 새 창조 사이의 상태에 있는 영혼은 어떻게 됩니까?

우리엘: 악인의 영혼은 고통 가운데서 방황할 것이며, 의인의 영혼은 쉼을 얻을 것이다.

에스라: 의인이 악인을 위하여 중재의 기도를 드릴 수 있겠습니까?

우리엘: 모든 사람은 오직 자기 자신의 선善이나 죄악에 대하여 책임을 져야 한다.

에스라: 아브라함, 모세, 여호수아, 사무엘, 다윗, 솔로몬, 엘리야, 히스기야 등은 중재의 기도를 드렸지 않습니까?

우리엘: 현재의 시대에 약자를 위하여 중재기도를 하는 것은 가능하지만, 심판의 시대에는 그렇지 않다. 그 심판은 오직 정의에 따라 엄격하게 이루어질 것이다. 이제 심판의 때가 임박했는데, 창조된 자는 많으나 구원받는 자는 적을 것이다.

에스라: 언제 심판의 때가 임합니까?

우리엘: 몇 가지 징조들이 나타나리니 그것으로 마지막 때를 알 것이다. 이제 더 이상 악한 자들의 징벌에 대한 질문을 그만하고 칠 일 동안 금식하라.

4) 네 번째 묵시(9:27-10:59)[11]

앞에 제시된 세 개의 묵시에서 에스라는 우리엘 천사와의 대화에서 하나님의 행동이 부당하지 않는가 하고 따졌다. 그리고 천사의 설명이나 설득에 대하여 수긍하지 않았다. 그러나 이제 다루게 될 네 번째 묵시에서는 에스라의 태도가 바뀐다. 그것은 논쟁을 통해서가 아니라 하나님에 대한 경험을 통해서 자신이 잘못된 질문을 하고 있다는 것을 알고 하나님의 공평하심을 인정하는 것이다. 마치 욥이 그의 친구들과의 논쟁에서는 문제의 해답을 찾지 못하지만 하나님을 직접 만나면서 그의 자세가 바뀌는 것과 같다.

네 번째 묵시 역시 에스라의 기도와 함께 시작된다. 에스라는 이 기도에서 하나님의 약속대로, 계명을 지킨 자들은 구원받지만 그렇지 못한 자들은 멸망당한다고 고백한다. 앞의 묵시들과는 달리 이에 대한 우리엘 천사의 응답은 없고 대신에 에스라에게 한 여인에 대한 환상이 나타난다. 이 여인은 큰 소리로 울면서 통곡하고 있었는데, 에스라는 이 여인에게 묻는다.

에스라: 왜 우십니까? 무슨 일이십니까?

여　인: 삼십 년 동안 우리 부부는 아이가 없었는데, 삼십 년 동안 매일 매시간 하나님께 기도했더니 하나님께서 아들을 주셨습니다. 그러나 그 아들이 결혼 첫날밤에 죽어 버렸습니다. 이웃들이 나를 위로했지만, 나는 이제 먹지도 마시지도 않고 이대로 죽을

---

11) 네 번째 묵시의 구조: 서론(9:26-28); 하나님께 드리는 말씀(9:29-37); 환상(9:38-10:27a); 천사의 등장과 해석(10:27b-10:54); 결론(10:55-59).

때까지 애곡하려고 합니다.

에스라: 어리석은 여인이여, 우리에게 무슨 일이 일어났는지를 모르시오? 시온이 당한 깊은 슬픔과 큰 재난을 모른단 말이요? 당신은 한 아들을 위해서 슬퍼하지만 우리는 우리의 어머니인 시온의 멸망을 슬퍼합니다. 이제 더 이상 당신의 아들 때문에 슬퍼하지 말고 남편에게 돌아가시오. 하나님의 계명이 정당하다고 인정한다면, 당신은 때가 되어 아들을 다시 얻을 것입니다.

여　인: 그럴 수 없습니다. 여기서 그냥 죽을 것입니다.

여인의 이런 부정적인 대답에 대하여 에스라가 다시 설득하는 도중 여인이 갑자기 사라지고, 에스라 앞에는 여인 대신 영광에 쌓인 도시가 나타난다(10:25-28).[12] 에스라는 이 모습을 보고 두려워 소리치며 우리엘 천사를 찾는다. 우리엘 천사는 나타나 에스라가 본 환상을 설명해 준다. 즉, 에스라가 본 슬퍼하는 여인은 시온이며, 영광의 도시는 새 시온이라는 것이다. 이것은 멸망한 예루살렘 대신에 새 예루살렘을 주실 것이라는 하나님의 약속을 상징적으로 에스라에게 보여준 것이다. 멸망으로 인하여 고통당하는 예루살렘이 새로운 희망의 도시 새 예루살렘이 될 것이라는 것이다.

12) 10:25-27에 묘사된 환상은 미래에 대한 새로운 희망을 나타내는 것으로 에스드라스 이서 책 전체의 요점이자 중심이다.

5) 다섯 번째 묵시(11-12장)[13]

에스라의 불편한 심리적 상태를 묘사하면서 시작하고 있는 이전의 묵시들과는 달리, 다섯 번째 묵시는 에스라가 꿈에서 본 환상과 함께 시작한다. 에스라는 이 꿈에서 열두 날개와 세 개의 머리 그리고 여덟 개의 보조날개를 가진 독수리가 바다에서 나오는 것을 보았다(11:1). 그 독수리는 날개들을 펴 온 땅을 덮고 다스렸다(11:2-6). 그러나 하나의 머리와 두 개의 보조날개가 떨어져 나갔을 때, 성난 사자 한 마리가 으르렁거리며 숲에서 나와, 그 독수리가 통치를 잘못했다고 꾸짖으며 임박한 마지막 때에 사라질 것이라고 말했다(11:38-46). 사자가 말하는 동안 독수리의 날개와 머리들이 점점 없어지고, 드디어 온 몸도 불에 타버렸다(12:1-3). 그리고 땅은 극도의 공포에 휩싸였다(12:3).

꿈에서 이와 같은 이상한 환상을 본 에스라는 깨어나자, 혼란스럽고 두려운 마음으로 전능하신 주께 이것이 무슨 의미를 가지고 있는지 물었다. 들려오는 대답에 의하면, 독수리는 다니엘의 묵시에 나타난 네 번째 왕국을 의미하는데, 여러 날개들과 머리들은 어떤 제국의 왕과 통치자들을 가리킨다(12:10-16). 그리고 사자는 마지막 때에 하나님으로 보냄을 받은 메시야를 의미한다(12:32). 그 메시야가 말할 때 독수리가 사라지는 것은 제국의 폭군들로부터 온 땅이 자유롭게 된다는 것을 예언한 것이다(12:34). 이것은 메시야에 의해서 로마 제국이 곧 멸망할 것을 암시하는 묵시이다.[14]

---

13) 다섯 번째 묵시의 구조 : 서론(11:1a); 환상(11:1b-12:3a); 에스라의 반응(12:3b-9); 해석(12:10-36); 결론(12:37-39); 첨가: 에스라와 백성들(12:40-51).

14) 다니엘서 7장에 나오는 네 번째 왕국은 희랍 제국을 상징하지만, 여기에서는 로마 제국을 지칭하는 것으로 재해석된다. 다섯 번째 묵시에서 독수리는 로마의 상징이며, 세 개의 머리는 로마의 세 황제인 베스파시안, 티투스 그리고 도미티안을 나타낸다. 또한 열두

이러한 해석이 주어진 후, 에스라는 이 모든 것을 기록하고 그것을 숨겨 두라는 명령을 받았다(12:37). 그리고 하나님의 계시가 끝나자, 그를 보기 위해 몰려든 백성들을 위로하며 집으로 돌려보냈다(12:40-49). 그는 천사가 명한대로 칠 일 동안 들판에 앉아 들꽃과 풀을 먹었다(12:51).

6) 여섯 번째 묵시(13장)[15]

여섯 번째 묵시 역시 에스라가 꿈에서 본 환상과 그에 대한 해석으로 구성되어 있다. 이 묵시 역시 메시야의 역할을 다루고 있는데, 다섯 번째 묵시에 있는 메시야의 모습을 보충하기 위하여 제시되었다. 나의 아들이

날개는 시이저에서부터 도미티안까지의 황제들을 상징하고 있다.

시이저에서 도미티안 황제까지	통치기간
율리우스 시이저(Julius Caesar)	주전 44년에 피살됨
아우구스투스(Augustus)	주전 27-주후 14년
티베리우스(Tiberius)	주후 14-37년
가이우스(Gaius)	37-41년
클라우디우스(Claudius)	41-54년
네로(Nero)	54-68년
갈바(Galba)	68-69년
오토(Otho)	69년
비텔리우스(Vitellius)	69년
베스파시안(Vespasian)	69-79년
티투스(Titus)	79-81년
도미티안(Domitian)	81-96년

에스드라스 이서의 저자는 도미티안의 죽음 직후에 로마가 멸망할 것이라고 믿었다. 그는 바룩 이서 36-40장과 요한계시록 13장에서처럼, 마지막 왕국을 당시의 로마 제국으로 보고 있는 것이다. 따라서 이 환상은 도미티안 황제의 통치 시대에 쓰였다고 볼 수 있다. 다섯 번째 묵시는 에스드라스 이서의 연대를 추정하는 데 매우 결정적인 실마리를 제공해 준다.

15) 여섯 번째 묵시의 구조: 서론(13:1); 꿈(13:2-13a); 에스라의 반응(13:13b-20a); 해석(13:20b-55); 결론(13:56-58).

라는 말로 메시야라는 용어를 대신하고 있는 여섯 번째 묵시에 의하면, 메시야는 로마 제국을 심판하고 멸망시킬 뿐만 아니라, 그에 대항하는 모든 나라들을 파멸시킬 것이라고 한다. 그리고 이스라엘의 열두 부족을 이스라엘 땅에 모아 메시아 왕국에 참여하게 할 것이라고 한다.

에스라는 꿈속에서 한 남자가 바다에서 올라오는 것을 보았다(13:2-4). 그 남자는 파도와 바람을 일으키며 나타났는데, 그러자 사방에서 수많은 사람들이 모여들어 그를 대적하며 전쟁을 일으켰다(13:5). 그 남자는 큰 산을 만들어 거기에 올라서서 그 모든 대적자들을 섬멸한 후, 산에서 내려와 평화를 사랑하는 사람들을 모았다(13:6-12). 이와 같은 환상을 본 에스라는 큰 두려움과 함께 잠에서 깨어나, 하나님께 이것이 무슨 뜻인지 밝혀달라고 기도했다(13:13). 그러자 해석이 주어졌는데, 그 남자는 마지막 때의 심판자로 의로운 남은 자들을 구원할 하나님의 아들이며, 사방에서 모여드는 대적자들은 그를 굴복시키기 위하여 모여드는 열방들이나 때가 차서 그들은 패배한다는 것이다(13:21-38). 그리고 그가 불러 모은 사람들은 호세아 왕 시대에 앗시리아의 살마네셀에 의해 포로로 잡혀갔던 북이스라엘에 속했던 자들이다(13:39-40).[16]

에스라는 계속해서 묻는다. 왜 그 남자는 바다에서 올라오느냐는 것이다(13:51). 이에 대해 주어지는 대답은, 아무도 바다의 깊이를 알지 못하는 것처럼 땅위에 있는 어떠한 사람도 하나님의 아들인 메시야의 시대가 오기 전에는 그를 볼 수 없고 그에 대한 모든 것은 감추어져 있다는 것이다(13:52).

16) 왕하 17:1-6 참조.

7) 일곱 번째 묵시(14장)[17]

일곱 번째 묵시는 에스라에 대한 전설로, 앞의 여섯 개의 묵시와 매우 다르다. 즉, 후자는 임박한 마지막 때에 대하여 주로 관심이 집중되어 있지만, 전자의 목적은 성경과 그 밖의 다른 유대교 문서들이 어떻게 기록되었는가를 밝히는 것이다. 즉, 일곱 번째 묵시는 에스라를 제2의 모세a second Moses로 묘사하며, 그가 어떻게 성경을 받아 적었는지를 이야기하고 있다. 이것은 성경과 그 이외의 유대교 문서들의 권위를 부여해 주는 전설이다. 이제 이 묵시의 내용을 요약하면 다음과 같다.

에스라가 참나무 밑에 앉아 있을 때, 갑자기 맞은편 덤불 속에서 하나님의 음성이 들려왔다(14:1). 시내산의 가시덤불에서 모세에게 명하였던 하나님은 이제 에스라에게 나타나 마지막 때가 임박했다는 것과 에스라가 곧 이 세상을 떠날 것이라는 것을 말씀하신다(14:9-10). 에스라는 자신이 이 세상을 곧 떠나게 될 것을 알자 하나님께 항의한다. 즉, 자신이 이 세상을 떠나면 누가 남아서 백성들을 훈계하며 가르칠 수 있겠는가 하고 탄원한다(14:19-21). 그리고 자신에게 성령을 내려 주셔서 태초부터 일어났던 세상의 일들을 기록하여, 자신이 없더라도 백성들이 그것을 읽고 바른 길을 갈 수 있게 해달라고 하나님께 부탁한다(14:22).

에스라의 탄원이 끝나자 하나님의 명령이 주어진다. 즉, 빨리 쓸 수 있는 다섯 명의 서기관을 골라 사십 일 동안 하나님께서 계시하시는 것을 받아 적으라는 것이다. 그리고 이 계시 중에서 일반인들이 읽을 수 있는 것과 현자들만이 읽을 수 있는 것을 구별하라는 것이다(14:23-26). 에스

17) 일곱 번째 묵시의 구조: 서론(14:1-2); 하나님의 말씀(14:3-18); 에스라의 탄원(14:19-22); 하나님의 명령(14:23-26); 에스라의 연설(14:27-36); 경건의 계시(14:37-48).

라는 하나님의 명령을 따라 다섯 명의 서기관과 함께 들판으로 나갔다. 그리고 하나님에게로부터 영감을 부여받고, 자기의 입에서 나오는 말씀을 서기관들로 하여금 기록하게 했다(14:37-41). 서기관들은 그들이 알지 못하는 글씨로 적었는데, 사십 일 동안 밤낮으로 쓴 결과 94권의 책을 완성했다(14:42-44). 그러자 하나님의 명령이 다시 내렸다. 이 책들 중에서 처음 24권[18]은 출판하여 모든 사람들이 읽게 하고 나머지 70권은 현자들에게만 읽게 하라는 것이다(14:45-46). 이것은 구약성서와 그 이외의 주요 유대교 문서들이 어떻게 쓰였는가를, 그리고 누가 읽을 수 있는가를 보여주는 묵시이다.

3. 15-16장(에스드라스 육서)

에스드라스 3-14장에서 에스라는 묵시를 받는 환상가로 나타나지만, 15-16장은 1-2장에서처럼 예언자로 등장한다. 15-16장의 예언에서 에스라는 이 땅에 곧 일어날 재앙과 하나님의 백성에 대한 구원의 약속에 대하여 말한다. 먼저, 하나님은 에스라에게 지시한다(15:1-4). 즉, 이제 그의 입에 담아 줄 예언을 백성들에게 들려줄 뿐만 아니라, 글로 적어 남겨 두라는 것이다.

예언의 내용은 첫 번째로, 하나님은 이 땅에 전쟁, 기근, 죽음, 파괴 등과 같은 대재앙을 보내신다는 것이다(15:5-19). 이 재앙의 때에 하나님은 그의 백성들을 이집트에서 이끌어 내시고, 이집트는 재앙으로 인하여

---

18) 24권의 정경 계산방법은 다음과 같다.
오경 5권(창, 출, 레, 민, 신)
예언서 8권(전기 예언서 4권: 여, 삿, 삼, 왕; 대 예언서 3권: 사, 렘, 겔; 소 예언서 전체 1권)
성문서 11권(시, 잠, 욥, 아, 룻, 애, 전, 에, 단, 스-느, 대) 이상 총 24권.

징벌을 받는다. 두 번째로, 하나님의 선택된 백성들을 압제했던 자들과 죄인들은 그들의 죄 때문에 하나님의 심판을 받아 멸망할 것이다(15:20-27). 세 번째로, 동쪽에서 아라비아의 용의 나라들과 카르모니아인들the Carmonians 이 무서운 전쟁을 일으켜 앗시리아의 땅을 황폐하게 만들 것이다(15:28-33).[19] 네 번째로, 동, 북, 남쪽에서 폭풍을 동반한 구름이 바빌론을 멸망시킬 것이다(15:34-45). 다섯 번째로, 아시아 역시 바빌론처럼 멸망할 것이다(15:46-63). 여섯 번째로, 이러한 재앙, 즉, 이집트, 앗시리아, 바빌론, 아시아의 멸망을 포함한 악인들에 대한 징벌은 피할 수 없는 것으로 임박해 있다(16:1-34).

이상과 같은 재앙에 대한 예언(15:5-16:34)과는 달리, 이어지는 예언의 내용은 하나님의 백성들에 대한 권고이다(16:35-78). 이 권고에서 에스라는 하나님의 선택된 백성들이 임박한 종말의 때에 모든 세속적인 행동과 죄악된 일을 하지 말라고 한다(16:35-52). 왜냐하면 하나님은 모든 악한 일들을 낫낫이 알고 계셔서 어떠한 것도 숨길 수 없기 때문이다(16:53-67). 또한 임박한 종말의 때에 하나님을 두려워하는 신앙인들이 박해를 받거나 우상에게 바쳐진 음식을 먹고 싶어 하는 유혹을 받지만, 이러한 것들은 모두 선택받은 자들에 대한 연단이므로 이것들을 잘 견디어 내야 한다(16:68-73). 왜냐하면 하나님은 그러한 유혹과 박해로부터 당신의 백성들을 구원하여 내실 것이기 때문이다(16:74-78).

19) 카르모니아인들이란 페르시아의 왕 샤푸르 1세(주전 240-273년) 통치기간 동안의 페르시아 군대를 의미한다. 샤푸르 1세는 로마의 영토인 시리아를 침공하여 전쟁을 일으켰으나 결국 패배하였었다.

| 에스드라스 이서의 목적 |

앞서 밝힌 대로 에스드라스 이서는 세부분(1-2장; 3-14장; 15-16장)으로 구성되어 있다. 이들 각 부분의 기원은 서로 달라, 책 전체의 통일성에 대해서 말하기는 어렵다. 따라서 여기에서는 이 세 부분의 저작 목적을 각기 나누어 살펴본다.

1. 1-2장(에스드라스 오서)의 목적

에스드라스 이서 1-2장은 주후 2세기경 그리스도인에 의하여 쓰인 것으로 여겨지는데, 이 부분에는 유대교인과 그리스도교인의 갈등이 나타나 있다. 저자에 의하면, 전자는 하나님께 선택을 받았지만 하나님의 말씀에 불순종하여 심판을 받은 자들이며, 후자는 전자 대신에 새로 선택된 하나님의 백성이다. 이것은 유대교인과 그리스도교인 중 누가 참 하나님의 선택받은 자들인가라는 질문에 대한 대답으로, 하나님의 백성으로서의 후자의 당위성을 말해 주고 있다. 더군다나 저자는 유대교인들의 존경을 받고 있는 에스라의 입을 통해 이러한 사실이 예언되었다고 함으로써 그 당위성을 더욱 공고히 하고 있다. 따라서 에스드라스 이서 1-2장은 유대교인과 그리스도교인의 논쟁의 상황에서 그리스도인들의 견해를 옹호하고 정당화하기 위하여 쓰였다고 할 수 있다. 이것은 유대교인들의 견해를 반박 · 공격하기 위하여도 사용되었을 것이다.

2. 3-14장(에스드라스 사서)의 목적

에스드라스 이서의 중심 부분이 되는 3-14장은 주후 70년 로마에 의해서 예루살렘 성전이 파괴된 뒤, 이에 대한 반응으로 1세기 말경에 유대인에 의하여 쓰였다. 왜 하나님의 선택받은 이스라엘 백성들이 로마에 의해 지배를 받고 고통을 당하는가? 왜 하나님의 거룩한 장소인 예루살렘 성전이 이방인들에 의하여 파괴되었는가? 이러한 현재의 암울한 상황은 앞으로 어떻게 전개될 것인가? 계속 절망적인가 아니면 또 다른 희망이 있는가? 3-14장에서 주어지는 이와 같은 물음들에 대한 대답은 묵시문학적인 내용으로 표현되어 있는데, 이스라엘에게 위로와 희망을 주는 메시지이다. 즉, 현재의 때는 악의 시대인데, 이것은 임박하게 다가오는 하나님의 심판에 의하며 멸망하고 로마도 그때에 곧 사라지게 될 것이다. 그리고 하나님의 선택받은 백성들은 끝까지 참고 견딜 때 하나님의 구원을 받는다는 것이다. 따라서 에스드라스 이서 3-14장은 로마에 의하여 제2성전이 파괴된 후, 실망과 절망에 빠져 있는 유대인 공동체에게 위로와 희망을 주기 위하여 쓰였다고 말할 수 있다.

3. 15-16장(에스드라스 육서)의 목적

에스드라스 이서 15-16장은 주후 3세기 말경 그리스도인에 의하여 쓰였다. 당시 그리스도교는 로마에 의하여 박해를 받던 때로, 저자는 고통받는 신앙인들에게 그러한 박해가 언제 끝날지 그리고 과연 하나님의 구원을 기대할 수 있을지 등의 질문에 대한 대답을 주기 위하여 본문을 썼다. 그는 묵시문학적인 표현을 매우 짙게 사용하면서 이와 같은 질문에 답하고 있는데, 그것은 매우 희망적이고 박해받는 이들에게 위로를 줄 수 있는 것이었다. 즉, 현재의 박해는 임박한 종말로 인하여 곧 끝나게 되고 참된 신앙인들에게는 하나님의 구원이 주어질 것이며, 악인들은 하나님의 심판으로 멸망하게 된다는 것이다. 그러므로 그때까지 참고 기다리며, 하나님의 연단인 현재의 고통을 이겨내야 한다는 것이다. 따라서 에스드라스 이서 15-16장은 박해받는 신앙인들에게 위로와 미래에 대한 희망을 주어 현재의 어려움을 잘 극복하게 하기 위하여 쓰였다고 말할 수 있다.

| 주요 신학사상 |

하나님

에스드라스 이서에 나타나 있는 하나님의 모습은 구약성서의 그것과 일치한다. 하나님은 주主이시고 지극히 높으신 분the Most High이시다. 또한 만물의 창조주시요 역사의 주인이시다. 그분은 의인을 사랑하셔서 구원을 베푸시고, 악인에게는 심판을 내리시어 멸망에 이르게 하신다. 하나님은 또한 직접 인간에게 나타나셔서 말씀을 주시기도 하지만, 천사를 통하여 간접적으로 전해 주시기도 하신다. 그분은 이 우주를 통치하실 때에 직접 관여하기도 하시지만, 그의 아들과 같은 대리자를 통하여 다스리기도 하신다.

시간 이해

에스드라스 이서에 나오는 시간은 크게 둘로 나누어진다. 현재의 때the present age와 오고 있는 새로운 때the new age 혹은 오고 있는 때the age to come이다. 현재의 때는 악의 세력이 득세하여 세상을 지배하고 있다. 그리하여 이 세상에는 희망이 없고 슬픔과 고통이 가득 차 있다. 이 시대에는 의인이 고통을 당하고 악인에 의하여 박해를 받는다. 그러나 이 현재의 때는 메시야를 통한 하나님의 우주적 전쟁을 통하여 끝나게 되고, 현재의 때에 있었던 모든 악의 세력은 멸망하게 된다. 이 우주적 전쟁은 매우 임박해 있다.

현재의 때 다음에 오는 역사는 새로운 시대이다. 현재의 때와 다가오는 새로운 때는 불연속의 관계에 있다. 그리하여 악의 세력이 지배하는 현재의 때가 완전히 끝나고 우주적 침묵이라는 시간의 공백이 있은 후에 새로운 시대가 도래한다. 새로운 시대는 하나님이 통치하신다. 이 시대에는 하나님의 계명을 끝까지 지킨, 남은 자들만이 들어갈 수 있다. 이들은 의인들로 이전 시대에 받았던 고통을 이제 더 이상 받지 않으며, 하나님의 통치에 참여한다.

현재의 시대에서 종말로 그리고 새로운 시대로 이어지는 역사의 전술 과정은 하나님에 의하여 이미 결정되어 있다. 전개되는 역사는 우연한 것이 아니라, 하나님의 계획에 의해서 진행된다는 것이다. 이것은 하나님께서 의인을 구원하시고 악인을 심판하시는 계획이다. 따라서 인간에 의해서 혹은 하나님을 대적하는 어떤 세력에 의해서 변경될 수 없다. 이와 같은 에스드라스 이서의 역사 이해는 신구약 중간시대 유대교 묵시문학과 신약성서에도 나타나 있다.

신정론

에스드라스 이서에는 신정론적인 질문들이 많이 제시되고 있다. 예를 들면, 왜 하나님의 선택받은 이스라엘 백성이 악한 이방인의 손에 의하여 징벌을 받아야 되는가 하는 것이다. 즉, 더 의롭지 않은 이방인의 손에 의해서 하나님의 백성인 이스라엘이 징벌을 받는 것이 과연 정당한가라는 문제이다. 우주적 질서의 정당성과 하나님의 행동의 정당성에 대한 질문이다.

에스드라스 이서는 이러한 신정론적인 질문들에 대해 직접적인 대답을 하지 않는다. 그 대신 인간이 하나님의 모든 일을 이해할 수 있다고 하는 것은 불가능하다는 견해를 제시한다. 그리고 악인들이 징벌을 받는 심판과 의인들만이 들어갈 수 있는 새 시대가 임박했다고 말함으로써 이러한 질문들에 대한 대답을 대신한다. 이것은 인간이 세상의 모든 비밀과 신비를 알 수 없다는 것을 의미한다. 즉, 이 세상의 모든 일을 인간의 이성과 경험에 의하여 알 수 없고 또한 하나님도 인간에게 이 우주의 모든 일을 가르쳐 주지 않았다는 것이다. 따라서 현재를 살고 있는 신앙인에게 요구되는 것은 이러한 해답을 찾으려고 노력하기보다는 오히려 하나님의 미래에 대한 약속을 믿고, 그의 계명을 충실히 지키며 살아야 한다는 것이다. 현존해 있는 어려운 문제를 풀기 위하여 집착하는 것보다 오히려 미래의 구원에 관심을 갖고 현재의 삶에서 하나님의 계명을 지키려는 노력이 신앙인들에게 더 중요하다는 것이다.

구약 외경의 이해 07

Understanding the Old Testament Apocrypha

훈계서

예레미야의 편지와 바룩서는 훈계서로 분류될 수 있다. 물론 다른 구약 외경의 책들에도 훈계의 내용이 있지만, 이 두 권의 책에는 신앙에 더욱 충실할 것을 더욱 직접적으로 표현하고 있다는 특성 때문에 훈계서로 분류한다. 이 둘은 모두 구약성서의 예레미야서를 기반으로 하여 쓰였다는 점에서 예레미야서의 팽창expansion 혹은 성서의 확대라고 볼 수도 있다. 예레미야의 편지는 바룩서의 뒤에 첨가되어, 그 일부로 읽혀지기도 한다.

1. 예레미야의 편지

우리말 성경 공동번역(외경 포함)에는 예레미야의 편지가 바룩서의 마지막 장으로 구성되어 있다. 이것은 라틴어 성경을 비롯한 몇몇 역본들을 따른 것이다. 그러나 예레미야의 편지와 바룩서는 아무런 관계가 없다. 바룩이 예레미야의 비서였기 때문에 이 둘을 묶어 놓은 것 같다.

예레미야는 요시아 왕 13년, 즉 주전 627년에 예언자로 부름을 받아 활동한 예언자로 유다 왕국의 멸망을 지켜보았던 사람이었다. 그는 바빌론이 예루살렘을 침공하여 멸망시킬 때, 바빌론은 하나님이 유다를 심판하시는 도구라고 확신하였으며, 유다 왕국의 파멸은 하나님을 저버린 죄 때문에 주어진 징벌이라고 선포하였다. 그리하여 유다 왕국의 국수주의자들은 예레미야를 미워하였고, 반역자로 몰아 투옥하기도 하였다. 그는 유다 왕국이 멸망한 후, 예루살렘에 머물러서 하나님의 채찍을 받는 것이 옳다고 생각하였다. 그러나 바빌론이 지명한 총독 그달리야가 암살된 뒤, 바빌론의 보복을 두려워한 일단의 유대인들에 의해서, 그의 비서 바룩Baruch과 함께 이집트로 끌려갔었다.[1)]

---

1) 구약성서에는 예레미야가 이집트로 끌려간 뒤 어떻게 되었는지 언급하지 않지만, 유대인

예레미야 29장에 의하면, 예레미야는 예루살렘에 있을 때 바빌론 포로들에게 편지를 보냈다. 그 편지는 하나님의 말씀을 예언하는 형식으로 되어 있다.

> 너희는 거기에서 집을 짓고 정착하여라. 과수원도 만들고 그 열매도 따 먹어라. 너희는 장가를 들어서 아들딸 낳고, 너희 아들들도 장가를 보내고 너희 딸들도 시집을 보내어, 그들도 아들딸을 낳도록 하여라. 너희가 그곳에서 번성하여, 줄어들지 않게 하여라. 또 너희는, 내가 사로잡혀가게 한 그 성읍이 평안을 누리도록 노력하고, 그 성읍이 번영하도록 나 주께 기도하여라. 그 성읍이 평안해야, 너희도 평안할 것이기 때문이다. … 너희 가운데 있는 예언자들에게도 속지 말고, 점쟁이들에게도 속지 말고, 꿈쟁이들의 꿈 이야기도 곧이듣지 마라(렘 29:5-8).

이 편지에서 예레미야는 포로들에게 바빌론에 정착하여 편안히 지내기를 부탁했다. 그리고 거짓 예언자들이나 점쟁이, 꿈쟁이들에게 현혹되지 말기를 당부하고 있다.

우리가 다루고 있는 예레미야의 편지라는 책의 제목을 보면, 이 책이 예언자 예레미야에 의해서 쓰였다는 것을 암시한다. 또한 이 책의 서두에서도 예레미야가 바빌론의 포로로 잡혀가는 자들에게 보낸 편지라는 것을 명시하고 있다. 그러나 예레미야의 편지는 예레미야 예언자가 쓴 것이

들의 전설에 의하면, 그는 비서 바룩과 함께 이집트에서 바빌론으로 갔다고 한다. Louis Ginzberg, *The Legends of the Jews* (Philadelphia: Jewish Publication Society, 1909), Vol. IV, 354-5; Vol. VI, 399, 411; Vol. VII, 58. Cf. Louis Ginzberg, *Legends of the Bible* (Philadelphia: Jewish Publication Society, 1992), 631-2. 이 책은 앞에 인용된 책을 요약한 것이다.

아니다. 또한 그 내용이나 형태도 편지체가 아니다.

예레미야의 편지는 우상숭배를 비판하는 교훈서 내지는 설교문이다. 익명의 저자는 예레미야 29장에 나오는 예레미야의 편지에서 힌트를 얻어, 마치 예레미야가 이 책을 통해 바빌론에 잡혀가는 포로들에게 훈계한 것처럼 묘사했다. 그리고 예레미야 10:2-15에 있는 우상숭배에 대한 예레미야의 예언을 확대 · 팽창하면서 이 책의 내용을 썼다.[2] 이때 저자는 우상숭배에 관한 다른 구약성서의 본문들(시 115:4-8; 135:15-18; 사 40:18-20; 41:6-7; 44:9-20; 46:1-7)의 내용도 저작에 이용했다. 이것은 예레미야의 편지가 성서본문을 근거로 하여 쓰인 하나의 설교라는 것을 의미한다.

예레미야의 편지가 언제 쓰였는지는 분명치 않지만, 주전 317-100년경에 쓰였을 것으로 추측된다. 마카비 이서 2:2의 예레미야의 편지에 대한 언급[3]과 쿰란 동굴에서의 발견은 이 책이 적어도 주전 100년 이전에 쓰였다는 것을 말해 준다. 또한 이 책 2절[4]에 언급된 "바빌론으로 끌려가 일곱 세대에 이르기까지"는 이 책이 주전 317년경[5]에 쓰였을 것이라고 추측하게 한다.

저자가 어디에서 이 책을 썼는지에 대해서도 불분명하지만, 바빌론의 종교에 대해 잘 알고 있는 것으로 보아 메소포타미아에서[6] 유대인들을

---

2) 예레미야의 편지를 예레미야 10:11에 있는 아람어 본문에 대한 설교라고 여기기도 한다. "너희는 우상들에 대하여 이렇게 선언하여라. 하늘과 땅을 만들지 않은 신들은 이 땅에서 사라지고, 저 하늘 아래에서도 없어질 것이라고 선언하여라"(렘 10:11).

3) Jonathan A. Coldstein, *II Maccabees* (N. Y. Doubleday, 1983), 183.

4) 많은 번역본들에는 3절로 되어 있다. 이러한 번역본들은 표제를 1절로 하며 마지막 절을 73절로 계산하고 있다.

5) 제1차 바빌론 포로는 주전 597년에 있었다. 이로부터 한 세대를 40년씩 계산할 때 일곱 세대는 280년 후인 주전 317년이 된다. Carey A. Moore, *Diniel, Esther and Jeremiah: The Additions* (Garden City: Doubleday, 1977), 334-5. 한편, 예레미야는 유대인 포로들이 70년 동안 바빌론에 머물 것이라고 예언했다(렘 25:12; 29:10).

위하여 썼을 것으로 여겨진다. 그는 히브리어로 이 책을 써서 유대인들에게 읽히기를 원했다.[7] 그러나 예레미야의 편지의 히브리어 원문으로 추정되는 본문은 현재 전해 내려오지 않고 있다.

| 예레미야의 편지의 구조 |

예레미야의 편지는 크게 세 부분으로 나누어진다. 첫째 부분은 표제로 책의 기원에 대한 명시이고, 둘째 부분(1-6절)은 역사적 배경과 책의 주제(4-5절) 등을 말하고 있는 서론이며, 셋째 부분(7-72절)은 본론으로 우상숭배에 대해 경고하고 있다. 특히 셋째 부분은 열 개의 단락(7-14; 15-22; 23-28; 29-39; 40-44; 45-51; 52-56; 57-64; 65-68; 69-72절)으로 나누어지는데 매 단락마다 다음과 같은 후렴구로 끝난다. 이 후렴구는 경우에 따라 약간 변형되기도 하지만 22절은 전형적인 내용을 나타내고 있다.

> 이것을 보고 너희는 그것들이 신이 아니라는 것을 알게 될 것이다. 그러니 너희는 그것들을 무서워하지 말라(22절).

이것은 4-5절에 있는 이 책의 주제가 매 단락마다 반복되고 있다는 것을 의미한다.

---

6) 저자가 바빌론의 종교를 잘 알고 있었던, 팔레스타인에 살고 있는 유대인이었을 것이라는 가능성도 배제할 수 없다.

7) *Ibid.*, 326-27.

첫째 부분: 표제

둘째 부분: 역사적 배경과 책의 주제(1-6절)

셋째 부분: 우상숭배에 대한 경고(7-72절)

| 예레미야의 편지의 내용 |

예레미야의 편지는 책의 기원을 말하여 주는 표제와 함께 시작된다. 이것은 이 책이 마치 예레미야가 쓴 것처럼 꾸미기 위하여 덧붙여졌다.

> 이것은 바빌론 왕의 포로가 되어 바빌론으로 끌려간 사람들에게 보내는 예레미야의 편지 사본이다. 이 편지는 하나님께서 그에게 명령하신 것들을 그들에게 전해 주려고 쓴 것이다.

표제에 이어지는 서론(1-6절)은 예레미야가 바빌론의 포로로 잡혀가는 유대인들에게 예언하는 형식으로 서술되어 있다. 여기에서는 포로들이 바빌론에서 일곱 세대를 보낸 후 자유를 얻어 평화를 누리게 될 것이라는 예언과, 바빌론에서 볼 우상들을 두려워하지 마라는 충고가 쓰여 있다. 우상을 두려워하지 말라는 충고는 이 책의 주제로, 이어지는 내용에서 더욱 자세히 묘사된다(7-72절). 그러나 그 내용이나 표현된 사상은 조직적으로 전개되어 있지 않고 열개의 단락에 산만하게 나열되어 있으며 앞서 말한 것을 되풀이하기도 한다. 이제 단락별로 내용을 알아보자.

첫째 단락(7-14절)

우상들은 금이나 은으로 치장되어져 있기 때문에 제사장들은 이것을 훔쳐다가 자기 마음대로 쓰며 창녀들에게도 나누어 준다. 이렇게 치장된 우상들은 적이나 강도로부터 다른 사람을 구하기는커녕 자기 자신도 좀이나 녹 그리고 먼지 등으로부터 보호하지 못한다.

둘째 단락(15-22절)

우상들은 무감각하여 자기가 도둑맞는지도, 벌레의 침입을 받는지도, 연기에 그을리는지도, 그리고 동물들이 올라타는지도 모른다. 또한 자기에게 먼지가 쌓이는지도 모르고 자기를 위해 켜놓은 많은 등불들을 보지도 못한다.

> 왕에게 죄를 짓고 사형을 받게 된 사람을 옥에 가두고 문을 잠가 두는 것처럼 제사장들이 우상들을 도둑맞지 않으려고 신전의 문을 자물쇠와 빗장으로 꼭 잠그고 있다(17절).

셋째 단락(23-28절)

우상들은 생명이 없기 때문에 움직이지 못하고 사람들에 의해 이동된다. 그리고 자기에게 바쳐진 제물들을 알아보지 못한다. 그러기 때문에 그 제물들은 제사장들과 그의 아내들에 의해 처분되고 약자들을 위해 사용되지 않는다. 또한 불경한 여자들에 의해 만져지기도 한다.

> 우상들을 섬기는 제사장들은 그 앞에 바쳐진 제물을 팔아 자기들의 주머니를 채운다. 이와 같이 제사장들의 아내들도 제물의 일부를 저장

해 놓고서 가난한 사람과 의지할 곳 없는 사람에게는 주지 않는다. 게다가 그 제물을 월경하는 여자와 해산하는 여자들이 만진다(27절).[8]

넷째 단락(29-39절)

우상들은 사람들을 위해서 아무것도 할 수 없다. 여자들이 음식을 가져와도[9] 제사장들이 정결하게 하지 않아도[10] 벌할 수 없다. 또한 자기에게 입힌 옷을 제사장들이 벗겨다가 유용하거나 사람들이 자기들에게 한 약속을 어겨도 벌을 할 수 없다. 우상들은 역시 사람들을 도울 수도 없는데, 장님의 눈을 뜨게 하지도 못하며 죽은 자들을 살려내지도 못하고 고아나 과부에게 자선을 베풀지도 못한다.

다섯째 단락(40-44절)

우상숭배와 관련된 관습들은 어리석은 것이며 오히려 우상들에게 모욕이 되는 것이다. 예를 들면, 갈데아인들은 벙어리를 말도 할 수 없는 벨[11] 우상 앞에 데리고 가서 말하게 해달라고 빈다. 어떻게 말 못 하는 우상이 벙어리를 말하게 할 수 있겠는가? 또한 여자들은 종교의식의 하나로 길거리에 나가 지나가는 낯선 남자와 잠자리를 같이 한다.[12] 참

---

8) 레위기 12:1-8에 의하면, 여자는 아이를 낳은 후 또는 월경을 한 후 일정 기간 동안 제의적으로 부정한 것으로 간주되었다. 왜냐하면 이러한 경우 여자는 피를 흘렸기 때문이다. 이 일정 기간 동안 여자는 거룩한 물건을 만지거나 성소에 들어가지 못했다.

9) 유대교에서는 여자 제사장이 없었고 여자가 제물을 바치는 것은 신에 대한 모독으로 간주되었다.

10) 구약성서에 의하면, 제사장은 찢어진 옷을 입거나 머리털을 깎아 대머리같이 하거나, 구레나룻을 밀거나, 제 몸에 칼자국을 내서는 안 되었다(레 21:5-10).

11) 벨(Bel)은 바빌론의 주신(主神)인 마르둑(Marduk)을 의미한다(사 46:1; 렘 50:2, 51:44).

12) 42-43절에 묘사된 여자들의 성창의식은 헤로도투스(*The Histories* 1. 199)가 소개하는

신神이 어떻게 이러한 일을 허용할 수 있는가? 우상과 이러한 관습은 다 거짓이다.

여섯째 단락(45-51절)

우상은 사람이 만든 것으로 결코 신이 아니다. 목공들과 대장장이들이 만든 이 우상들은 그들이 제멋대로 만든 것일 뿐이다. 우상을 만든 사람들이 결국은 죽고 마는데, 어떻게 그들이 만든 것이 신일 수 있겠는가?(45-46절).

일곱째 단락(52-56절)

우상들은 인간의 생사화복에 간여하지도 못하고 자기 자신도 재난에서 구하지 못한다.

여덟째 단락(57-64절)

우상들은 무가치하다. 그들은 그릇이나 집안을 지켜주는 문 그리고 궁전의 기둥보다도 못하다. 또한 힘과 아름다움에 있어서 하나님의 피조물들보다 훨씬 못하다.

아홉째 단락(65-68절)

우상들은 무가치하다. 그들은 태양이나 달처럼 비추지도 못하고, 스스로를 보호하기 위해 짐승들처럼 도망가지도 못한다.

바빌론의 고대 종교관습과 매우 유사하다. Herodotus, *The Histories* (London: Penguin Books, 1972), 122-3을 보라.

열째 단락(69-72절)

우상들은 마치 허수아비와 같이 서 있을 뿐이다. 그러므로 우상숭배를 하지 않는 의인이 우상보다 더 낫다.

> 금과 은으로 도금한 나무우상들은 참외밭에 세운 허수아비와 같아서 아무것도 지켜주지 못한다. … 그들에게 입혀 놓은 자홍색 옷이나 비단옷이 썩고 있는 것을 보면 그들이 신이 아니라는 것을 알 수 있을 것이다. … 우상을 섬기지 않는 의인이 더 낫다. 그는 결코 수치라는 것을 모를 것이다(69-72).

| 예레미야의 편지의 목적 |

예레미야의 편지는 이방인들이 하고 있는 우상숭배의 어리석음을 가르치기 위하여 쓰였다. 저자에 의하면, 우상은 인간이 만든 것으로 아무런 힘이 없고 따라서 무서워할 필요도 없으며, 인간에게 징벌을 내리거나 도움을 줄 수도 없다. 이것은 역으로, 이스라엘의 하나님은 참 신이셔서, 그를 섬기는 자들을 구원하시고, 그의 율법을 준수하지 않는 자들은 징벌하신다는 것을 가르친다. 이러한 가르침은 모든 유대인들에게 해당되는 교훈이지만, 특히 이방인들의 우상숭배를 가까이서 지켜보고 그들의 우상에 매력이나 두려움을 느끼는 디아스포라 유대인들에게 직접 해당되는 것이었다.

이방인의 땅에서 나서 이방인들과 함께 살고 있는 유대인들에게 문화의 일부로 다가오는 이방 종교는 매우 유혹적인 것이었다. 그들의 종교

중심지인 예루살렘은 너무 멀었고, 이방 종교는 가까이서 직접 접할 수 있었다. 이들에게 이방 종교는 참 신을 섬기는 것이 아니라 우상숭배에 불과하여 어떠한 구원도 기대할 수 없다는 가르침이 필요했다. 예레미야의 편지에서 강조되는 우상숭배에 대한 경고는 바로 이들에게 중요한 교훈을 주는 것이었다. 우상숭배인 이방 종교가 허구라는 가르침은 역으로 하나님이 참 신이시며 그를 잘 섬겨야 한다는 가르침이었다.

| 주요 신학사상 |

예레미야의 편지가 가장 중요하게 강조하는 신학적 주제는 우상숭배의 금지이다. 참 신은 이스라엘의 하나님이시고 이방인들이 섬기는 우상이 신이라는 것은 거짓이므로 그러한 우상을 두려워하거나 섬겨서는 안 된다는 것이다. 이 책의 내용 대부분은 이러한 우상숭배의 금지에 대부분을 할애하고 있지만, 정결한 제의, 가난한 자들에 대한 자선, 음행의 금지, 하나님의 명령에 따라 움직이는 피조세계 등도 언급되어 있다.

2. 바룩

바룩서를 바룩 일서(I Baruch)라고 부르기도 한다. 왜냐하면 위경에 속하는 책들 중 바룩의 이름을 딴, 바룩 이서(II Baruch), 바룩 삼서(III Baruch), 바룩 사서(IV Baruch) 등이 있어 이들과 구별하기 위해서이다. 그러나 구약 외경의 이 책을 언급할 때 그냥 "바룩"이라고 부르는 것이 일반적이다.

바룩은 예레미야의 예언을 받아 적은 서기관이었다(렘 36:1-31; 43:1-7). 그는 네리야의 아들로 예루살렘에서 존경받는 가문에 속해 있었는데, 예루살렘의 멸망 이후에 예레미야와 함께 이집트로 끌려갔다(43:6). 그의 형제 중 한사람인 스라야는 시드기야 왕Zedekiah(주전 597-587년)의 신하였다(렘 51:59). 바룩서 1:1은, 바룩이 현재 우리가 다루고 있는 이 책을 바빌론에서 썼다고 언급한다(1:1). 그러나 바룩은 바룩서의 저자가 아니며, 실제로 이 책을 누가 썼는지는 밝혀지지 않고 있다.

바룩서는 전체적인 통일성과 일관성을 결여하고 있다. 이 책에 나타나 있는 장르나 문체 그리고 내용이 보여주는 것처럼, 적어도 두 사람 이상에 의해 쓰인 서로 다른 작품들이 편집된 것으로 보인다. 이것은 바룩서가 한 사람의 저자에 의해서 일관되게 쓰인 것이 아니라, 어느 편집자에 의해 편찬되었다는 것을 의미한다. 즉, 현재의 책을 최종 편집한 저자는 바빌론 포로와 귀환에 관한 글들을 모아 한 권의 책으로 편찬했으며, 여기에 그 자신의 글도 포함시켰을 것으로 보인다.

바룩서의 저작연대는 불분명하다. 그것은 바빌론 포로 이후, 즉 주전 587년 이후부터 주후 70-135년경까지 매우 광범위하게 고려될 수 있다. 그럼에도 불구하고 잠정적인 결론은, 바룩서가 아마도 안티오쿠스 3세 Antiochus III(주전 222-187년)로부터 유대인들이 정치적 · 종교적 존중을 받던 주전 2세기 초엽[13]에 최종 편찬되었을 것이라고 추측된다.[14] 이 책에는 외세에 반대하는 투쟁이나 저항이 없고 오히려 정복자에 대한 순응과 그를 위한 기도 등의 내용이 있는 것으로 보아 마카비 혁명 이전에 편찬되었을 것으로 보인다.

바룩서의 저자는 팔레스타인의 유대인이었다. 그는 원래 히브리어로

---

13) 안티오쿠스 3세가 유대인들에게 보인 호의에 대해서는 요세푸스, 『유대 고대사』 12.3.2-4를 보라.

14) Carey A. Moore, *Daniel, Esther and Jeremiah: The Additions* (Garden City: Doubleday, 1977), 260. 골드슈타인은 주전 163년을 바룩서의 역사적 배경으로 여긴다. J. Goldstein, "The Apocryphal Book of 1 Baruch," *Proceedings of the American Academy for Jewish Research* 46-47(1979-80), 179-99. 나이켈스버그는 저작연대를 주전 164년 혹은 그 이전으로 추측한다. *JL*, 113-4. 최근 멘델스는 저작연대를 분명히 언제라고 고정시킬 수는 없지만, 네 가지 긍정적인 확증을 말할 수 있다고 한다. (1) 1:1-3:8은 2세기 말 이전(주전 116년 이전)에 쓰였다. (2) 책 전체의 분위기는 유대인들이 종교적인 자유는 있으나 정치적인 자유는 없다는 것을 나타내는데, 이것은 하스몬 왕조(주전 140-67년) 시대를 배제한다. (3) 포로들의 완전한 귀환과 구원에 대한 희망이 나타나 있다. (4) 바빌론 왕과 그의 아들에 대한 긍정적인 언급은 주전 200년경이나 주후 70년 이후를 나타낼 수 있다. 주전 200년경에는 안티오쿠스 3세가 프톨레미로부터 팔레스타인을 빼앗은 때이고, 주후 70년경에는 로마 제국에 흩어져 있는 많은 유대인들이 팔레스타인으로 돌아오리라는 희망이 있었다. Doran Mendels, "Book of Baruch," *ABD*, Vol. 1, 620. 바룩서 각 부분들의 저작연대에 관해서는 Robert H. Pfeiffer, *History of New Testament Times with an Introduction to the Apocarypha* (Harper & Brothers, 1949), 413-23을 보라.

이 책을 썼지만, 히브리어 본문은 현재 전해지지 않고 있다. 오늘날 여러 가지 고대 번역본들이 있지만, 가장 중요한 본문은 희랍어 역본이다.

| 바룩의 구조 |

바룩서는 네 부분으로 나뉜다. 첫째 부분(1:1-1:14)은 책의 기원 등을 언급하고 있는 머리말이고, 둘째 부분(1:15-3:8)은 죄를 고백하는 디아스포라들의 기도이다. 셋째 부분(3:9-4:4)은 지혜에 대한 찬양이며, 마지막 부분(4:5-5:9)은 디아스포라들과 예루살렘에 대한 위로이다.[15] 처음 두 부분(1:1-3:8)은 산문이며 마지막 두 부분(3:9-5:9)은 시로 쓰여 있다.

바룩서의 각 부분들과 구약성서를 비교해 보면, 전자는 후자의 내용을 변형하거나 모델로 하고 있는 것을 볼 수 있다. 예를 들면, 1:1-1:14은 예레미야 29장을, 1:15-3:8은 다니엘 9장을, 3:9-4:4은 욥기 28장을, 그리고 4:5-5:9은 이사야 51:17-52:10; 54, 60-62장을 각각 모델로 하여 쓰였다. 이것은 바룩서가 "성서본문의 모자이크"라는 것을 의미한다.

첫째 부분: 머리말(1:1-14)

둘째 부분: 디아스포라들의 기도(1:15-3:8)

(1) 죄의 고백(1:15-2:10)

15) 이 두 종류의 시편, 즉 지혜시(3:9-4:4)와 위로시(4:5-5:9)의 차이점들에 대해서는 Carey A. Moore, *op. cit.*, 313-4 을 참조하라.

(2) 자비의 간구(2:11-3:8)

셋째 부분: 지혜 찬양시(3:9-4:4)

(1) 지혜의 중요성(3:9-14)

(2) 인간이 찾지 못하는 지혜(3:15-31)

(3) 하나님의 선물인 지혜(3:32-4:4)

넷째 부분: 위로시(4:5-5:9)

(1) 디아스포라들에 대한 위로(4:5-9a)

(2) 예루살렘의 탄식(4:9b-29)

(3) 예루살렘에 대한 위로(4:30-5:9)

| 바룩의 내용 |

바룩서는 바룩이 이 책을 써서 많은 바빌론 디아스포라 유대인들을 회개케 한 이야기와 함께 시작한다. 이 이야기는 분명히 비역사적이고 후대에 꾸며낸 이야기이지만, 바룩서의 저자는 실제 상황인 것처럼 가장하기 위하여 당시의 역사적인 상황과 인물들의 이름을 사용하고 있다.

네리야의 아들 바룩은 예루살렘이 갈대아 사람들에 의하여 불탄지 오 년째 되던 해[16] 바로 그 달 칠일에 바빌론[17]에서 이 말씀을 기록했다

16) 바빌론에 의해 예루살렘이 불탄 해는 주전 587/6년이며, 그로부터 5년 후는 582/1년이다 (왕하 25:8).

17) 예레미야 43:6-7에 의하면, 바룩은 그달리야의 암살 이후에 예레미야와 함께 이집트로 끌려갔다. 성서에는 바룩이 바빌론으로 갔다는 기록이 없으나, 유대인들의 전설에 의하면, 바룩은 예레미야와 함께 이집트에서 바빌론으로 갔다. Louis Ginzberg, *The Legends of the Jews* (Philadelphia: Jewish Publication Society, 1909), Vol. IV, 354-5; Vol.

(1:1-2). 그는 이 책을 수드 강변에 살고 있는 유다 왕 여호야킴의 아들 여고니아[18]를 비롯한 많은 바빌론 포로들에게 읽어 주었다(1:3-4). 그러자 그들은 눈물을 흘리며 단식기도를 했다(1:5). 그리고 돈을 거두어 예루살렘의 제사장들에게 보내면서 당부를 하였다. 즉, 보내는 돈으로 제단[19]에 쓰일 제물을 사서 자신들을 대신해 하나님께 바치고, 바빌론 왕 느부갓네살과 그의 아들 벨사살[20]의 건강과 자신들의 죄 용서를 위해서 기도해 달라는 것이다(1:10-13).[21] 그리고 함께 보내는 이 책을 주님의 집에서 축제일과 특별한 절기에 공중 앞에서 낭독해 달라는 것이다(1:14).[22] 한편, 바룩은 바빌론 사람들에게서 회수한 예루살렘 성전의 기물들도 보냈다(1:8). 이 기물들은 예전에 시드기야 왕[23]이 은으로 만든 것이었다(1:9).[24]

VI, 399, 411; Vol. VII, 58. Cf. Louis Ginzberg, *Legends of the Bible* (Philadelphia: Jewish Publication Society, 1992), 631-2. 이 책은 앞에 인용된 책의 요약판이다.

18) 여고니아(Jeconiah)는 여호야긴(Jehoiachin)이라고도 불리는데, 18세 때에 그의 아버지 여호야김(Jehoiakim or Eliakim, 주전 609-598) 왕의 뒤를 이어 3개월 동안 유다를 다스렸다(왕하 24:8). 제1차 바빌론 포로 때인 주전 597년 느부갓네살에 의해 잡혀갔으며(왕하 24:15), 바빌론 왕 에윌므로닥(Evil-merodach or Amel-marduk, 주전 562-560)에 의해 석방되어 환대를 받았다(왕하 25:27-30).

19) 예루살렘 성전이 파괴된 후 성전제단(altar)에서 제물을 바쳤다.

20) 벨사살(Belshazzar)은 느부갓네살(Nebuchadnezzar II, 주전 604-562년)의 아들이 아니라 바빌론 제국의 마지막 왕 나보니두스(Nabonidus, 주전 556-539년)의 아들이다. 그는 그의 아버지 나보니두스가 바빌론을 잠시 떠나 아라비아 사막에 있을 동안 아버지를 대신해서 국사를 맡아 보기도 했다. 벨사살에 대한 연대 착오는 다니엘서에서도 발견된다(5:2, 11, 18, 22).

21) 바빌론 왕에 대한 바룩서의 긍정적인 견해는 예레미야의 예언(렘 29:7)의 영향이다.

22) 바룩서는 예레미야의 애가와 함께 성전 파괴 애도일 때 유대인들에 의해 읽혀지는 경우도 있었다. *HJP* 3/2, 739.

23) 유다의 마지막 왕 시드기야(Zedekiah, 주전 597-587년)는 바빌론의 느부갓네살이 여호야긴 왕을 포로로 잡아간 뒤 세운 꼭두각시 왕이었다. 그가 바빌론에 반기를 들었을 때 바빌론 군대가 침입하여 예루살렘을 폐허로 만들었으며 유다는 멸망했다. 그리고 그는 두 눈을 뽑혀 바빌론으로 끌려갔다(왕하 24:15-25:7)

이어지는 내용은 디아스포라들이 부탁한 기도이다. 먼저, 이 기도는 죄의 고백으로 시작한다(1:15-2:10). 예루살렘의 멸망과 유다 민족의 포로 됨은 하나님의 말씀에 순종하지 않고 죄를 지었기 때문에 내린 주님의 정당한 징벌이라는 고백이다. 이것은 주님의 경고에도 불구하고 회개하지 않은 이스라엘이 율법에 기록된 대로 받은 죄의 값이라는 고백이다.

주 우리 하나님은 공정하십니다. … 우리는 주님 앞에 죄를 지었고 그분에게 순종하지 않았으며 우리에게 내려 주신 주님의 명령을 따라 살라고 하신 우리 주 하나님의 말씀에 귀를 기울이지 않았습니다. … 주님께서는 우리의 악을 지켜보시다가 재난을 내리셨습니다. 주님은 우리에게 명하신 일들에 대해서는 모두 공정하게 갚아 주시기 때문입니다(1:15-2:10).

죄의 고백에 이어지는 내용은 하나님의 자비를 간구하는 기도이다(2:11-3:8). 즉, 하나님께서 포로의 수치로부터 구원해 달라는 기도이다.

주님, 우리의 기도와 간구를 들어주소서. 당신을 위하여 우리를 구원하시고, 우리를 포로로 잡아 간 자들이 보는 앞에서 우리에게 은총을 내려 주소서. 그리하여 온 세상으로 하여금 당신께서 주 우리 하나님이시라는 것과 이스라엘과 그의 후손들이 당신의 이름으로 불림을 받았다는 것을 알게 하소서(2:14-15).

---

24) 바빌론 군대는 예루살렘 성전에서 은제 기물뿐만 아니라 금과 동으로 만든 기물들도 빼앗아 갔다.(왕하 25:13-17)

무슨 근거로 이러한 자비를 간구할 수 있는가? 하나님의 말씀에 불순종한 죄를 어떻게 용서받을 수 있는가? 하나님은 어떻게 죄인들을 용서하시고 자비를 베푸시는가? 하나님의 자비는 이스라엘의 "조상이나 왕들의 올바른 행동을 내세워" 구할 수 있는 것이 아니다(2:19).[25] 오히려 일차적으로 백성들의 회개가 있어야 한다. 그들이 참회하고 악행에서 돌아설 때 하나님께서는 자비를 베푸시며 족장들에게 하신 약속을 성실히 이행하신다. 이스라엘의 죄 때문에 파괴되었던 하나님과의 관계가 회복되기 위해서는 철저한 회개가 있어야 된다는 것이다.

> 그들이 포로로 잡혀간 그 땅에서 나를 찬양하게 되고 내 이름을 기억할 것이다. 그리고 그들의 완고한 생각과 악한 행실을 버릴 것이다. … 그러면 나는 그들의 조상 아브라함과 이사악과 야곱에게 주겠다고 약속한 땅으로 돌려보내리라. 그들은 그 땅을 지배할 것이다. … 나는 그들과 영원한 계약을 맺어 그들의 하나님이 되고 그들은 내 백성이 될 것이다. 내가 다시는 나의 백성 이스라엘을 내가 그들에게 준 땅에서 제거하지 않을 것이다(2:32-35) .

포로들이 부탁한 기도는 이러한 내용으로 3:8에서 끝난다. 이것은 산문체로 쓰였고, 하나님께 드리는 백성들의 호소였다. 그러나 이와는 달리, 이어지는 내용은 시의 형태로 되어 있으며, 백성들에게 주는 훈계이다. 즉, 이제는 백성들이 듣는 대상이다. 그렇지만, "죄-포로-회개-회

---

25) 무어에 의하면, 이것은 조상들의 공로에 관한 유대 교리를 반박한 것이거나 혹은 그러한 교리가 형성되기 이전의 것이다(신 9:4-6). Carey A. Moore, *op. cit.*, 288.

복"라는 주제는 계속된다. 문체나 대상은 달라져도 주제는 공통되게 연결되어 있다는 것이다.

3:9에서부터 시작되는 셋째 부분(3:9-4:4)은 지혜시로 이스라엘이 왜 바빌론의 포로가 되었는가를 지혜의 관점에서 해석한다. 이 시에 의하면, 이스라엘의 포로 됨은 한마디로 지혜를 외면했기 때문에 생긴 결과이다.

이스라엘아! 생명의 말씀을 들어라.
귀를 기울여 지혜를 배워라.
이스라엘아! 네가 어찌하여
남의 나라에서 늙어 가며
원수들의 땅에서 사느냐?
……
네가 지혜의 샘을 외면했기 때문이다(3:9-12).

지혜의 길을 가지 아니했기 때문에 원수들의 나라에 포로로 잡혀갔다는 것이다. 포로가 된 원인은 이스라엘의 죄 때문이라는 것이다. 이것은 앞부분의 포로들의 기도에서 나오는 죄의 고백과 일치한다.

그러면, 여기에서 말하는 지혜란 무엇이며 어디에서 오는가? 그것은 인간이 찾는다고 얻어지는 것이 아니다(3:15-31). 왜냐하면 지혜의 길을 아는 사람은 하나도 없기 때문이다(3:31).

가나안[26]에서 그 길이 있다는 말조차 들어 볼 수 없었고

---

26) 가나안인들이란 이스라엘 역사 후기에는 페니키아인들을 의미했다(습 2:5). 에스겔서에

데만[27]에서 그 길을 찾아 볼 수 없었다.
세상의 지혜를 구하던
하갈의 자손들
메란[28]과 데만의 상인들,
이야기를 지어내는 사람들과
그리고
지식의 길을 탐구하는 사람도
지혜의 길을 알지 못하였고
생각해 내지도 못하였다(3:23).

지혜는 오직 하나님만이 아시며, 그분은 사랑하는 이스라엘에게 알려 주셨는데(3:37), 곧 하나님의 율법 책에 기록되어 있다(4:1). 이스라엘은 이 지혜의 길을 따르지 않았기 때문에 징벌을 받았으나, 이제 회개하고 지혜를 다시 추구할 때 영광을 되찾을 수 있다.

그분이 모든 지혜의 길을 찾아내시어
당신의 종 야곱과 당신의 사랑받는
이스라엘에게 주시었다.
그리고 나서야 비로소
땅 위에 지혜가 나타나게 되었고

는 페니키아의 도시인 두로의 통치자의 지혜에 대해서 다음과 같이 말한다. "너는, 다니엘보다 더 슬기롭다. 아무리 비밀스러운 것이라도 네게 드러나지 않는 것이 없다"(28:3).

27) 데만은 에돔에 속한 도시로, 지혜로 유명했다(렘 49:7; 욥 1:8-9). 욥의 세 친구 중 하나인 엘리바스도 데만 사람이었다(욥 2:11).

28) 메란(Merran)은 메단(Medan) 혹은 미디안(Midian)의 오기(誤記)로 여겨진다.

사람들과 함께 어울리게 되었다.
그것은 곧 하나님의 계명과
영원히 존속하는 율법을 기록한 책[29]
이 지혜를 따르는 사람은 살 것이고
이 지혜를 버리는 자는 죽을 것이다.
야곱아 돌아 서서 지혜를 잡아라.
그 지혜의 빛을 따라 밝은 길을 가라.
네 영광을 남에게 빼앗기지 말아라(3:37-4:3).

지혜의 시에 이어 이스라엘 백성들에게 위로와 희망을 주는 시가 계속된다(4:5-5:9). 이스라엘은 죄 때문에 징벌을 받고 원수들의 손에 억압되었으나 낙심하지 않고 하나님께 부르짖으면, 이제 곧 하나님께서 구원하시고 이스라엘의 머리 위에 영광의 관을 씌워 주신다는 것이다. 그리고 흩어졌던 포로들이 예루살렘으로 다시 돌아오고, 원수들은 고독과 슬픔을 당하게 된다는 것이다. 이스라엘의 미래는 슬픔이 아니라 기쁨이요 영광이라는 것이다. 재난이 기쁨으로 바뀐다는 것이다. 이 시는 마치 제이 이사야서(40-55장)처럼, 포로들을 위로하는 예언의 형태로 메시지를 전달한다.

너희는 낙심하지 말고 하나님께 부르짖어라.
……
너희에게 재난을 가져다주신 그분이 너희를 구원하여

29) 지혜와 율법(Torah)의 동일시는 집회서(24:23)에도 나타난다.

너희에게 영원한 기쁨을 가져다줄 것이다.
용기를 내어라, 예루살렘아
너에게 이름을 주신 분이
너를 위로해 주실 것이다(4:27-30).
예루살렘아,
슬픔과 재난의 옷을 벗어 버리고
하나님께로부터 오는
영광의 아름다운 옷을 영원히 입어라.
……
하나님께서는 하늘 아래 어디에서나
너를 빛나게 해 주실 것이다(5:1-3).

| 바룩의 목적 |

구약성서의 예레미야는 바빌론의 침략은 이스라엘의 하나님에 대한 불순종이 가져다준 재앙이라고 예언했다. 또한 그는 바빌론에 있는 포로들에게 보낸 편지에서 자신들의 평화를 위해 바빌론의 성읍이 평안하기를 위하여 기도하라고 부탁했다. 이것은 외세의 침략이 곧 하나님의 자기 백성에 대한 심판이기 때문에 외세에 순응하라는 충고였다. 예레미야의 예언을 모델로 하여 쓰인 바룩서 역시 같은 메시지를 전달하고 있다. 즉, 외세의 침략에 순응하고, 더 나아가서, 침략자를 위해서 기도하라는 것이다. 그리고 하나님의 징벌의 모든 원인은 이스라엘 자체의 죄악성에 있으므로, 회개하고 하나님의 자비를 기다리라는 것이다.

바룩서는 예레미야의 예언에 대한 단순한 설명이라기보다는, 오히려 구체적인 역사적 상황의 필요성에 의해서 생성된 예레미야 예언의 재해석이라고 여겨진다. 그 역사적 상황이 언제인지는 아직까지 명쾌한 해답이 없지만, 앞서 말한 대로 주전 2세기 초엽이 적절한 것 같다. 당시 유대인들은 팔레스타인에서 벌어진 프톨레미 왕조와 셀류시드 왕조의 전쟁에서 후자의 왕인 안티오쿠스 3세를 도와 전쟁을 이기게 한 공로로 정치적인 존중을 받았다. 그리고 안티오쿠스 3세로부터 성전의 보수를 위한 지원, 세금 면제, 노예로 끌려간 자들에 대한 석방, 그리고 바빌론에 있던 디아스포라들의 호의적인 이주 등의 약속을 받았다. 이것은 유대인들에게 파격적인 것이었으며 매우 희망적인 비전이었다.

이러한 상황에서 하나님의 자비와 구원은 이스라엘의 회개와 율법의 지킴에 달려 있다고 하는 바룩서의 가르침은 매우 중요한 것이었다. 그것은 외세에 협력한 유대인들의 행동은 비록 정당한 것이지만, 그들의 미래는 외세를 도구로 사용하시는 하나님께 달려 있다는 것을 의미했기 때문이다. 즉, 그들의 미래는 외세의 약속에 달려 있는 것이 아니라 하나님께서 자비를 베푸실 때에 평가하시는 그들의 신앙 상태에 의존한다는 것이다. 이것은 외세의 희망찬 약속도 결국 하나님께서 허락하여야 이루어진다는 것을 의미했다는 것이다.

한마디로 말하자면, 바룩서는 외세의 지배하에서도 정치적 · 종교적으로 비교적 존중받는 유대인들에게 미래의 희망은 오직 하나님의 자비에 달려 있다는 것을 교훈하기 위하여 쓰였다고 할 수 있다. 이것은 그들이 유대 신앙에 더욱 충실할 것을 가르치는 훈계였다.

| 주요 신학사상 |

범죄-징벌-회개-구원

바룩서에 의하면, 이스라엘은 죄를 범하였기 때문에 이방인들의 포로가 되었다. 즉, 그들은 모세를 통하여 주어진 하나님의 율법에 불순종하고 도리어 우상을 숭배했기 때문에 자기 "원수들에게 약탈당한 양처럼 멀리 끌려갔다"(4:25)는 것이다. 이것은 하나님께서 죄를 범한 자기 백성을 이방인의 손에 넘겨준 결과이다.

> 그 영원하신 분이
> 어른도 몰라보고
> 어린이에 대한 인정도 포악하고
> 언어도 다른 나라를
> 먼 곳으로부터 이끌어 들여
> 나의 아들딸들을 치게 하셨다(4:15).

그러나 이러한 징벌은 이스라엘이 회개할 때 거두어질 수 있다. 이스라엘이 하나님께 다시 돌아올 때, 하나님은 이스라엘에게 자비를 베푸시어 구원하여 주신다는 것이다. 그 구원은 하나님이 아브라함과 이삭과 야곱에게 약속하신 땅으로 포로들을 돌려보내시고, 그들을 다시 자기 백성으로 삼으시는 영원한 계약을 맺으시는 것이다. 이것은 "범죄-징벌-회개-구원"이라는 도식으로 신명기 신학에 나타나 있는 전형적인 신학적 주제이다.[30]

하나님

바룩서에 묘사된 하나님의 모습은 구약성서의 것과 별 차이가 없다. 그분은 영원히 존재하시는 창조주시요, 자기 백성의 죄에 대해 진노하시고 벌하시는 분이시며, 회개할 때 용서와 구원을 베푸시는 분이시다. 또한 그분은 우상숭배를 싫어하시는 분이시고 예언자를 통하여 말씀하시고 지혜를 주시는 분이시며, 이스라엘과 계약을 체결하시고 이방인들도 자신의 도구로 사용하시는 분이시다. 그리고 심판과 구원을 이 땅위에서 이루시는 분이시다.

바룩서에는 하나님의 천사에 관한 개념이나 하나님께서 주시는 영혼불멸의 삶 혹은 부활 등에 관한 사상 등은 나타나지 않고 있다. 또한 희랍철학의 영향도 발견되지 않는다.

---

30) 삿 3:7-11 참조.

구약 외경의 이해

08

Understanding the Old Testament Apocrypha

결론

종교개혁과 함께 출발한 개신교회는 15권의 구약 외경을 가지고 있다. 개신교회의 전통에 있어서 이 책들은 루터나 깔뱅과 같은 종교개혁자들에 의하여, 정경의 범주에서 제외되었지만 외경으로 간주되었다. 종교개혁자들은 이 책들을 교회의 공식문서로 인정하지 않았지만, 기독교 신앙인들이 읽는 것을 금지하지도 않았다. 오히려 그들은 이 외경의 책들을 번역하여 구약과 신약 사이에 넣어 출판했고, 신앙의 성장을 위해 유익한 책들이므로 읽어야 한다고 가르쳤다. 비록 정경은 아니지만 기독교 신앙을 위해 읽어야 할 가치가 충분히 있는 책들이라는 것이다.

종교개혁자들의 구약 외경에 대한 평가는 개혁교회의 전통을 따르고 있는 오늘날의 개신교인들에게도 역시 유효하다. 교리나 예배, 설교 등 교회의 공식적인 일에서는 증거본문이나 기본본문으로 사용될 수 없지만, 개인들의 신앙을 위해서는 유용하게 사용될 수 있다는 것이다. 정경만큼의 권위를 가진 책은 아니지만, 적절하게 사용하면 신앙에 도움이 된다는 것이다. 그러나 외경을 거의, 아니 전혀 접하지 않고 있는 한국의 개신교인들이 이 책들을 올바로 이해하면서 읽는다는 것은 매우 어려운 일이다. 그 이유는 구약 외경의 내용 자체가 매우 낯설기 때문이기도 하지만, 정경에서 익숙하게 알고 있는 내용들이나 그동안 배워 왔고 믿어 왔던 교회의 가르침과 상충되는 부분들이 들어 있기 때문이다. 그와 같은 실례들을 몇 가지만 들면 다음과 같다.

첫째, 개신교인들이 받아들이기 가장 어려운 구약 외경의 가르침은 죄의 용서 혹은 구원에 관한 문제일 것이다. 예를 들면, 토비트서는 자선을 베풀 때 죽음에서 벗어날 수 있고 죄가 사해진다고 가르치고 있다(12:9). 또한, 집회서는 부모를 공경하는 것은 곧 자기 죄를 벗는 것이라고 언급하고 있다(3:3, 14). 자선을 베풀거나 부모를 지극히 공경하면, 죄의 용서함을 받고 구원을 얻을 수 있다는 것이다. 이러한 외경의 가르침은 "오직 예수에 의해서만" 죄의 용서함을 받고 구원을 얻을 수 있다는 가르침과 상반된다. 자선을 베풀고 부모를 공경하라는 것은 정경에서 매우 중요하게 가르치고 있지만, 죄의 용서는 구원의 조건은 아닌 것이다.

둘째, 죽은 자들의 속죄에 대한 문제이다. 마카비 이서에 나오는 죽은 자들을 위한 속죄제사에 대한 내용(12:38-45) 역시 개신교회의 가르침과 상반된다. 마카비 이서에 의하면, 산 자가 죽은 자들을 위해서 속죄의 제사를 드리면, 죽은 자들의 죄가 용서함을 받는다고 언급하고 있다. 그러나 개신교회는 모든 죄에 대한 책임은 자기 스스로 져야 한다고 가르치고 있다. 산 자가 죽은 자의 구원이나 죄의 용서를 위하여 할 수 있는 것은 아무것도 없다는 것이다.

셋째, 구약 외경에는 정경의 내용과 다르거나, 다르게 해석하는 경우도 있다. 예를 들면, 솔로몬의 지혜서는 출애굽기에 나오는 재앙들을 해석할 때에, 첫 번째 재앙인 강물이 피로 변한 이유를, 모세가 어린 시절 바로 왕이 이스라엘의 얘기들을 죽였기 때문이라고 한다(11:6-7). 또한 여러 가지 해충들이나 동물들을 통해서 주어진 재앙들은 이집트 사람들이 동물을 숭배했기 때문에 내려진 징벌이라고 해석한다(16:1). 또한 에스드라스 이서(1:1-3)에 나오는 에스라의 족보도 구약성경의 내용과 다르다(에스라 7:1-5).

이상과 같은 실례들은 신앙의 유익을 위하여 구약 외경을 처음 읽는 사람들이 받아들이기 어려운 것들이다. 또한 구약성서의 내용을 충분히 알지 못하는 사람들에게 혼란을 초래할 수도 있다. 이러한 내용들은 분명 구약 외경 읽기를 기피하는 이유 중의 하나일 것이다. 기독교 교리와 내용상 다른 부분들 때문에 구약 외경 읽기를 기피하거나 장려하지 않을 수 있다는 것이다. 그러나 이렇게 난해한 부분들이 있음에도 불구하고, 구약 외경에는 신앙생활을 위하여 유용하게 사용할 수 있는 내용들도 많이 들어 있다. 이에 대한 실례들을 몇 가지만 들어 본다.

첫째, 토비트서에 나오는, 토비아와 사라의 결혼에 관한 이야기는 오늘날의 젊은이들에게도 유익한 교훈을 준다. 즉, 결혼 첫날밤에 하나님께 찬양과 기도를 드리고 나서 잠자리에 드는 토비아와 사라의 아름다운 이야기(8:1-8)는 첫날밤을 맞이하는 신혼부부들에게 좋은 신앙적인 모델이 될 수 있다. 그리스도교회의 역사를 볼 때에도 토비트서는 결혼을 앞둔 사람들이 읽도록 권유되었다.

둘째, 우상숭배가 헛되다는 구약 외경의 가르침 역시 오늘날의 신앙인들에게도 매우 유익하다. 왜 우상숭배가 헛된가? 우상숭배의 기원은 무엇인가? 우상숭배자들에게 내리시는 하나님의 징벌은 무엇인가? 이와 같은 질문들에 대한 대답을 신앙인들은 예레미야의 편지, 솔로몬의 지혜서, 벨과 뱀 등을 읽음으로써 깊이 생각할 수 있다. 물론 정경 안에서도 이와 같은 질문들에 대한 해답을 찾을 수 있지만, 정경의 가르침에 대한 보충으로 이상과 같은 책들을 활용할 수 있을 것이다.

셋째, 집회서와 솔로몬의 지혜서의 가르침 중 많은 부분은 잠언서 등을 이해하는 데 도움이 된다. 잠언서는 짧은 교훈들을 모아 놓은 책이지만, 집회서나 솔로몬의 지혜서는 잠언서 등 성서에 나오는 많은 교훈들을 더욱 자세하게 풀어 놓고 있다. 따라서 이러한 책들을 읽음으로써 정경의 내용을 더욱 심도 있게 이해, 묵상할 수 있다.

넷째, 구약 외경에 대한 연구는 히브리 사상과 희랍사상의 만남 혹은 접목 과정을 이해하는 데 도움이 된다. 우리가 잘 아는 대로 구약성서에는 히브리 사상이 잘 나타나 있다. 반면에 신약성서에는 히브리 사상뿐만 아니라, 희랍사상도 대단히 강하게 나타나 있다. 구약성서에는 아직 희랍사상의 영향이 별로 나타나 있지 않지만, 신약성서에는 희랍철학이나 희랍식 사고의 영향이 매우 강하게 내포되어 있다는 것이다. 구약 외경은 구약성서와 신약성서가 쓰인 중간시기에 쓰였다. 이 시기는 희랍사상이 팔레스타인과 유대인들에게 점점 그 영향력을 확대하고 있던 때였다. 그리하여 구약 외경 중 어떤 책들은 희랍사상의 영향이 별로 없지만, 어떤 책들에는 희랍사상의 영향이 대단히 강하게 나타나 있다. 우리는 이러한 사상에 대한 연구를 통하여 히브리 사상과 희랍사상의 접목 과정을 살펴볼 수 있다. 즉, 두 사상의 접목 과정에 대한 이해를 통하여 히브리적 신앙이 어떻게 희랍사상에 토착화되었는가를 살펴볼 수 있다는 것이다. 또한 이러한 연구는 기독교 신앙의 새로운 문화에로의 토착화에 대한 좋은 모델이 될 수 있을 것이다.

이상과 같이, 구약 외경에는 개신교회의 가르침과 상충되는 내용들이 있는가 하면, 신앙을 위해서 유용하게 사용할 수 있는 부분들도 많이 있다. 신앙에 유익을 줄 수 있는 내용들이 들어 있는가 하면, 개신교회의 교리적인 신앙에 반대되는 내용들도 들어 있다는 것이다. 이것은 무엇을 의미하는가? 구약 외경을 올바로 이해하지 못하고 읽는다면 불필요한 신앙적인 오해나 혼돈을 야기할 수도 있지만, 잘 사용하면 신앙에 유익을 가져올 수 있다는 것이다. 또한 구약 외경을 올바로 이해하고 신앙적인 유익을 위해 이 책들을 사용하기 위해서는 정경에 대한 바른 이해가 선행되어야 한다는 것이다. 이러한 의미에서, 구약 외경은 성경에 대한 충분한 이해가 없거나 신앙이 성숙하지 못한 기독교 신앙인들에게는 "숨겨져야 하는 책"이라고 할 수 있다. 그러나 성경에 대한 올바르고 충분한 이해를 가지고 있는 사람들이나 성숙한 기독교 신앙인들에게는 "읽혀져야 하는 책"이라고 할 수 있다.

참 고 문 헌

칠십인역 구약성서(LXX)

Brenton, Sir L. C. L., *The Septuagint with Apocrypha: Greek and English*, Originally published by Samuel Bagster & Sons, Ltd., London, 1851. Peabody: Hendrickson, 1990.

Rahlfs, A., ed., *Septuaginta*, 2 vols. Stuttgart: Deutsche Bibelgesellschaft, 1979.

구약 외경 한글번역본

『공동번역 성서(외경 포함)』. 서울: 대한성서공회, 1977.

주요 영어번역본

Jerusalem Bible

New Jerusalem Bible

New English Bible with the Apocrypha

Revised English Bible with the Apocrypha

Revised Standard Version with the Apocrypha

New Revised Standard Version with the Apocrypha

New American Bible

Goodspeed, E. J., *The Apocrypha: An American Translation*. New York: Vintage, 1959.

사전

Achtemeier, P. J., ed., *Harper's Bible Dictionary*. San Francisco: Harper & Row, 1985.

Bromiley, Geoffrey W., rev. ed., *The International Standard Bible Encyclopaedia*, 4 vols. Grand Rapids: Eerdmans, 1979-88.

Buttrick, G. A. et al., eds., *The Interpreter's Dictionary of the Bible*, 5 vols. Nashville: Abingdon, 1962, 1976.

Freedman, D. N., ed., *The Anchor Bible Dictionary*, 6 vols. New York: Doubleday, 1992.

Metzger, B. M., & M. D. Coogan, eds., *The Oxford Companion to the Bible*. New York & Oxford: Oxford University Press, 1993.

Roth, C., et al., eds., *Encyclopedia Judaica*, 16 vols. New York: Macmillan, 1971-2.

Sakenfeld, Katharine Doob, ed., *New Interpreter's Dictionary of the Bible*, 5 vols., Nashville: Abingdon, 2006-9.

민영진 편, 『성서백과대사전』 총 12권. 서울: 성서교재간행사, 1981.

한국교회사 연구소 편, 『한국가톨릭대사전』 총 12권. 서울: 한국교회사연구소, 1994-2006.

단권 주석

Anderson, B. W., *The Books of the Bible*. New York: Scribners, 1989.

Brown, R. E., J. A. Fitzmyer & R. E. Murphy, eds., *The New Jerome Biblical Commentary*. Englewood Cliffs: Prentice Hall, 1989.

Laymon, Charles M., ed., *The Interpreter's One-Volume Commentary on the Bible*. Nashville & New York: Abingdon, 1971.

Mays, J. L., ed., *Harper's Bible Commentary*, San Francisco: Harper & Row, 1988.

구약 외경 색인

Kohlenberger III, John R., ed., *The NRSV Concordance Unabridged, Including the Apocryphal/Deuterocanonical Books*. Grand Rapids: Eerdmans, 1991.

Metzger, B. M., ed., *A Concordance to the Apocryphal/Deuterocanonical Books of the Revised Standard Version*. Grand Rapids: Eerdmans, 1983.

Whitelocke, L. T., ed., *An Analytical Concordance of the Books of the Apocrypha*. Washington, DC: University Press of America, 1978.

신구약 중간시대의 역사

Barclay, J. M. G., *Jews in the Mediterranean Diaspora: From Alexander to Trajan (323 BCE - 117 CE)*. Edinburgh: T & T Clark, 1996.

Bickerman, E., *From Ezra to the Last of the Maccabees*. New York: Schocken, 1962.

_______, *The Jews in the Greek Age*. Cambridge: Harvard University Press, 1988.

Cohen, S. J. D., *From the Maccabees to the Mishnah*. Philadelphia: Westminster, 1987.

Collins, J. J., *Between Athens and Jerusalem: Jewish Identity in the Hellenistic Diaspora*. Grand Rapids: Eerdmans, 2000.

Davies, W. D. & L. Finkelstein, eds., *The Cambridge History of Judaism*, 2 vols. Cambridge: Cambridge University Press, 1984 & 1989.

Feorster, Werner, *From the Exile to Christ: A Historical Introduction to Palestinian Judaism*, 문희석 역. 『신구약 중간사: 포로시대부터 그리스도까지』. 서울: 컨콜디아사, 1977.

Gager, J. M., *The Origins of Anti-Semitism: Attitudes Toward Judaism in Pagan and Christian Antiquity*. Oxford: Oxford University Press, 1983.

Grabbe, L. L., *Judaism from Cyrus to Hadrian*, 2 vols. Minneapolis: Fortress, 1992.

Grant, M., *The Jews in the Roman World*. London: Weidenfeld & Nicolson, 1973.

Jagersma, H., *A History of Israel from Alexandria the Great to Bar Kochba*. London: SCM, 1985.

Hengel, M., *Judaism and Hellenism*, 2 vols. Philadelphia: Fortress, 1974.

Kasher, Aryeh, *The Jews in Hellenistic and Roman Egypt: The Struggle for Equal Rights*. Tübingen: Mohr, 1985.

Leaney, A. R. C. & Jacob Neusner, "The Roman Era," in *Israelite and Judaean History*. Eds., John H. Hayes & J. Maxwell Miller. London: SCM, 1977, 605-677.

Reicke, Bo, *The New Testament Era. The World of the Bible from 500 B.C. to A.D. 100*. Philadelphia: Fortress, 1964. 『신약성서시대사』. 서울: 한국신학연구소, 1986.

Russell, D. S., *Between the Testaments*. 임태수 역, 『신구약 중간시대』. 서울: 컨콜디아사, 1977.

Safrai, S. & M. Stern, *The Jewish People in the First Century*. Philadelphia: Fortress, 1987.

Schafer, Peter, "The Hellenistic and Maccabean Periods," in *Israelite and Judean History*. Eds., John H. Hayes & J. Maxwell Miller. London: SCM, 1977, 539-604.

Scheurer, E., *The History of the Jewish People in the Age of Jesus Christ (175 B.C.-A.D. 135)*, 3 vols, Revised and edited by G. Vermes, F. Miller & M. Black. Edinburgh: Clark, 1973-87.

Schiffman, L. H., *From Text to Tradition: A History of Second Temple and Rabbinic Judaism*. Hoboken: Ktav, 1991.

Smallwood, E. Mary, *The Jews Under Roman Rule: From Pompey to Diocletian*. Leiden: Brill, 1976.

Stone, M., Scripture, *Sects and Visions: A Profile of Judaism from Ezra to the Jewish Revolt*. Philadelphia: Fortress, 1980.

Tcherikover, V., *Hellenistic Civilization and the Jews*. Jerusalem: The Magnes, 1959.

VanderKam, J. C., *An Introduction to Early Judaism*. Grand Rapids: Eerdmans, 2001.

천사무엘, "알렉산드리아 유대인 공동체 형성과 박해의 역사,"「신학사상」23/1(1995), 147-69.

______, 『사해사본과 쿰란공동체』. 서울: 대한기독교서회, 2004.

구약 외경, 위경

Barnstone, W., *The Other Bible*. New York: HarperCollins, 1984, 이동진 역, 『숨겨진 성서』 총3권. 서울: 문학수첩, 1994.

Charles, R. H. ed., *The Apocrypha and Pseudepigrapha of the Old Testament*. Oxford: Clarendon, 1913.

Charlesworth, J. H., ed., *The Old Testament Pseudepigrapha*, 2 vols. Garden City: Doubleday, 1983, 1985.

______, *The Pseudepigrapha and Modern Research with a Supplement*. Chico: Scholars, 1981.

______, "Christian and Jewish Self-Definition in Light of the Christian Additions to the Apocryphal Writings," in *Jewish and Christian Self-Definition, Vol. 2: Aspects of Judaism in the Graeco-Roman Period*. Eds., E. P. Sanders et al. London: SCM, 1981: 27-55.

______, *The Old Testament Pseudepigrapha and the New Testament.* Cambridge: Cambridge University Press, 1985.

Delcor, Mathias, "The Apocrypha and Pseudepigrapha of the Hellenistic Period," in *The Cambridge History of Judaism*, Vol. 2. Eds., W. D. Davies & Louis Finkelstein. Cambridge: Cambridge University Press, 1989, 409-503.

de Silva, David A., *Introducing the Apocrypha: Message, Context, and Significance*. Grand Rapids: Baker, 2004.

Harrington, Daniel, *Invitation to the Apocrypha*. Grand Rapids: Eerdmans, 1999. 박영식 역, 『구약성서의 외경 입문』. 서울: 성바오로출판사, 2003.

Jonge, M. de., ed., *Outside the Old Testament.* Cambridge: Cambridge University Press, 1985.

Kraft, R. A. & George W. E. Nickelsburg, eds., *Early Judaism and Its Modern Interpreters.* Philadelphia: Fortress, 1986.

Kraft, R. A., "The Pseudepigrapha in Christianity," in *Tracing the Threads Studies in the Vitality of Jewish Pseudepigrapha*, Ed., J. C. Reeves. Atlanta: Scholars, 1994, 55-86.

Leaney, A. R. C., *The Jewish and Christian World: 200 B.C. to A.D. 200*. Cambridge: Cambridge University Press, 1984.

McNamara, M., *Intertestamental Literature*, Wilmington: Michael Glazier, 1983. 채은하 역, 『신구약 중간시대의 문헌이해』. 서울: 이화여자대학교출판부, 1995.

Metzger, B., *An Introduction to the Apocrypha*. New York: Oxford University Press, 1957. 민영진 역, 『외경이란 무엇인가』. 서울: 컨콜디아사, 1979.

Meurer, S., ed., *The Apocrypha in Ecumenical Perspective*. New York: United Bible Societies, 1992.

Newsome, J. D., *Greeks, Romans, Jews: Currents of Culture and Belief in the New Testament World.* Philadelphia: Trinity Press International, 1992.

Nickelsburg, G. W. E., *Jewish Literature Between the Bible and the Mishna*. Philadelphia: Fortress, 1981.

Oesterley, W. O. E., *An Introduction to the Books of the Apocrypha*. New York: Macmillan, 1935.

Pfeiffer, R. H., *History of New Testament Times with an Introduction to the Apocrypha*. New York: Harper & Brothers, 1949.

Rost, L., *Judaism Outside the Hebrew Canon*. Nashville: Abingdon, 1976.

Russell, D. S., *The Old Testament Pseudepigrapha*. Philadelphia: Fortress, 1987.

Shanks, H., "Don't Let Pseudepigrapha Scare You," *BR* 3/2 (1987), 14-19 & 34.

Sparks, H. F. D., ed., *The Apocryphal Old Testament*. Oxford:Clarendon, 1984.

Stone, Michael E., ed., *Jewish Writings of the Second Temple Period*. Philadelphia: Fortress, 1984.

이상근,『외경주해: 구약외경』. 대구: 성등사, 1997.

기독교문화사 역편,『외경위경전서』 상 · 하. 서울: 기독교문화사, 1993.

신약 외경

Lapham, F., *An Introduction to the New Testament Apocrypha*. London: T & T Clark International, 2003.

Layton, B., ed., *The Gnostic Scriptures*. Garden City: Doubleday, 1987.

Robinson, J. M., ed., *The Nag Hammadi Library*. New York: HarperCollins, 1990.

Schneemelcher, W., ed., *New Testament Apocrypha*, 2 vols. Louisville: Westminster/John Knox, 1991-2.

한국 교회와 구약 외경

이눌서 역, "구약의 외전,"「신학지남」 66 (1931/11), 13-15.

천사무엘, "레이놀즈의 신학: 칼뱅주의와 성서관을 중심으로,"「한국기독교와 역사」 33 (2010), 57-80.

_______, "깔뱅의 성서해석과 한국교회," 한남대학교 기독교문화연구원 편,『우리 시대의 깔뱅』. 서울: 한들출판사, 2011, 9-34.

토비트

Bow, B. & G. W. E. Nickelsburg, "Patriarchy with a Twist: Men and Women in Tobit,"

WLT (1991), 127-43.

Bredin, M., ed., *Studies in the Book of Tobit: A Multidisciplinary Approach*. London: T & T Clark, 2008.

Corley, J. & V. Skemp, eds., *Intertextual studies in Ben Sira and Tobit : Essays in honor of Alexander A. Di Lella*. Washington, DC : Catholic Biblical Association of America, 2004.

Craghan, J., Esther, *Judith, Tobit, Jonah, Ruth*. Wilmington: Machael Glazier, 1982.

Dancy, J. C., *The Shorter Books of the Apocrypha*. Cambridge: Cambridge University Press, 1972.

Deselaers, P., *Das Buch Tobit: Studien zu seiner Entstehung, Komposition und Theologie*. Göttingen: Vandenhoeck & Ruprecht, 1982.

Di Lella, A. A., "The Deuteronomic Background of the Farewell Discourse in Tob 14:3-11," *CBQ* 41 (1979), 380-89.

______, "A Study of Tobit 14;10 and Its Intertextual Paralells," *CBQ* 71 (2009), 497-506.

Fitzmyer, J. A., *Tobit*. Berlin: Walter de Gruyter, 2003.

Hanhart, R., *Tobit. Septuaginta* 8/5. Göttingen: Vandenhoeck & Ruprecht, 1983.

Levine, Amy-Jill, "Tobit: Teaching Jews How to Live in the Diaspora," *BR* 8/4 (1992), 42-51.

McCarthy, C. & William Riley, *The Old Testament Short Story*. Wilmington: Michael Glazier, 1986.

Miller, G. D., *Marriage in the Book of Tobit*. Berlin: Walter de Gruyter, 2011.

Miller, J. E., "The Redaction of Tobit and the Genesis Apocryphon," *JSP* 8 (1991), 53-61.

Moore, C. A., "Scholarly Issues in the Book of Tobit Before Qumran and After: An Assessment," *JSP* 5 (1989), 65-81.

______, *Tobit*. New York: Doubleday, 1996.

Otzen, B., *Tobit and Judith*. London: Sheffield Academic Press, 2002.

Sloyan, G. S., *The Books of Ruth and Tobit*. Collegeville: Litergical Press, 1968.

Weeks, S., S. J. Gathercole, and L. T. Stuckenbruck, eds., *The Book of Tobit*. Berlin: Walter de Gruyter, 2004.

Zimmermann, F., *The Book of Tobit*. New York: Harper & Brothers, 1958.

민영진, "토비트 (I),"「생활성서」84 (1990), 50-53.

_____, "토비트 (II)."「생활성서」86 (1990), 44-47.

유딧

Alonso-Schökel, L., "Narrative Structures in the Book of Judith," in *Protocol Series of the Colloquies of the Center for Hermeneutical Studies in Hellenistic and Modern Culture* 11 (1974/3), 1-20.

Brenner, Athalya, ed., *A Feminist Companion to Esther, Judith and Susanna*. Sheffield: Sheffield Academic Press, 1995.

Burns, E. J., "The Genealogy of Judith," *CBQ* 18 (1956), 19-22.

Cragan, J., *Esther, Judith, Tobit, Jonah, Ruth*. Wilmington: Michael Glazier, 1982.

Craven, T., *Artistry and Faith in the Book of Judith*. Chico: Scholars, 1983.

_____, "Artistry and Faith in the Book of Judith," *Semeia* 8 (1977), 75-101.

Dancy, J. C., *The Shorter Books of the Apocrypha*. Cambridge: Cambridge University Press, 1972.

deSilva, D. A., "Judith the Heroine? Lies, Seduction, and Murder in the Cultural Perspective," *BTB* 36 (2006), 55-61.

Enslin, M. S. & S. Zeitlin, *The Book of Judith*. Leiden: Brill, 1972.

Hanhart, R., Iudith. *Septuaginta* 8/4. Göttingen: Vandenhoeck & Ruprecht, 1979.

Montague, G. T., *The Books of Esther and Judith*. New York: Paulist, 1973.

Moore, C. A., *Judith*. New York: Doubleday, 1985.

Otzen, B., *Tobit and Judith*. London: Sheffield Academic Press, 2002.

Skehan, P. W., "The Hand of Judith," *CBQ* 25 (1963), 94-109.

_____, "Why Leave Out Judith?" *CBQ* 24 (1962), 147-54.

Stocker, M., *Judith*. New Haven: Yale University Press, 1998.

VanderKam, J. C., ed., *"No One Spoke Ill of Haser": Essays on Judith*. Atlanta: Scholars, 1992.
민영진, "유딧,"「생활성서」87 (1990), 44-47.
______, "유딧서의 이해를 위하여,"「생활성서」88 (1990), 44-47.

에스더 첨가서

Berg, S. B., *The Book of Esther: Motifs, Themes, and Structure*. Missoula: Scholars, 1978.
Bickerman, E., "The Colophon of the Greek Book of Esther," in his *Studies in Jewish and Christian History*, Part One. Leiden: E. J. Brill, 1976, 225-45.
________, "Notes on the Greek Book of Esther," in his *Studies in Jewish and Christian History*, Part One. Leiden: E. J. Brill, 1976, 246-75.
Brenner, Athalya, ed., *A Feminist Companion to Esther, Judith and Susanna*. Sheffield: Sheffield Academic Press, 1995.
Clines, D. J. A., *The Esther Scroll: The Story of the Story*. Sheffield: JSOT, 1984.
Dancy, J. C., *The Shorter Books of the Apocrypha*. Cambridge: Cambridge University Press, 1972.
Hanhart, R., Esther. *Septuaginta* 8/3. Göttingen: Vandenhoeck & Ruprecht, 1983.
Laniak, T. S., *Shame and Honor in the Book of Esther*. Atlanta: Scholars, 1998.
Levenson, J. D., *Esther*. Louisville: Westminster John Knox, 1997.
Loader, J. A., "Esther as a Novel with Different Levels of Meaning," *ZAW* 90 (1978), 417-21.
Martin, R. A., *Syntactical Evidence of Semitic Sources in Greek Documents*. Missoula: Scholars, 1974.
______, "Syntax Criticism of the LXX Additions to the Book of Esther," *JBL* 94 (1975), 65-72.
Moore, C. A., *Daniel, Esther and Jeremiah: The Additions*. Garden City: Doubleday, 1977.
민영진, "에스델 I: 이방인 왕의 왕후였다는 유다 여인,"「생활성서」89 (1991), 44-47.
______, "에스델 II: 첨가된 에스델에서는 무엇이 달라졌나?"「생활성서」90 (1991), 44-47.
______, "에스델에서 보는 세 쌍의 힘 겨루기,"「생활성서」91 (1991), 38-41.

집회서

Argall, R. A., *1 Enoch and Sirach*. Atlanta: Scholars Press, 1995.

Beentjes, P. C., ed., *The Book of Ben Sira in Modern Research*. Berlin: Walter de Gruyter, 1997.

Camp, C. V., "Understanding a Patriarchy: Women in Second Century Jerusalem Through the Eyes of Ben Sira," *WLT* (1991), 1-39.

Coggins, R. J., *Sirach*. Sheffield: Sheffield Academic Press, 1998.

Collins, J. J., *Jewish Wisdom in the Hellenistic Age*. Louisville: Westminster John Knox, 1997.

Corley, J. & V. Skemp, eds., *Intertextual studies in Ben Sira and Tobit : Essays in honor of Alexander A. Di Lella*. Washington, DC : Catholic Biblical Association of America, 2004.

Crenshaw, J. L., "The Problem of Theodicy in Sirach: On Human Bondage," *JBL* 94 (1975): 47-64.

Di Lella, A. A., "Sirach 51:1-12: Poetic Structure and Analysis of Ben Sira's Psalm," *CBQ* 48 (1986), 395-407.

Gammie, J. G., "The Sage in Sirach," in *The Sage in Israel and the Ancient Near East*. Eds., J. G. Gammie & L. G. Perdue. Winona Lake: Eisenbrauns, 1990, 355-72.

Gilbert, M., "The Book of Ben Sira: Implications for Jewish and Christian Traditions," in *Jewish Civilization in the Hellenistic-Roman Period*. Ed., S. Talmon. Sheffield: Sheffield Academic Press, 1991, 81-91.

Gordis, R., "The Social Background of Wisdom Literature," *HUCA* 18 (1943/44), 77-118; *Poets, Prophets, and Sages: Essays in Biblical Interpretation* Bloomington: Indiana University Press, 1971, 160-197.

Harrington, D. J., *Jesus ben Sira of Jerusalem*. Collegeville: Liturgical Press, 2005.

Haspecker, J. *Gottesfurcht bei Jesus Sirach*. Rome: Biblical Institute, 1967.

Jacob, E., "Wisdom and Religion in Sirach," in *Israelite Wisdom: Theological and Literary Essays in Honor of Samuel Terrien*, Eds., J. G. Gammie, et al. Missoula: Scholars, 1978, 247-60.

Lee, T. R., *Studies in the Form of Sirach 44-50*. Atlanta: Scholars, 1986.

MacKenzie, R. A., *Sirach*. Collegeville: Michael Glazier, 1991.

Mack, B. L., *Wisdom and the Hebrew Epic*. Chico: University of Chico Press, 1985.

Middendorp, T., *Die Stellung Jesu Ben Siras zwischen Judentum und Hellenismus*. Leiden: Brill, 1973.

Minissale, A., *Siracide*. Brescia: Editrice Queriniana, 1988, 박영식 역, 『시라: 집회서 연구 입문』. 왜관: 분도출판사, 1993.

Mulder, O., *Simon the High Priest in Sirach 50*. Leiden: Brill, 2003.

Muraoka, T. and J. F. Elwolde, eds., *The Hebrew of the Dead Sea scrolls and Ben Sira*. Leiden: Brill, 1997.

Orlinsky, H. M., "Some Terms in the Prologue to Ben Sira and the Hebrew Canon," *JBL* 110 (1991), 483-490.

Passaro, A. and G. Bellia, eds., *The Wisdom of Ben Sira*. Berlin: Walter de Gruyter, 2008.

Roth, W., "Sirach: The First Graded Curriculum," *BT* 29/5 (1991), 298-302.

Sanders, J. T., *Ben Sira and Demotic Wisdom*. Chico: Scholars, 1983.

Skehan, P. W. & A. A. Di Lella, *The Wisdom of Ben Sira*. New York: Doubleday, 1987.

Snaith, J. G., *Ecclesiasticus or the Wisdom of Jesus Son of Sirach*. Cambridge: Cambridge University Press, 1974.

Trenchard, W. C., *Ben Sira's View of Women*. Chico: Scholars, 1982.

Vawter, B., *The Book of Sirach with a Commentary*. New York: Paulist, 1962.

Wright, B. G., *No Small Difference: Sirach's Relationship to its Hebrew Parent Text*. Atlanta: Scholars, 1989.

Yadin, Y., *The Ben Sira Scroll from Masada with Introduction, Emendations and Commentary*. Jerusalem: Israel Exploration Society, 1965.

Ziegler, J., *Sapientia Iesu Filii Sirach. Septuaginta* 12/2. Göttingen: Vandenhoeck & Ruprecht, 1980.

민영진, "집회서 (I): 번역자의 머리말은 이렇다," 「생활성서」 95 (1991), 42-45.

_____, "집회서 (II): 집회서에 나오는 내용은 어떤 것인가?," 「생활성서」 96 (1991), 42-45.

천사무엘, "집회서의 이스라엘 영웅 찬양시," 「한국기독교신학논총」 40 (2005), 29-51.

솔로몬의 지혜서

Amir, Y., "The Figure of Death on the Book of Wisdom," *JJS* 30 (1979), 154-78.

Bullard, R. A. and H. A. Hatton, *A Handbook on the Wisdom of Solomon*. New York: United Bible Societies, 2004.

Cheon, Samuel, *The Exodus Story in the Wisdom of Solomon*, Sheffield: Sheffield Academic Press, 1997.

______, "Anonymity in the Wisdom of Solomon," *JSP* 18 (1998), 111-119.

______, "Three Characters in the Wisdom of Solomon 3-4," *JSP* 12 (2001), 105-13.

Clark, D. K., "Signs in Wisdom and John," *CBQ* 45 (1983), 201-9.

Clarke, E. G., *The Wisdom of Solomon*. Cambridge: Cambridge University Press, 1973.

Collins, J. J., "Cosmos and Salvation: Jewish Wisdom and Apocalyptic in the Hellenistic Age," *HR* 17 (1977), 121-42.

______, *Jewish Wisdom in the Hellenistic Age*. Louisville: Westminster John Knox, 1997.

Dimant, D., "Pseudonymity in Wisdom of Solomon," in *La Septuaginta En La Investigacion Contemporanea*. Edi., N. F. Marco. Madrid: Instituto Arias Montano, 1985, 243-55.

Gilbert, M., "Sagesse de Salomon," in *Supplement au Dictionnaire de la Bible* (1986), 58-119.

Grabbe, L. L., *Wisdom of Solomon*. Sheffield: Sheffield Academic Press, 1997.

Kloppenborg, J. S., "Isis and Sophia in the Book of Wisdom," *HTR* 75/1 (1982), 57-87.

Kolarcik, M., *The Ambiguity of Death in the Book of Wisdom 1-6*. Rome: Editrice Pontificio Istituto Biblico, 1991.

______, "Creation and Salvation in the Book of Wisdom," in *Creation in the Biblical Traditions*. Eds., R. J. Clifford & J. J. Collins. Washington, D.C.: The Catholic Biblical Association of America, 1992, 97-107.

Larcher, C., *Le Livre de la Sagesse ou La Sagesse de Salomon*, 3 vols. Paris: Gabalda, 1983-85.

Maly, E., *The Book of Wisdom*, New York: Paulist, 1961.

Mack, B., *Logos und Sophia*. Göttingen: Vandenhoeck & Ruprecht, 1973.

Reese, J. M., *The Book of Wisdom, Song of Songs*. Collegeville: Michael Glazier, 1991.

______, *Hellenistic Influence on the Book of Wisdom and Its Consequence*. Rome: Biblical Institute Press, 1970.

______, "Plan and Structure in the Book of Wisdom," *CBQ* 27 (1965), 391-99.

Reider, J., *The Book of Wisdom*. New York: Harper, 1957.

Seeley, D., "Narrative, the Righteous Man and the Philosopher: An Analysis of the Story of the DIKAIOS in Wisdom 1-5," *JSP* 7 (1990), 55-78.

Van Broekhoven, H., "A New Social Model for Discerning Wisdom: The Case of Sirach and Pseudo-Solomon," in *New Perspectives on Ancient Judaism*, Vol. 5, Ed., P. V. M. Flesher. New York: University Press of America, 1990, 3-46.

Winston, D., *The Wisdom of Solomon*. Garden City: Doubleday, 1979.

______, "The Book of Wisdom's Theory of Cosmogony," *HR* 11 (1971), 185-202.

______, "The Sage as Mystic in the Wisdom of Solomon," in *The Sage in Israel and the Ancient Near East*. Eds., J. G. Gammie & L. G. Perdue. Winona Lake: Eisenbrauns, 1990, 383-97.

Wright, A. G., "The Structure of Wisdom 11-19," *CBQ* 27 (1965), 28-34.

______, "Numerical Patterns in the Book of Wisdom," *CBQ* 29 (1967), 218-232.

______, "The Structure of the Book of Wisdom," *Biblica* 48 (1967), 165-84.

Ziegler, J., *Sapientia Solomonis. Septuaginat* 12/1. Göttingen: Vandenhoeck & Ruprecht, 1962.

민영진, "'지혜서'에는 어떤 내용들이 있나,"「생활성서」92 (1991), 42-45.

______, "지혜란 무엇인가?"「생활성서」93 (1991), 42-44.

______, "지혜와 하느님의 창조,"「생활성서」94 (1991), 38-41.

천사무엘, "Examining the Date of the Wisdom of Solomon,"「구약논단」1 (1995), 259-271.

______, "솔로몬의 지혜서에 나타난 인간론,"「신학논총」2 (1996), 231-244; "지혜문학과 내세사상,"『지혜전승과 지혜문학』. 서울: 동연, 264-86.

______, "솔로몬의 지혜서에 나타난 성서해석,"「신학논단: 한국통합신학회지」1 (2000), 13-28.

마카비 일서, 마카비 이서

Bar-Kochva, B., *Judas Maccabaeus: The Jewish Struggle against the Seleucids*. Cambridge: Cambridge University Press, 1989.

Bartlett, J. R., *The First and Second Books of Maccabees*. Cambridge: Cambridge University Press, 1973.

______, *1 Maccabees*. Sheffield: Sheffield Academic Press, 1998.

Bickerman, E. J., *The God of the Maccabees*. Leiden: Brill, 1979.

Bringmann, K., *Hellenistische Reform und Religionsverfolgung in Judea. Eine Untersuchung zur Jeudisch-hellenistische Geschichte (175-163 v. Chr.)*. Göttingen: Vandenhoeck & Reprecht, 1983.

Collins, J. J., *Daniel, First Maccabees, Second Maccabees*. Wilmington: Michael Glazier, 1981.

Doran, R., *Temple Propaganda: The Purpose and Character of II Maccabees*. Washington: Catholic Biblical Association, 1981.

______, "Jason's Gymnasion," in *Of Scribes and Scrolls*. Eds., H. W. Attridge, J. J. Collins & T. H. Tobin. Lanham: University Press of America, 1990, 99-109.

Goldstein, J. A., *I Maccabees*. Garden City: Doubleday, 1976.

______, *II Maccabees*. Garden City: Doubleday, 1983.

Grabbe, L. L., "Maccabean Chronology: 167-164 or 168-165 BCE," *JBL* 110 (1991), 59-74.

Habicht, C., "Royal Documents in Maccabees II," *Harvard Studies in Classical Philology* 80 (1976), 1-18

Harrington, D. J., *The Maccabean Revolt*. Wilmington: Michael Glazier, 1988.

Healey, J., "The Maccabean Revolution," in *New Perspectives on Ancient Judaism*, Vol. 5 (1990), 151-71.

Henten, J. W. van., *The Maccabean Martyrs as Saviours of the Jewish People: A Study of 2 and 4 Maccabees*. Leiden: Brill, 1997.

Kappler, W., *Maccabaeorum liber I. Septuaginta* 9/1. Göttingen: Vandenhoeck & Ruprecht, 1967.

______ & R. Hanhart, *Maccabaeorum liber II. Septuaginta* 9/2. Göttingen: Vandenhoeck & Ruprecht, 1959.

Kasher, A., "The Changes in Manpower and Ethnic Composition of the Hasmonaean Army (167-63 BCE)," *JQR* 81 (1991), 325-52.

Kreissig, H., "Der Makkabaeraufstand zur Frage seiner Socialokonomischen Zusammenhange und Wirkungen," *Studii Clasice* 4 (1962), 143-75.

Mittwoch, A., "Tribute and Land-Tax in Seleucid Judaea," *Biblica* 36 (1955), 352-61.

Momigliano, A., "The Second Book of Maccabees," *Classical Philology* 70 (1975), 81-88.

Schwartz, J. & J. Spanier, "On Mattathias and the Desert of Samaria," *RB* 98 (1991), 252-71.

Schwartz, S., "Israel and the Nations Roundabout: 1 Maccabees and the Hasmonean Expansion," *JJS* 42 (1991), 16-38.

Sievers, J., "The High Priesthood of Simon Maccabeus: An Analysis of I Macc 14:2-49," *SBL* (1981), 309-18.

______, *The Hasmoneans and Their Supporters*. Atlanta: Scholars, 1990.

VanderKam, J. C., "Hanukkah: Its Timing and Significance According to 1 and 2 Maccabees," *JSP* 1 (1987), 23-40.

Wacholder, B. Z., "The Letter from Judah Maccabee to Aristobulus: Is 2 Maccabees 1:10b-2:18 Authentic?" *HUCA* 49 (1978), 89-133.

Williams, D. S., *The Structure of 1 Maccabees*. Washington, D.C.: Catholic Biblical Association of America, 1999.

Wirgin, W., "Judah Maccabee's Embassy to Rome and the Jewish-Roman Treaty," *PEQ* 101 (1969), 15-20.

______, "Simon Maccabaeus' Embassy to Rome - Its Purpose and Ourcome," *PEQ* 106 (1974), 141-6.

Wise, M. O., "A Note on the 'Three Days' of 1 Maccabees X 34," *VT* 40 (1990), 116-22.

Young, R. D., "The Woman with the Soul of Abraham: Traditions about the Mother

of the Maccabean Martyrs," *WLT* (1991), 67-81.
민영진, "마카베오에서 보는 왕권과 신앙의 대결,"「생활성서」 104 (1992), 94-97.
_____, "하누카 (제단봉헌 축일): 마카베오상 3-4장,"「생활성서」 105 (1992), 54-56.
_____, "안티오쿠스 에피파네스 이후,"「생활성서」 106 (1992), 50-53.
_____, "마카베오의 반희랍 친로마 외교,"「생활성서」 107 (1992), 50-53.
_____, "영원한 친구도 영원한 적도 없는 국제외교,"「생활성서」 108 (1992), 38-41.
_____, "거룩한 불과 석유: 마카베오하 1-2장,"「생활성서」 110 (1992), 42-45.
천사무엘, "마카비 혁명의 원인과 결과,"「기독교사상」 447 (1996/3), 90-107.

바룩, 예레미야의 편지

Baars, W., "Two Palestinian Syriac Texts Identified as Parts of the Epistle of Jeremy," *VT* 11 (1961), 77-81.
Burke, D. G., *The Poetry of Baruch*. Chico: Scholars, 1982.
Dancy, J. C., *The Shorter Books of the Apocrypha*. Cambridge: Cambridge University Press, 1972.
Goldstein, J., "The Apocryphal Book of 1 Baruch," in *Proceedings of the American Academy for Jewish Research* 46-47 (1979-80), 179-99.
Moore, C. A., "Toward the Dating of the Book of Baruch," *CBQ* 36 (1974), 312-20.
_______, *Daniel, Esther and Jeremiah: The Additions*. Garden City: Doubleday, 1977.
Stuhlmueller, C., *The Books of Jeremiah and Baruch*. Collegeville: Liturgical Press, 1971.
Tov, E., *The Book of Baruch. Also Called I Baruch (Greek and Hebrew)*. Missoula: Scholars, 1975.
Ziegler, J., *Jeremias, Baruch, Threni, Epistula Jeremiae. Septuaginta* 15. Göttingen: Vandenhoeck & Ruprecht, 1976.
민영진, "바룩서: 그 내용과 개론,"「생활성서」 98 (1991), 42-45.
_____, "예레미야의 편지,"「생활성서」 99 (1991), 42-45.

세 청년의 노래, 수산나, 벨과 뱀

Bal, M., "The Elders and Susanna," *BI* 1/1 (1993), 1-19.

Brenner, Athalya, ed., *A Feminist Companion to Esther, Judith and Susanna*. Sheffield: Sheffield Academic Press, 1995.

Carroll, M. P., "Myth, Methodology and Transformation in the Old Testament: The Stories of Esther, Judith, and Susanna," *SR* 12 (1983), 301-12.

Collins, J. J., *Daniel: A Commentary on the Book of Daniel*. Minneapolis: Fortress, 1993.

DiTommaso, L., *The book of Daniel and the apocryphal Daniel literature*. Leiden: Brill, 2005.

Dunn, R., "Discriminations in the Comic Spirit in the Story of Susanna," *CL* 31 (1980-81), 19-31.

Glancy, J. A., "The Accused: Susanna and Her Readers," *JSOT* 58 (1993), 103-16.

Moore, C. A., *Daniel, Esther and Jeremiah: The Additions*. Garden City: Doubleday, 1977.

Roth, W. M. W., "For Life, He Appeals to Death (Wis 13:18): A Study of Old Testament Idol Parodies," *CBQ* 37 (1975), 21-47.

Spolsky, E., ed., *The Judgment of Susanna: Authority and Witness*. Atlanta: Scholars, 1996.

Steussy, M. J., *Gardens in Babylon: Narrative and Faith in the Greek Legends of Daniel*. Atlanta: Scholars, 1993.

Zimmermann, F., "Bel and the Dragon," *VT* 8 (1958), 438-40.

민영진, "제2경전 다니엘," 「생활성서」 100 (1991), 42-45.

므낫세의 기도

Bullard, R. A. and H. A. Hatton., *A Handbook on the Shorter Books of the Deuterocanon*. New York: United Bible Societies, 2006.

Charlesworth, J. H., "Prayer of Manasseh," in *The Old Testament Pseudepigrapha*, Vol. 2, Ed., J. H. Charlesworth. Garden City: Doubleday, 1985. 625-37.

Dancy, J. C., *The Shorter Books of the Apocrypha*. Cambridge: Cambridge University Press, 1972.

Rahlfs, A., *Psalmi cum Odis. Septuaginta* 10. Göttingen: Vandenhoeck & Ruprecht, 1979.

에스드라스 일서

Coggins, R. J. & M. A. Knibb, *The First and Second Books of Esdras*. Cambridge: Cambridge University Press, 1979.

Crenshaw, J., "The Contest of Darius Guards," in *Images of Man and God*. Ed., D. M. Gunn. Sheffield: Almond, 1981, 74-88.

Eskenazi, T. C., "The Chronicler and the Composition of 1 Esdras," *CBQ* 48 (1986), 39-61.

Gardner, A. E., "The Purpose and Date of I Esdras," *JJS* 37 (1986), 18-27.

Hanhart, R., *Esdrae liber 1. Septuaginta* 8/1. Göttingen: Vandenhoeck & Ruprecht, 1974.

Hilhorst, A., "The Speech on Truth in 1 Esdras 4:34-41," in *The Scripture and the Scrolls*, Eds., F. G. Martinez, A. Hilhorst & C. J. Labuschagne. Leiden: E. J. Brill, 1992, 135-51.

Myers, J. M., *I & II Esdras*. Garden City: Doubleday, 1974.

Talshir, Z., *I Esdras: A Text Critical Commentary*. Atlanta: Society of Biblical Literature, 2001.

_____, *I Esdras: From Origin to Translation*. Atlanta : Society of Biblical Literature, 1999.

에스드라스 이서

Beale, G. K., "The Problem of the Man from the Sea in IV Ezra 13 and Its Relation to the Messianic Concept in John's Apocalypse," *NT* 25 (1983), 182-88.

Bergren, T. A., "The 'People Coming from the East' in 5 Ezra 1:38," *JBL* 108 (1989), 675-83.

_______, *Fifth Ezra: Text, Origin and Early History*. Atlanta: Scholars, 1990.

_______, *Sixth Ezra: The Text and Origin*. Oxford: Oxford University Press, 1998.

Brandenburger, E., *Die Verborgenheit Gottes im Weltgeschehen: Das literarische und theologische Problem des 4 Esra Buches*. Zurich: Theologischer Verlag, 1981.

Breech, E., "These Fragments I Have Shored Against my Ruins: The Forms and

Function of 4 Ezra," *JBL* 92 (1973), 267-74.

Charlesworth, J. H., "Christian and Jewish Self-Definition in Light of the Christian Additions to the Apocryphal Literature," in *Jewish and Christian Self-Definition*, Vol. 2. Ed., E. P. Sanders. Philadelphia: Fortress, 1981, 27-55.

Coggins, R. J. and M. A. Knibb, *The First and Second Books of Esdras*. Cambridge: Cambridge University Press, 1979.

Cook, J. E., "Creation in 4 Ezra: the Biblical Theme in Support of Theodicy," in *Creation in the Biblical Traditions*. Eds., R. J. Clifford & J. J. Collins. Washington, DC: The Catholic Biblical Association of America, 1992, 129-39.

Danielou, J., "V Esdras," in his *Origins of Latin Christianity*. London: Darton, Longman & Todd, 1977, 17-31.

De Villiers, P. G. R., "Understanding the Ways of God: Form, Function and Message of the Historical Review in 4 Ezra 3:4-27," *SBL* (1981), 357-78.

Esler, P. F., "The Social Function of 4 Ezra," *JSNT* 53 (1994), 99-123.

Grabbe, L. L., "Chronography in 4 Ezra and 2 Baruch," *SBL* (1981), 49-63.

Harnisch, W., "Die Ironie Der Offenbarung: Exegetische Erwagungen zur Zionvision im 4 Buch Esra," *SBL* (1981), 79-104.

Kee, H. C., "'The Man' in Fourth Ezra: Growth of a Tradition," *SBL* (1981), 199-208.

Klijn, A. F. J., *Die Esra-Apokalypse (IV. Esra)*. Berlin: Akademie Verlag, 1992.

Knibb, M. A., "Apocalyptic and Wisdom in 4 Ezra," *JSJ* 13 (1982), 56-74.

Knowles, M., "Moses, the Law, and the Unity of 4 Ezra," *NovT* 31 (1989), 257-74.

Kraft, R. A., "Toward Assessing the Latin Text of '5 Ezra': The 'Christian' Connection," *HTR* 79 (1986), 158-69.

Lacocque, A., "The Vision of the Eagle in 4 Esdras: A Rereading of Daniel 7 in the First Century CE," *SBL* (1981), 237-58.

Longenecker, B. W., *Eschatology and the Covenant: A Comparison of 4 Ezra and Romans 1-11*. Sheffield: JSOT, 1991.

______, *2 Esdras*. Sheffield: Sheffield Academic Press, 1995.

Metzger, B. M., "The Fourth Book of Ezra," in *The Old Testament Pseudepigrapha*, Vol. 1. Ed., J. H. Charlesworth. Garden City: Doubleday, 1983, 516-59.

Mueller, J. R., "A Prolegomenon to the Study of the Social Function of 4 Ezra," *SBL* (1981), 259-68.

Myers, J. M., *I and II Esdras*. Garden City: Doubleday, 1974.

Stanton, G. N., "5 Ezra and Mathean Christianity in the Second Century," *JTS* 28 (1977), 67-83.

Stone, M. E., *Fourth Ezra*. Minneapolis: Fortress, 1990.

______, "Coherence and Inconsistency in the Apocalypses: 'The Case of The End' in 4 Ezra," *JBL* 102(1983), 229-43.

______, "Reactions to Destructions of the Second Temple: Theology, Perception and Conversion," *JSJ* 12 (1981), 195-204.

______, *The Armenian Version of IV Ezra*. Missoula: Scholars, 1979.

______, "The Question of the Messiah in 4 Ezra," in *Judaism and Their Messiahs*, Eds., J. Neusner et al. Cambridge: Cambridge University Press, 1987, 209-25.

______, "The Way of the Most High and the Injustice of God in 4 Ezra," in *Knowledge of God in the Graeco-Roman World*, Eds., R. van den Broek et al. Leiden: Brill, 1988, 132-42.

______, *Features of the Eschatology of IV Ezra*. Atlanta: Scholars, 1989.

Thompson, A. L., *Responsibility for Evil in the Theodicy of 4 Ezra*. Missoula: Scholars, 1977.

Willett, T. W., *Eschatology in the Theodicies of 2 Baruch and 4 Ezra*. Sheffield: Sheffield Academic Press, 1989.

연대표

1. 알렉산더 대왕(Alexander the Great, 333-323 BC)과 그의 부하들(the Diadochi, 323-301 BC)의 시대

알렉산더는 페르시아를 무찌르고 인도까지 그 영토를 넓혀 강력한 희랍제국을 건설했다. 그러나 그가 죽은 후 그의 부하 장군들 사이에 권력 투쟁이 있어났다.

2. 프톨레미 왕조(Ptolemaic dynasty, 323-30 BC)의 주요 통치자들

프톨레미 왕조는 이집트에 근거를 둔 왕조로 주전 약 301년부터 198년까지 팔레스타인 지역을 차지했다. 이 왕조는 클레오파트라 7세가 죽을 때까지 약 297년간 계속되었다.

프톨레미 1세(Ptolemy I Soter, 323-285/3 BC)

프톨레미 2세(Ptolemy II Philadelphus, 285/3-246 BC)

프톨레미 3세(Ptolemy III Euergetes, 246-221 BC)

프톨레미 4세(Ptolemy IV Philopator, 221-204 BC)

프톨레미 5세(Ptolemy V Epiphanes, 204-181 BC)

프톨레미 6세(Ptolemy VI Philometer, 181-145 BC)

프톨레미 7세(Ptolemy VII, 145 BC)

프톨레미 8세(Ptolemy VIII Neos Philopator, 145-116 BC)

프톨레미 9세(Ptolemy IX Lathros, 116-108/7 BC)

프톨레미 10세(Ptolemy X Alexander, 108/7-88 BC)

프톨레미 9세(Ptolemy IX Lathros, 88-80 BC)

프톨레미 11세(Ptolemy XI Auletes, 80-51 BC)

클레오파트라 7세(Cleopatra VII Thea Philopator, 51-30)

3. 셀류시드 왕조(Seleucid dynasty, 312-64 BC)의 주요 통치자들

셀류시드 왕조는 시리아에 근거지를 둔 왕조로 안티오쿠스 3세 때, 프톨레미 왕조로부터 팔레스타인 지역을 빼앗았다. 셀류시드 왕조는 주전 198년부터 142년까지, 즉 하스몬 왕조가 세워질 때까지 팔레스타인 지역을 다스렸다.

셀류쿠스 1세(Seleucus I Nicator, 312-281 BC)

안티오쿠스 1세(Antiochus I Soter, 281-262/1 BC)

안티오쿠스 2세(Antiochus II Theos, 262/1-246 BC)

셀류쿠스 2세(Seleucus II Callinicus, 246-226 BC)

셀류쿠스 3세(Seleucus III Ceranus, 226-223 BC)

안티오쿠스 3세(Antiochus III the Great, 223-187 BC)

셀류쿠스 4세(Seleucus IV Philopator, 187-175 BC)

안티오쿠스 4세(Antiochus IV Epiphanes, 175-164 BC)

안티오쿠스 5세(Antiochus V Eupator, 164-162 BC)

데메트리우스 1세(Demetrius I Soter, 162-150 BC)

알렉산더 발라스(Alexander Balas, 150-145 BC)

데메트리우스 2세(Demetrius II Nicator, 145-138 BC)

안티오쿠스 6세(Antiochus VI, 145-142 BC)

트리포(Diodotus Trypho, 142-138 BC)

안티오쿠스 7세(Antiochus VII Sidetes, 139/8-129 BC)

데메트리우스 2세(Demetrius II Nicator, 129-126/5 BC)

주전 125년 이후 셀류시드 왕조는 내전으로 인하여 정치적인 불안정과 왕들의 잦은 교체를 겪었다. 이 왕조는 주전 64년 로마의 폼페이 장군에 의하여 종말을 고했다.

4. 프톨레미 왕조와 셀류시드 왕조 사이의 전쟁

여섯 차례에 걸친 대규모 전쟁이 두 왕조 사이에 있었다. 이 전쟁을 시리아 전쟁이라고 부른다.

제1차 시리아 전쟁(First Syrian War, 274-272 BC)

제2차 시리아 전쟁(Second Syrian War, 260-253 BC)

제3차 시리아 전쟁(Third Syrian War, 246-241 BC)

제4차 시리아 전쟁(Fourth Syrian War, 221-217 BC)

제5차 시리아 전쟁(Fifth Syrian War, 202-198 BC)

제6차 시리아 전쟁(Sixth Syrian War, 170-168 BC)

안티오쿠스 4세의 제1차 이집트 침공(170-169 BC)

안티오쿠스 4세의 제2차 이집트 침공(168 BC)

5. 마카비 혁명과 하스몬 왕조(Hasmonean Dynasty, 142-63 BC) 시대

하스몬 왕조는 마카비 혁명의 성공으로 탄생되었다. 세류시드 왕조로부터 독립하여 세워진 이 왕조는 주전 142년부터 63년까지 계속되었다. 로마의 폼페이 장군은 예루살렘에 진입하여 하스몬 왕조의 종말을 고하게 하였다.

마따디아(Mattathias, 166/5 BC)

유다 마카비(Judah the Maccabee, 165-160 BC)

요나단(Jonathan, 160-142 BC)

시몬(Simon, 142-135/4 BC)

요한 힐카누스(John Hyrcanus, 135/4-104 BC)

아리스토불루스 1세(Aristobulus I, 104-103 BC)

알렉산더 얀네우스(Alexander Jannaeus, 103-76 BC)

살로메 알렉산드라(Salome Alexandra, 76-67 BC)

아리스토불루스 2세(Aristobulus II, 67-63 BC)

6. 로마 제국의 황제들(주후 138년까지)

로마는 주전 63년 폼페이 장군이 하스몬 왕조를 멸망시킨 뒤부터 팔레스타인 지역을 다스렸다.

아우구스투스(Augustus, 27 BC-AD 14)

티베리우스(Tiberius, AD 14-37)

가이우스(Gaius Caligula, AD 37-41)

클라우디우스(Claudius, AD 41-54)

네로(Nero, AD 54-68)

갈바(Galba, AD 68-69)

오토(Otho, AD 69)

비텔리우스(Vitellius, AD 69)

베스파시안(Vespasian, AD 69-79)

티투스(Titus, AD 79-81)

도미티안(Domitian, AD 81-96)

네르바(Nerva, AD 96-98)

트라얀(Trajan, AD 98-117)

하드리안(Hadrian, AD 117-138)